歷代石經考

◎ 張國淦編撰　姚文昌點校

北京联合出版公司
Beijing United Publishing Co.,Ltd.

本書爲北京市優秀古籍整理出版扶持項目

點校説明

　　張國淦，字乾若，號石公，湖北蒲圻人。張氏生於光緒二年（1876），幼年隨父寓居安徽蕪湖，後與胞弟國溶就讀於蕪湖中江書院。二十八年（1902），應湖北鄉試，中舉人。三十年（1904），考取内閣中書。三十二年（1906），任禮部禮學館纂修，後任考察政治館館員，改憲政編查館館員。三十三年（1907），北上黑龍江，先後擔任黑龍江撫院秘書官、憲政調查局總辦、交涉局總辦。宣統三年（1911），回京，任内閣統計局副局長。民國元年（1912），任中華民國國務院直屬銓叙局局長。此後十餘年間，張氏陸續出任國務院秘書長、内務部次長、教育總長、農商總長、水利局總裁、總統府秘書長、平政院院長、文官高等懲戒委員會委員長、北京圖書館館長等職。民國十五年（1926），卸任内務總長，自此遠離政界，潛心學術。建國後，張氏先後受聘爲上海文史館館員、中國科學院近代史研究所特約研究員，當選第一屆北京市人民政治協商會議委員、第二屆全國人民政治協商會議委員。1959 年，病世於北京，享年八十三歲。著有《歷代石經考》《漢石經碑圖》《中國古方志考》《辛亥革命史料》《潛園文稿》等。

　　張氏研究領域廣泛，其中以石經、方志研究成就最爲顯著。《漢石經碑圖》《歷代石經考》二書，即是張氏致力石經研究的代表性成果。《歷代石經考》以七朝石經爲主線，兼及其他經籍刻石，首列提綱，而後詳注立論之文獻依據，尤能於衆家異同之說去蕪存菁，匡謬揚善。將《歷代石經考》一書看作是中國傳統石經研究的集大成之作，應不爲過。在傳統的石經研究中，碑圖復原的研究相對來說較爲薄弱。或有感於此，張氏編撰《漢石經碑圖》一書，首次將漢石經的碑文體式進行了完整的勾勒，對於推動新出土石經的碑石綴合工作，厥功至偉。《歷代石經考》於民國十九年（1930）由燕京大學國學研究所鉛排印行。次年，《漢石經碑圖》由瀋陽關東印書館鉛排印行。這兩部石經學著作，可以說是張氏棄政從文的第一批學術成果，受到學界的普遍讚譽。其中，《歷代石經考》更成爲石經研究者的案頭必備之書。

美中不足的是，張氏《歷代石經考》受當時客觀條件所限，徵引文獻多有輾轉相抄者，沿訛之處難以避免。不僅如此，書中還存在爲數不少的衍脫訛倒文字，這也是民國鉛排書籍的普遍特徵。這些都給我們的閱讀、引用造成了一定的障礙，不免令人有微瑕在玉之歎。

筆者在攻讀博士學位期間，選定石經作爲學位論文的研究對象，入門之書即爲張氏《歷代石經考》，進而按圖索驥，爬梳史料文獻。與此同時，將張氏一書之引文訛誤隨筆圈點，積久不可指數。

2020 年春節，大疫肆起，四海敷塵，五洲受難，無那閉戶蟄居，靜待瘟君去遠。惟返鄉匆促，行篋空如，隨身所携，《歷代石經考》一册而已。偶作翻檢，見舊日丹硃過處，疏漏每每而有，遂以全篇校讎釐正。初春而始，近夏而成。所爲者，追本溯源，刊訛正繆，僅此而已。石經一目，兼涉乎經籍、石刻，有志於斯學者，或願一顧。

張氏專著，生前多得刊行。至其文稿，散落厓舍數十年。學者杜春和先生，景慕張氏品節學養，盡搜其遺文賸稿，薈萃成帙，有《張國淦文集》《續編》《三編》《四編》，均交由北京燕山出版社刊行。知此因緣，即以張氏《歷代石經考》整理稿呈北京燕山出版社夏艷社長，咨詢出版意向。得蒙夏社長之介，轉由北京聯合出版公司付梓，高情厚誼，銘刻於心。是書出版過程中，又得特約編輯劉朝霞老師熱情幫助，函來信往，屢有教益，謹此敬申謝忱。

姚文昌記於山東大學博士後公寓

二〇二〇年五月十日初稿

二〇二一年四月七日二稿

點校凡例

一、本次整理採用規範的現代漢語標點，繁體橫排。原書的異體字不作統一，雙行小注改爲單行小字。

二、原書引文多有删節語句、更動字詞之處，凡語意連貫者，概不出校。惟文字或訛或倒，或脱或衍，礙於語意者多有，皆隨文校正，並出頁下注。

三、校勘所據典籍不詳列具體版本信息，惟不同版本之間校字存在異同者加以説明。

四、原書之訛誤複出者，僅首次出校時説明校改依據，後出條目頁下注僅出校字。

目　録

歷代石經考例言

《困學紀聞》謂"石經有七，漢熹平則蔡邕，魏正始則邯鄲淳，晉裴頠，唐開成中唐玄度，後蜀孫逢吉等，本朝嘉祐楊南仲等，中興高廟御書"，是於漢、魏之後，有晉裴頠。考《晉書·頠傳》，頠奏修國學，刻石寫經，第見頠奏，未果刻石，故今日言石經者，不數晉裴頠也。南宋以後，清乾隆朝石刻蔣衡書十三經於辟雍。兹《考》於漢、魏、唐、後蜀、北宋、南宋，益以有清，計七朝。

自來言石經者，一考原流，一考文字。其考原流者，如顧氏炎武《石經考》、萬氏斯同《石經考》、杭氏世駿《石經考異》、桂氏馥《歷代石經略》、瞿氏中溶《漢石經考異補正》、劉氏傳瑩《漢魏石經考》等，皆是也。其考文字者，如黄氏伯思《東觀餘論》"《書》《論語》"字、洪氏适《隸釋》《隸續》諸經殘碑字、顧氏炎武《唐國子學石經》、翁氏方綱《漢石經殘字考》、孫氏星衍《魏三體石經殘字考》、嚴氏可均《唐石經校文》、王氏昶《後蜀〈毛詩〉石經殘字》、吳氏騫《蜀石經〈毛詩〉考異》、馮氏登府《石經考異》、近人王氏國維《魏正始石經殘石考》、章氏炳麟《新出三體石經考》等，皆是也。兹《考》別爲第一、二編，第一編考原流，第二編考文字。原流以朝代爲次，文字以正經爲次。

石經殘闕者，漢、魏、後蜀、北宋、南宋，凡五。完整者，唐、清，凡二。漢石經，《周易》《尚書》《魯詩》《儀禮》《春秋》《公羊傳》《論語》，一字，隸書。魏石經，《尚書》《春秋》《左氏傳》莊公中葉止，三字，古、篆、隸書。書古文於上，以篆、隸釋之。蜀石經，《周易》《尚書》《毛詩》《周禮》《儀禮》《禮記》《春秋左氏傳》《公羊傳》《穀梁傳》《孝經》《論語》《爾雅》《孟子》，真書。北宋，《易》《詩》《書》《周禮》《禮記》《春秋》《孝經》《論語》《孟子》，真、篆二體書。南宋，《易》《書》《詩》《春秋左傳》《禮記》"《中庸》《大學》《學記》《儒行》《經解》"五篇，真書，《論語》《孟子》，行書。至現存之唐石經，《舊唐書》謂其蕪累，然去古未遠，猶爲純備。清石經《周易》，據古本離上、下經與十翼爲二，與通行十三經《周易》王弼注本不同。今日板本有宋以後輾轉傳刻，援證石經，皆足是正譌誤。近年洛陽新出土殘石，合今本校讀，多識古義，所得《魯詩》殘字，篇第章次，與《毛詩》不同，尤爲向來治三家《詩》者所未知。是石經與經學關繫最巨。若如顧千里云"石經爲金石家所重，於經學無裨益"，識者故謂澗薲失言也。

考證之學，非可憑空結撰。石經除有專書外，其散見於諸家論著者，異同得失，皆足互證。茲《考》擬一一蒐集，就編次體例各爲段落，求其根據，至不得不刪節原文重複語句，以明其所自來。《考》後附《引用書目》，儻欲知原本云云，自可檢閱。計茲《考》成於丙寅，迄今四載，偶得一書稿，輒更易其所未見者，正復不知凡幾。即就新出土漢石經言之，去歲孫氏壯合諸家所得有《集拓》本，今歲羅氏振玉益以巾笥所藏並所續得在《集拓》之外

者，有《集録》《續録》《三録》本。兹《考》據諸家所集者，隨
得隨補，截至本年十一月止，彙成此編。邇聞徐氏鴻寶、馬氏
衡、吴氏寶煒又有所得，擬仿《集拓》本賡續印行。洛陽殘
石，尚時有發見者，皆未能寓目，惟有於異日續編增入之，非兹
《考》之所能罄也已。己巳十一月蒲圻張國淦識。

歷代石經考第一編目

漢石經考提綱

漢石經，刊始於漢靈帝熹平四年，注一。立石於光和六年。注二。曰熹平石經，注三。又曰一字一體。石經，注四。又曰今字石經，注五。又曰鴻都石經。注六。

經數爲《周易》《尚書》《魯詩》《儀禮》《春秋》，又《公羊傳》《論語》。注七。

諸經皆當時學官所立，以一家本爲主，兼存諸家異同於後。《易》有施、孟、梁丘、京氏四家，《書》有歐陽、大、小夏侯三家，《禮》有大、小戴二家，今無可考。其可考者，《詩》用《魯詩》本，有齊、韓二家異字，《公羊傳》用嚴氏本，有顏氏異字，《論語》用某本，有盍、毛、包、周諸家異字。注八。

經石六十四枚，注九。每石三十五行，行約七十字至七十八字。注十。其格式亦不一律。注十一。表裏刻字，每石皆倍其數。注十二。《周易》二萬四千四百三十七字，《尚書》一萬八千六百五十字，《魯詩》四萬八百四十八字，《儀禮》五萬七千一百十一字，《春秋經》一萬六千五百七十二字，《公羊傳》二萬七千五百八十三字，《論語》一萬五千七百一十字，注十三。都計約二十萬九百十一字。

書石者爲蔡邕等。今殘碑有名者，《禮記》爲馬日磾、蔡邕，《公羊》爲堂谿典、馬日磾、趙陳、劉弘、張文、蘇陵、傅楨,《論語》爲左立、孫表。注十四。《後記》有名者,爲劉寬、堂谿典,又□詔、張玄、周達、尹弘、李巡,又傅彌、孫進,又陳懿。注十五。同奏正定六經文字者,爲劉寬、堂谿典、楊賜、馬日磾、張馴、韓説、單颺及盧植、楊彪。注十六。與諸儒共刻五經文字者,爲宦者李巡。注十七。鐫石者爲陳興。注十八。

字體爲一字隸書。注十九。

經石立洛陽城南開陽門外太學講堂前,悉在東側,西、南、東行。注二十。碑高一丈許,廣四尺。注二十一。

經漢董卓之亂,注二十二。魏黃初後,補其缺壞。注二十三。晋永嘉時,悉多崩毀。注二十四。迨北魏馮熙、常伯夫相繼爲洛州刺史,廢毀分用。注二十五。東魏武定四年,自洛陽徙鄴,值河陽岸崩,多没於水。注二十六。北齊天保、皇建閒,施列學館。注二十七。北周大象元年,復自鄴徙洛陽。注二十八。隋開皇六年,又自洛陽徙長安,因亂廢爲柱礎。注二十九。

唐貞觀初,魏徵收集石經,十不存一。注三十。其殘石在洛陽者,唐時造防秋館穿地多得之。注三十一。宋嘉祐中,洛陽御史臺中得《尚書》《儀禮》《論語》數十段,長安得《公羊》一段,張燾家有十版,張氏壻家有五六版,王晋玉家有小塊,今皆不存。注三十二。近年在洛陽故城所得者,北京大學二石,吳興徐鴻寶四十四石,鄞馬衡十六石,固始吳寶煒二石,膠柯昌泗三石,閩陳承修二石,大興黃某一石,不知誰氏二石,共殘石七十二塊。注三十三。又北海圖書館二石,馬衡一石,柯昌泗十五石,上虞羅振玉五石,建德周進四石,武進陶祖光十五石,不知誰氏八石,又二百七十二石,共殘石三百二十二塊。注三十四。洛陽又新出殘石若干塊。注三十五。

其拓本，唐初傳拓之本，猶在祕府。注三十六。中宗以後，頗已散佚。注三十七。開元中御府所藏者，有"開元"二字小印。注三十八。宋時，董堯卿①有洛陽拓本，注三十九。黃伯思有洛中拓本，注四十。趙明誠有《尚書》《公羊傳》《論語》《詩》《儀禮》遺字，注四十一。胡宗愈有成都故家殘本，即鑴西樓底本。注四十二。洪适有《魯詩》《尚書》《儀禮》《公羊》《論語》殘本，即鑴蓬萊閣底本。注四十三。石熙明有拓本。即鑴越州底本，一云即洪氏本。注四十四。元時，吳萊有王魏公家拓本。注四十五。近年洛陽出土殘石，有徐鴻寶諸家拓本，注四十六。大興孫壯《集拓》本，注四十七。羅振玉《集録》雙鉤本。注四十八。

其重刻者，有胡宗愈成都西樓本，注四十九。洪适會稽蓬萊閣本，注五十。石熙明越州本，注五十一。靖江王府本，注五十二。今俱不存。注五十三。

其重刻拓本，元時有《尚書》《論語》三段，鈐蒙古文印，清時歸江都馬曰琯，由漢軍董元鏡歸錢唐黃易，又歸南匯沈樹鏞，後由漢陽萬航歸滿洲端方。有謂即洪氏本。注五十四。明時，趙殿撰家有《遺字》三卷，注五十五。鄒平張氏、北平孫氏有兩拓本。孫氏本歸華亭王鴻緒，後歸陽湖孫星衍，又歸沈樹鏞，後亦由萬航歸端方。有謂即石氏本。注五十六。丹徒蔡嘉有拓本，歸儀徵阮元，又歸南湖漁者，後亦歸端方。有謂即洪氏本。注五十七。今俱歸滿洲衡永。注五十八。胡氏本未見拓本。注五十九。

---

① "董堯卿"，原誤作"鄧堯卿"。詳見下漢石經【注三十九】。

其自拓本摹刻者，有如皋姜任修本，即孫氏硯山齋本。注六十。北平翁方綱小蓬萊閣本，即黃易本並孫氏本"凶德綏績"四字。注六十一。南昌縣學本，即黃易本並錢泳雙鉤本。注六十二。錢唐黃易會稽蓬萊閣本，即鈐蒙古文印本。注六十三。海鹽張燕昌石鼓亭本，即黃易本。注六十四。漢軍李亨特紹興府學本，即翁氏南昌縣學本。注六十五。陝西申兆定關中碑林本，即黃易本。注六十六。南皮張之洞武昌重刻本。注六十七。

漢石經考

蒲圻張國淦編

漢石經，刊始於漢靈帝熹平四年，注一。立石於光和六年。注二。曰熹平石經，注三。又曰一字一體。石經，注四。又曰今字石經，注五。又曰鴻都石經。注六。

【注一】

《後漢書·靈帝紀》："熹平四年春三月，詔諸儒正定五經文字，刻石立於太學門外。"

又《蔡邕傳》："邕以經籍去聖久遠，文字多謬，俗儒穿鑿，疑誤後學，熹平四年，乃與五官中郎將堂谿典、光禄大夫楊賜、諫議大夫馬日磾、議郎張馴、韓説、太史令單颺等，奏求正定六經文字。靈帝許之。邕乃自書丹於碑，使工鐫刻，立於太學門外。於是後儒晚學，咸取正焉。碑始立，觀視及摹寫者，車乘日千餘輛，填塞阡陌。"

又《宦者吕强傳》："時宦者汝陽李巡，以爲諸博士試甲乙科，爭第高下，更相告言，至有行賂定蘭臺漆書經字，以合其私文者，迺白帝，與諸儒共刻五經文於石，於是詔蔡邕等正其文字。自後五經一定,爭者用息。"

又《儒林傳序》:"自大初後,游學增盛,大學至三萬生。然章句漸疏,多以浮華相尚,儒者之風益衰。黨人既誅,其高名善士,多坐流廢,後遂至忿爭,更相告言。亦有私行金貨,定蘭臺漆書經字,以合其私文。熹平四年,靈帝乃詔諸儒正定五經,刊於石碑,爲古文、篆、隸三體書法,以相參檢,樹之學門①,使天下咸取則焉。"

袁宏《後漢紀》:"熹平四年春三月,五經文字刻石立於太學之前。"

【注二】

酈道元《水經·穀水注》:"漢靈帝光和六年,刻石鏤碑,載五經,立於太學講堂前,悉在東側。蔡邕以熹平四年,與五官中郎將堂谿典、光禄大夫楊賜、諫議大夫馬日磾、議郎張馴、韓説、太史令單颺等,奏求正定六經文字。靈帝許之。邕乃自書丹於碑,使工鐫刻,立於太學門外。"詳【注九】。

洪适《隸釋》:"《水經》云:'光和六年,立石於太學,其上悉刻蔡邕名。'蓋諸儒受詔在熹平,而碑成則光和年也。"

【注三】

楊慎《丹鉛總録》:"漢靈帝光和六年,刻石鏤碑,載五經文於太學講堂前。此初刻也。蔡邕以熹平四年,與五官中郎將高堂

---

① "學門"下原衍"大學門外"四字,據《後漢書》卷七十九上《儒林傳》删。

谿典、議郎張馴、韓説、太史令單颺奏求正定六經文字。靈帝許之。邕乃自書丹於碑，使工鐫刻，立於太學門外。此再刻也。"_趙崡《石墨鐫華》同。朱彝尊《經義考》："漢熹平刻石，光和立石，先後總屬中郎所書，非再刻也。"杭世駿《石經考異》："楊慎以光和六年爲初刻，熹平四年爲再刻，《石墨鐫華》因之，是並忘光和在熹平之後，可謂顛倒繆亂矣。"

瞿中溶《漢石經考異補正》："漢石經之立，据《後漢書·靈帝紀》及袁宏《後漢紀》，皆言'熹平四年春三月，詔諸儒正定五經文字，刻石立於大學'，證以《蔡邕傳》《儒林傳》，皆云'熹平四年'，惟酈氏《水經注》云'光和六年刻石'。洪景伯以爲'蓋諸儒受詔在熹平，而碑成則光和年也'，則計自熹平四年至光和六年，有二十六年之久矣。當時寫刻各經，爲工本鉅，自必陸續告成。"

案：漢石經自熹平四年，至光和六年，計九年。因刊始在熹平，故通稱爲熹平石經。唐石經刊於大和，畢於開成，自其刊成時言之，曰開成石經。此則自其刊始時言之，亦如蜀石經刊於廣政，畢於淳祐，而追紀其始，曰廣政石經也。

【注四】

《隋書·經籍志》："一字石經　卷。"詳【注七】。

案：石經言一字者始此。石經有一字、二字、三字_{即一體、二體、三體。}之別。漢一字，隸書。唐、後蜀、南宋、清一字，真書。北宋二字，篆、真書。魏三字，古、篆、隸書。今以一字對於三字言者，專屬漢。《後漢·儒林傳序》："古文、篆、隸三體書法。"顧藹吉《隸辨》："一體爲一字。

所謂三字者，古文爲一，篆爲一，隸爲一。曰一體、二體者，蓋沿三體而推言之。”

【注五】

《隋書·經籍志》注：“今字石經《鄭氏尚書》八卷。”

案：石經言今字者始此，但此《尚書》八卷，非漢時一字。

《舊唐書·經籍志》：“今字石經　卷。”《新唐書·藝文志》同。並詳同上。

《隸釋》：“《新》《舊唐志》有今字石經七種，《唐史》以隸爲今字。”詳【注十九】。

案：《唐志》亦以篆爲今字，非盡漢時一字。

杭氏《石經考異》：“今字即一字。”詳【注七】。

案：今字有篆、古文，又有晉魏以後隸書，均是一字，非盡漢時一字。

【注六】

《魏書·江式傳》：“後開鴻都，書畫奇能，莫不雲集，於時諸方獻篆，無出邕者。”

張懷瓘《書斷》：“王僧虔云：‘飛白，八分之輕者。邕在鴻都門，見匠人施堊帚，遂創意焉。’”

李綽《尚書故實》：“東都頃年創造防秋館，穿掘多得蔡邕鴻都學所書石經。”韋絢《劉賓客嘉話録》同。《廣川書跋》引誤作“趙綽”。詳【注三十一】。

董逌《廣川書跋》："蔡邕鐫刻七經，著於石碑，當時號鴻都三字。蔡邕奏求正六經文字，自書於碑，大屋覆藏，立太學門外，號鴻都石經。"

案：董氏謂魏一字，漢三字，故云鴻都三字。

黄伯思《東觀餘論》："漢石經《論語》，又有《公羊》，此蓋鴻都一字石經。"詳【注十四】。

晁公武《石經考異序》："鴻都石經，自遷徙鄴、雍，遂茫昧於人間。"

洪适《隸續》："石經《儀禮》，鴻都遺刻，獨此最爲難辨。蔡伯喈奉熹平之詔，列鴻都之碑，晚學咸所取正，未嘗一字好奇也。"

趙均《金石林時地考》："漢，鴻都門隸書石經殘碑。"詳【注四十三】。

全祖望《鮚埼亭①偶記》："《北魏書》江式《表》謂'蔡邕刻石太學，後開鴻都，諸方獻篆，無出邕者'，則鴻都固非太學，而又可見師宜官諸人之盡□於邕也。邕以劾②鴻都學生被譴，而謂石經出於鴻都，真大舛也。"杭氏《石經考異》引。

杭氏《石經考異》："張懷瓘《書斷》、黄伯思《東觀餘論》、晁公武《石經考異》皆稱鴻都一字石經，非也。案：《後漢·靈帝紀》：'光和元年，始置鴻都門學生。'《蔡邕傳》：'初，帝好學，自造《皇羲篇》五十章，因引諸生能爲文賦者。本頗以經學

---

① "亭"下原衍"集"字，據杭世駿《石經考異》卷上"鴻都學非太學"條引文刪。

② "劾"，原誤作"刻"，據杭世駿《石經考異》卷上"鴻都學非太學"條引文改。

相招，後諸生爲尺牘及工書鳥篆者，皆加引召，遂至數十人。侍中祭酒樂松、賈護，多引無行趨執之徒，並待制鴻都門下。'《陽球傳》：'拜尚書令，奏罷鴻都文學，曰：伏承有詔，敕中尚方爲鴻都文學樂松、江覽等三十二人圖象立贊，以勸學者。又曰：今太學東觀，足以宣明聖化，願罷鴻都之選，以消天下之謗。'案：《水經注》'穀水又東逕開陽門南，又東逕國子太學'，則太學在開陽門，與鴻都遠矣。"

萬斯同《石經考》："三字之外，復有一字石經，黄伯思謂是鴻都一字石經。夫漢石立於太學，不在鴻都。若鴻都別立石經，是有二石經矣，《漢書》何以不言？"

翁方綱《漢石經殘字考》："歸安丁小疋杰曰：'以漢太學石經稱鴻都石經者，誤始於唐張懷瓘《書斷》，而宋黄長睿《東觀餘論》、晁公武《石經考異》等書因之。今參考《靈帝紀》《蔡邕傳》《陽球傳》及《雒陽伽藍記》《水經·穀水注》《魏書》《北史·江式傳》，漢之待制與刻石太學，判然兩事，亦判然兩地。且蔡邕以劾鴻都學生被譴，尤不容以邕正字書丹之碑歸之鴻都也。昌黎《石鼓歌》、洪景盧《漢隸字原序》皆誤，未經覈正爾。'案：光和元年二月，始置鴻都門學。而蔡邕諸人書石經，在鴻都未立學之前三年。後人以熹平石經目曰鴻都者，當以丁君此論正之也。"

又《蘇齋題跋》："蔡邕諸人書石經在鴻都未立學之前三年，後人以熹平石經目曰鴻都石經者，非也。光和元年二月，始置鴻都門學。"

劉傳瑩《漢魏石經考》："自《書斷》誤稱熹平石經爲鴻都

石經，黄伯思、董逌皆沿其誤，萬季野辨之。全謝山又據江式《疏》謂'鴻都固非太學，邕以劾鴻都學生被譴，而謂石經出於鴻都，真爲大舛'，其辨尤爲明晰。"

田明昶云："《靈帝紀》'光和元年，始置鴻都門學生'，自與大學無涉。但《法書要録》①言'時方修飾鴻都門，蔡邕待詔門下'，則《書斷》雖與《范書》不合，亦非創誤也。"劉氏《石經考》注。

案：《後漢·靈帝紀》："光和元年，置鴻都門學生。"注："鴻都，門名，於內置學。時其中諸生，皆敕州郡三公舉召，能爲尺牘、辭賦及工書鳥篆者，相課式，至千人焉。"《魏·江式傳》："後開鴻都，書畫奇能，莫不雲集。"是鴻都在當日極光和閒一時之選。此時正刊立石經，鴻都以經學相招，未必無辨難是正之事，以致蔡邕、陽球輩劾罷鴻都。當時即有鴻都三字之號，本董氏説。故唐宋時如李、董、黄、晁、洪諸人，相沿漢石經爲鴻都石經。且本光和年號，別其稱曰鴻都，亦自是文人舊習，非謂石經立於鴻都。鴻都學即太學也。

經數爲《周易》《尚書》《魯詩》《儀禮》《春秋》，又《公羊傳》《論語》。注七。

---

① "法書要録"，原誤作"書法要録"，引文出張彦遠《法書要録》卷七"飛白"條。劉傳瑩《漢魏石經考》注文即誤作"書法要録"。

【注七】

《後漢書·靈帝紀》："熹平四年，詔諸儒正五經文字。"詳【注一】。

又《盧植傳》："時始立太學石經，以正五經文字。"詳【注十六】。

又《宦者呂強傳》："李巡白帝，與諸儒共刻五經文於石。"詳【注一】。

又《儒林傳序》："靈帝詔諸儒正定五經。"同上。

《魏書·江式傳》："五經題書楷法，多是邕書。"詳【注十四】。

《後漢紀》："五經文字刻石。"詳【注一】。

《水經·穀水注》："刻石鏤碑，載五經，立於大學。"同上。

新出石經《後記》殘字："各隨家法，是正五經。"

　　案：此俱云五經。

《後漢書·蔡邕傳》："邕等奏求正定六經文字。"《水經·穀水注》同。詳【注一】。

又《儒林傳》："馴與蔡邕共奏定六經文字。"詳同上。

　　案：此俱云六經。

《隋書·經籍志》："後漢鐫刻七經，著於石碑。"

　　案：此云七經。

《洛陽記》："《尚書》《周易》《公羊傳》《禮記》《論語》。"《後漢書·蔡邕傳》注引。詳【注九】。

　　案：此云目五種。

《西征記》："《尚書》《周易》《公羊》《禮記》四部。"《御覽》五八九引。

楊衒之《洛陽伽藍記》:"《周易》《尚書》《公羊》《禮記》四部。"並詳同上。

案:此俱云目四種。

《隋書‧經籍志》:"一字石經《周易》一卷,梁有三卷。一字石經《尚書》六卷,梁有今字石經《鄭氏尚書》八卷,亡。一字石經《魯詩》六卷,梁有《毛詩》二卷,亡。一字石經《儀禮》九卷,一字石經《春秋》一卷,梁有一卷。一字石經《公羊傳》九卷,一字石經《論語》一卷。梁有二卷。"

案:此云目七種。

《舊唐書‧經籍志》:"今字石經《易》篆三卷,今字石經《尚書》五卷,今字石經《鄭玄尚書》八卷,今字石經《毛詩》三卷,今字石經《儀禮》四卷,今字石經《左傳經》十卷,今字石經《公羊傳》九卷,今字石經《論語》二卷。蔡邕注。"

《唐書‧藝文志》:"今字石經《易》篆三卷,今字石經《尚書》本五卷,今字石經《鄭玄尚書》八卷,今字石經《毛詩》三卷,今字石經《儀禮》四卷,今字石經《左傳經》十卷,今字石經《公羊傳》九卷,蔡邕今字石經《論語》二卷。"

案:此"今字石經《易》篆三卷",萬氏《石經考》:"今字當改三字。"詳魏石經【注四】。

鄭樵《通志‧藝文略》:"今字石經《易》篆三卷,一字石經《周易》一卷,石經《周易》十卷,今字石經《春秋》一卷,今字石經《左傳經》十卷,一字石經《公羊傳》九卷,蔡邕今文石經《論語》二卷,一字石經《儀禮》九卷,《隋志》。今字石經《儀禮》四卷。石經之學,始於蔡邕。始也,秦火之後,經籍初出,諸家所藏，傳寫或異，箋傳之儒，皆憑所見，更不論文字之訛謬。邕校書東觀，奏求正定六經文字。靈帝許之。乃自爲書，而刻石於太學門外。後儒晚學，咸所取正。奈當漢之末祚，所傳未廣，而兵火無存，後之人所得者亦希矣。今之所謂石經者，但刻諸石耳，多非蔡氏之經。"

《廣川書跋》："楊衒之曰'石經《尚書》《公羊》爲四部'，又謂'《春秋》《尚書》二部'，《書》有二經，當是古文已出。方漢立學官，《書》惟有歐陽、夏侯，其書雖不全見，今諸家所引，與《古文尚書》全異，不應今所存古文反盡同也。疑邕既立二《書》，則或當以古文自存矣。"

案：此併《伽藍記》兩種言，故疑邕有二《書》。

《隸釋》："石經《儀禮》殘碑，《靈帝紀》云'詔諸儒正五經文字，刻石立於太學'，《蔡邕傳》則云'奏求正定六經'，紀傳既已不同。陸機《洛陽記》所載，但有《書》《易》《公羊》《禮記》《論語》爾。惟①《隋志》云'後漢刻七經於石碑，皆蔡邕所書'，其目有一字石經《儀禮》九卷，乃《漢史》《陸記》之疏略也。《公羊》殘碑，皆是公羊氏傳辭，而無《春秋》正經。"

趙明誠《金石錄》："《靈帝紀》言'詔諸儒正五經文字，刻石立於太學門外'，《蔡邕傳》乃云'奏求②正定六經文字'，既已不同。而章懷太子注引《洛陽記》所載，有《尚書》《周易》《公羊傳》《論語》《禮記》。今余所藏遺字，有《尚書》《公羊傳》《論語》，又有《詩》《儀禮》，然則當時所立，不止六經矣。"

---

① "惟"，原誤作"雅"，據洪适《隸釋》卷十四"石經《儀禮》殘碑"條改。
② "求"字原脫，據趙明誠《金石錄》卷十六"漢石經遺字"條補。

顧炎武《金石文字記》："《後漢書·本紀》《儒林》《宦者傳》皆云五經，《蔡邕》《張馴傳》則以爲六經，《隋書·經籍志》又以爲七經，此言漢五、六、七經之不同也。《伽藍記》云'《周易》《尚書》《公羊》《禮記》四部'，《雒陽記》則多一《論語》，而趙明誠《金石録》言其家所收又有《詩》《儀禮》，苟非其傳拓之本出於神龜以前，則不應以宋人之所收，而魏時猶未見也。此言後魏所存諸石經之不同也。"

案：顧氏據《伽藍記》三種字屬漢，以《易》《書》《公羊》《禮記》諸經屬魏，故云。

全祖望云："孔氏《春秋正義》謂'漢初爲傳訓者，皆與經別行，故石經書《公羊傳》並無經文'。田明昶云：'《國風》疏亦云。'案：《隋志》別有一字《春秋》一卷，在《公羊傳》九卷之外，當是黄初時邯鄲淳書以補之也。"杭氏《石經考異》引。劉氏《石經考》："經傳雖別行，然未有習傳而舍經者，蔡邕當日必經傳分書之。然止是《公羊》一經之數，《隋志》分爲二，全氏曲爲解，皆誤。"又云："《公羊經》與《公羊傳》爲一經，《隋志》誤爲二，稱七經，全謝山遂謂'此邯鄲淳所補，非蔡邕書'，非也。"田明昶云："孔穎達與修《隋書》，當同一誤，未可引以定《志》。全氏遂謂補書《春秋》，非是。"

趙信云："《公羊》《穀梁》皆無正經，故邯鄲淳書《春秋》正經一卷以補之，《唐志》所云今字石經《左傳經》十卷即此。以其專寫正經，而不連《左傳》，故稱爲《左傳經》，實則無《左傳》也。其'十卷'則'一卷'之譌，正經不應有十卷也。石經《毛詩》梁時已亡，安得至唐復出，恐是《魯詩》之譌也。"杭氏《石經考異》引。劉氏《石經考》："《毛詩》恐《魯詩》之譌，趙説是。"

汪祚^①云："《中郎傳》及《張馴傳》皆言正定六經，而《本紀》《儒林傳》祇言五經，《隋志》則有七經。考當時所謂五經者，《易》《尚書》《禮記》《春秋》，而以《論語》參之，獨無《詩》。古之言五經者，未之有也。竊意邕等奏定六經，蓋於五經之外，增《論語》而爲六。而邕以光和元年言事被逐，未及書《詩》於石而止。同事雖有楊賜等，而刊定裁正，實出於邕，故六年刻石告成，竟無《詩》。迨《隋志》有一字《魯詩》，則謝山以爲黃初所補者得之。"杭氏《石經考異》引。劉氏《石經考》："《洛陽記》不及《魯詩》者，當是碑已不存，故遺之。其云毀壞者，爲斷闕漫漶耳。《禮記》碑崩壞而邕等猶見名，是碑固存也。全謝山緣此遂謂《隋》《唐志》所載一字《魯詩》爲邯鄲淳所補，非也。"

杭氏《石經考異》："《後漢·蔡邕傳》及《張馴傳》皆云'奏求正定六經文字'，而《靈帝紀》云'詔諸儒正定五經文字'，《儒林傳序》云'詔諸儒正定五經，刻於石碑'，《盧植傳》云'時始立太學石經，以正五經文字'，《李巡傳》云'乃白帝，與諸儒共刻五經文於石'。考《邕傳》注引《洛陽記》亦祇有《尚書》《周易》《公羊傳》《禮記》《論語》，晉羊欣《筆法》、魏酈道元《水經注》亦祇言五經，意熹平四年邕等所奏求正定者六經，暨光和六年書丹立碑，祇五經耳。"

又云："《隋書·經籍志》，其中言石經，一篇之中，互異者數事。張孟奇撰《疑耀》未暇致辨，亭林顧氏又辨之未詳，予特援諸書以證之。其云：'後漢鐫刻七經，著於石碑，皆蔡邕所

---

① "汪祚"，原誤作"江祚"，據杭世駿《石經考異》卷上改。

書.'案：蔡邕等奏求正定六經文字，而以五經書丹於石，則石經在漢時從未有言七經者，彼蓋見一字有《周易》，有《尚書》，有《魯詩》，有《儀禮》，有《春秋》，有《公羊傳》，有《論語》，卻合七經之數，遂斷以爲漢刻，而不知其與《范史》《魏書》《術藝傳》《水經注》《雒陽記》諸書多不合."

又云："《唐書·藝文志》云：'今字石經《易》篆三卷，與《七錄》合。《隋志》"一卷"。今字石經《尚書》本五卷，《隋志》"六卷"。今字石經《鄭玄尚書》八卷，《七錄》同。《隋志》無。三字石經《尚書》古篆三卷，《七錄》"十三卷"。《隋志》"九卷"，又"五卷"。今字石經《毛詩》三卷，《隋志》"魯詩六卷"。《七錄》"毛詩二卷"。今字石經《儀禮》四卷，《隋志》"九卷"。三字石經《左傳》古篆書十三卷，《七錄》"十二卷"。《隋志》"三卷"。今字石經《左傳》十卷，《隋志》"一字《春秋》一卷"。今字石經《公羊傳》九卷，《隋志》同。蔡邕今字石經《論語》二卷。《七錄》同。《隋志》"一卷"。'惟無《典論》。其云今字者，即一字也."

萬氏《石經考》："《禮記》不立學官，何以得與諸經並列？及考洪氏石經殘碑，有《儀禮》，無《禮記》，乃知《洛陽記》之誤。且《記》不言《詩經》，而洪氏書及《隋·經籍志》有《魯詩》六卷，則是此《記》所遺，而石碑之殘毀，當不止二十九矣."劉氏《石經考》："萬季野説極確。《隋》《唐志》有一字《儀禮》而無《禮記》，亦一證."

顧藹吉[①]《隸辨》："《靈帝紀》云：'詔諸儒正五經文字，刻

———

① "藹吉"，原誤作"靄吉"。顧藹吉，號南原，江蘇長洲人，撰《隸辨》八卷。

石於太學門外’，《儒林傳》云‘正定五經，刊於石碑’，《宦者傳》云[1]‘與諸儒共刻五經文字於石’，《盧植傳》云‘時始立太學石經，以正五經文字’，而《蔡邕傳》云‘奏求正定六經文字’，《張馴傳》云‘與蔡邕共奏定六經文字’。《後漢書》所載，五經、六經，已自不同。《隋書‧經籍志》云‘後漢鐫刻七經，著於石碑’，則又以爲七經。其目有一字石經《周易》一卷，《尚書》六卷，《魯詩》六卷，《儀禮》九卷，《春秋》一卷，《公羊傳》九卷，《論語》一卷。而《蔡邕傳》注所引《洛陽記》，則有《尚書》《周易》《公羊》《禮記》《論語》，而無《魯詩》《儀禮》《春秋》，乃多一《禮記》，則又不止七經矣。考之《金石錄》與《隸釋》所載，皆有《魯詩》《儀禮》。《金石文字記》云：‘苟非傳拓之本出於神龜以前，則不應以宋人之所收，而魏時猶未見。’此則《洛陽記》之疏略，《隋書》爲可信也。若《禮記》，則本自有碑。《盧植傳》云‘考《禮記》失得，刊正碑文’，《洛陽伽藍記》載石經四部中有《禮記》，《邵氏聞見後錄》洛陽張氏發地所得亦有《禮記》，而《隋書》失之者。案《洛陽記》云‘《禮記》十五碑，悉崩壞’，豈當時無傳拓之本，故不得列於其目耶？以愚論之，《靈帝紀》《儒林傳》《宦者傳》《盧植傳》所云五經者，蓋以《儀禮》《禮記》爲一經，《春秋》《公羊》爲一經，與《周易》《尚書》《魯詩》而爲五經，實則七經也。唐開成時立石壁九經，《新唐書‧儒學傳[2]序》止云‘文宗定五經，鑱之石’，張參是正訛文

---

① “正定五經刊於石碑宦者傳云”十二字原脱，據顧藹吉《隸辨》卷七“石經《論語》殘碑”條補。

② “儒學傳”，原誤作“儒林傳”，據顧藹吉《隸辨》卷七“石經《論語》殘碑”條改。

三卷，亦曰《五經文字》，蓋《禮》兼三禮、《春秋》兼三傳，故曰五經。漢之七經爲五經，猶唐之九經爲五經也。《蔡邕》《張馴傳》所云六經者，益以《論語》而爲六經也。案：《舊唐書·經籍志》有‘今字石經《論語》二卷，蔡邕注’。隸書，唐謂之今字。《隸釋》載《論語》殘碑，有‘盉、毛、包、周有無不同之說’，此即邕所注者。蓋當時詔定者五經，邕乃奏定六經，益之以《論語》。張馴與邕共奏定六經，故其傳亦曰六經也。然則漢碑乃有八經，而以五經、六經、七經爲疑，猶爲未盡。”

《漢石經殘字考》：“案：《靈帝紀》所云‘詔諸儒正五經’者，乃渾舉之詞。《蔡邕傳》所云‘奏求正定六經’者，則核實之文也。是熹平石經爲《周易》《尚書》《魯詩》《儀禮》《公羊》《論語》六經也。若全謝山以漢刻止有五經，《魯詩》爲黃初所補。杭堇浦以《隋志》言七經者，蓋見一字石經有《周易》，有《尚書》，有《魯詩》，有《儀禮》，有《春秋》，有《公羊傳》，有《論語》，卻合七經之數，遂斷以爲漢刻七經，此特揣測之論耳。當日如何綜計，互有掎抾，蓋不必鑿求矣。”

桂馥《歷代石經略》：“《儒林傳》云‘正定五經’，《蔡邕》《張馴傳》作‘六經’，《隋志》云‘鐫刻七經’。考漢置五經博士，故稱五經。又加《論語》，則稱六經。《隋志》列《周易》《尚書》《魯詩》《儀禮》①《春秋》《公羊傳》《論語》，唐時以《春秋》《公羊》②分爲二，故稱七經。”

馮登府《石經考異》：“據《靈帝本紀》及《儒林》《宦者》

---

① “儀禮”二字原脱，據桂馥《歷代石經略》上卷“漢一字石經”條補。
② “公羊”二字原脱，據桂馥《歷代石經略》上卷“漢一字石經”條補。

二傳，皆曰五經。《蔡邕》《張馴傳》以爲六經，《隋·經籍志》又以爲七經，俱非也。"

《漢石經考異補正序》："漢石經之見於《范史》紀傳者，有五經、六經之不同，而《隋書·經籍志》又作七經，又因范蔚宗於《儒林傳》中有'爲古文、篆、隸三體'之語，於是後代諸儒，紛紛聚訟，迄今尚多疑議。予謂五經、六經，皆古人稱經之總名，不可即拘爲異同之説。至《隋志》所云七經，乃据所有之數言之，其言七經，猶云七種也。《隋志》載一字石經有《周易》《尚書》《魯詩》《儀禮》《春秋經》《公羊傳》《論語》，三字石經有《尚書》《春秋》。既以一字石經列三字石經之前，則一字爲漢，三字爲魏，唐代史家已有定論。而計自《周易》至《論語》，共爲七種，故《隋志》後序言'漢刻七經'也。唐宋以來諸儒所見一字石經，皆不出此七種之外，可見《隋志》之言爲可信。"

又《漢石經考異補正》："《後漢書》言漢石經，或作六經，或作五經，前人多疑之，其説不一，惟南原顧氏藹吉《隸辨》之言爲近是。考王伯厚《困學紀聞》云：'六經始見於《莊子·天運》篇，云：孔子曰：治《詩》《書》《禮》《樂》《易》《春秋》六經。'又云：'《樂經》既亡，而有五經，自漢武立博士始也。'《儒林傳贊》。則自後或稱五經，或稱六經，不過爲稱經之總名耳，豈可即拘以爲異同之説？案：《隋志》言'後漢鐫刻七經，著於石碑'，其前列一字石經，有《周易》《尚書》《魯詩》《儀禮》《春秋經》《公羊傳》《論語》，正合七經之數。其云七經者，猶言七種也。又考《春秋》昭二十六年傳，孔氏義引傅咸爲《七經詩》，《藝文類聚》《初學記》皆載其詩，有《周易》《毛詩》《周官》《左傳》《孝經》《論語》，而脫去《尚書》。其時以《周官》爲《禮經》，《左傳》爲《春秋經》，而《孝經》《論語》亦列在經之內，可知後代稱經，其名不一，故《隋志》總《公羊傳》《論語》而云七經也。且据《後漢書·趙典傳》注引謝承《書》，秦宓謂'文翁遣相如東受七經'，又漢《唐扶頌碑》有'咀嚼七經'句，則漢時已有七經之稱，第不知即《隋志》所云之七經否耳。《唐書·藝文志》所載今字石經，雖卷數與《隋志》多不符，又誤《魯詩》六卷爲《毛詩》三卷，而七經之數與《隋志》無異，可知隋唐所傳之漢石經，皆止有此七種矣。《隋》《唐》二志及洪氏《隸釋》《隸續》載殘字，但有《儀禮》而無《禮記》，而洪所錄《儀禮》又止百餘字，則《洛①陽記》所謂'《禮記》十五碑，悉崩壞'及《伽藍記》所言之《禮記》，蓋皆誤以《儀禮》爲《禮記》也。《伽藍記》又無《魯詩》及《春秋經》，蓋又審之未細而誤遺者也。"

劉氏《漢魏石經考》："當時刻石者，實《易》《書》《魯詩》《儀禮》《公羊》《論語》六經，《蔡邕》《張馴傳》爲得其實，《靈帝紀》特渾言之耳。"

又云："六經之名，始於周末，莊子以《易》《尚書》《詩》《公羊》《禮》《樂》言之。《班書》謂之六藝。《藝文志》《儒林傳》。自秦焚書而《樂經》亡，《初學記》。漢之言②六經者，皆沿其名耳，其實止五經。故兩漢立博士皆五經，石渠、白虎觀皆論五經，東漢通經之儒，多得五經之稱。蔡邕等之奏準其名，稱六經，《本紀》

---

① "洛"下原衍"所"字，據瞿中溶《漢石經考異補正》卷二刪。
② "言"，原誤作"學"，據劉傳瑩《漢魏石經考》上篇"漢石經"條改。

諸書紀其實，故稱五經，非有異也。五經者，《周易》《尚書》《春秋公羊傳》《儀禮》《魯詩》也。考之《洛陽記》《伽藍記》二《記》誤以《儀禮》爲《禮記》，萬季野論之詳矣。《隋志》《隸釋》所載殘碑，無不合者。"

又云："《隋志》誤分《公羊》經傳爲二，故云七經。"

田明昶云："《經典釋文叙》始稱九經，中列《論語》。前人言五經，《隋志》言七經者，並數《論語》。" 劉氏《石經考》注。

姚晉圻云："《莊子·天運》篇述孔子以《詩》《書》《易》《禮》《樂》《春秋》爲六經，又《天下》篇言‘《春秋》以道名分’，不得直以《公羊》當之。又《藝文志》稱自秦焚書而《樂經》亡，故《白虎通》以《易》《書》《詩》《禮》《春秋》爲五經，不及《樂》，與先秦所説五經不同。《靈帝紀》之稱五經，漢人之五經也。《蔡邕傳》之稱六經，並《論語》言之耳，亦非準舊名。" 劉氏《石經考》注。

葉昌熾《語石》："《後漢書·靈帝紀》《儒林傳》皆云‘正定五經文字’，而《蔡邕》《張馴傳》則云‘奏定六經’，《隋書·經籍志》云‘七經’。顧南原曰：‘五經者，蓋以《儀禮》《禮記》爲一經，《春秋左氏》《公羊傳》爲一經，與《易》《詩》《書》而爲五經，實則七經也。’"

《觀堂集林》："漢石經之經數、石數，當以二者參伍定之。今用此法互相參校，則經數莫確於《隋志》，石數莫確於《洛陽記》。《記》云：‘大學在洛城南開陽門外，講堂長十丈，廣二丈。堂前石經四部，本碑四十六枚。西行，《尚書》《周易》《公羊傳》，十六碑存，十二碑毀。南行，《禮記》十五碑，悉崩壞。東行，

《論語》三碑，二碑毀。'《後漢書·蔡邕傳》注引此。但云《洛陽記》，其記碑之方位、存毀較《水經注》《洛陽伽藍記》爲詳，固當在酈道元、楊衒之二書之前矣。惟所記經數則不無舛誤。《記》於西行二十八碑中，失記《魯詩》及《春秋》二種，又南行十五碑之《禮記》，實指《儀禮》言，皆得以諸經字數證之。漢石經據傳世宋拓本《尚書》《論語》，大率每行七十三四字，因古本、今本字數不同，故不能決其每行若干字。他經當準之。又據《洛陽記》載朱越石《與兄書》'石經高丈許，廣四尺'，則縱得七十餘字者，橫當得三十餘字。今以一碑三十五行、行七十五字計，則每碑得二千七百二十五字。又漢、魏石經皆表裏刻字，則每碑得五千四百五十字。二十八碑，當得十有五萬四千字。而《洛陽記》謂'西行，《尚書》《周易》《公羊傳》，十六碑存，十二碑毀'，似此二十八碑止書三經。今據唐石經字數，則《周易》二萬四千四百三十七字，《尚書》二萬七千一百三十四字。而漢石經無僞古文二十五篇並孔安國序，僅得一萬八千六百五十字。又唐石經《公羊傳》四萬四千七百四十八字，漢石經《公羊傳》無經文並何休序，僅得二萬七千五百八十三字。三經共七萬六千七十字，則十四碑已足容之，無須二十八碑也。惟加以《詩》四萬八百四十八字，據唐石經《毛詩》字數。《魯詩》字未必與《毛》同，然當不甚相遠。他經倣此。《春秋經》一萬六千五百七十二字，據宋李燾《春秋古經後序》所計。共十有二萬八千又九十字，約需二十有五碑。而據《隸釋》所載漢石經殘字，則《魯詩》每章之首與《公羊傳》每年之首皆空一格，又經後各有校記、題名，恐正需二十八碑。此西行二十八碑於《易》《書》《公羊傳》外，當有《詩》《春秋》二經之證也。

《記》又云‘南行，《禮記》十五碑’，魏晋以前，亦以今之《儀禮》爲《禮記》，非指《小戴記》之四十九篇。以經字證之，《禮記》九萬八千九百九十九字，據唐石經。非漢石十五碑所能容。以漢石經每碑字數計，須十有九碑。惟《儀禮》五萬七千一百一十一字，則需十一碑，其餘當爲校記、題名。此南行十五碑之《禮記》實爲《儀禮》之證也。其所云‘東行，《論語》三碑’，原作"二碑"，顧氏《石經考》引改爲"三碑"。以都數計之，顧改是也。則與《論語》字數正合。然則以碑數與經文字數互校，漢石經經數當爲《易》《書》《詩》《禮》《儀禮》。《春秋》五經，並《公羊》《論語》二傳，故漢時謂之五經，或謂六經，《隋志》謂之七經。除《論語》爲專經者所兼習，不特置博士外，其餘皆當時博士之所以教授也。其石數當爲四十六碑。而《洛陽伽藍記》所舉之《禮記》，後魏時專謂四十九篇者爲《禮記》。《隋志》注之梁時《鄭氏尚書》八卷，《毛詩》二卷，既非博士所業，又增此三種，則與石數不能相符，此皆可決其必無者。"《魏石經考》一。

羅振玉《漢熹平石經殘字集録序》："王忠愨公國維言漢石經者，有五經、六經、七經之殊，而《隋志》爲可信。今傳世殘石，有《周易》《魯詩》《儀禮》《春秋》《公羊傳》《論語》，合以宋人所見之《尚書》，正與《隋志》所載一字石經合。"

案：以上諸家，立論不同，其所以致疑者，一由於《洛陽記》《西征記》《伽藍記》與《隋志》之不同，一由於《隋志》與《隋志》注之不同，一由於《隋志》《隋志》注與《唐志》之不同。兹表以明之。并數魏。

	洛陽記	西征記	伽藍記	隋志	隋志注	舊唐志	新唐志	通志略	備考
漢	《周易》	同	同	一字石經《周易》一卷				同	
					梁有三卷	今字石經《易》篆三卷	同	同	
							石經《周易》十卷		此未言一字、三字
	《尚書》	同	同	一字石經《尚書》六卷		今字石經《尚書》五卷	同		《新唐志》"尚書"下多一"本"字
					梁有今字石經《鄭氏尚書》八卷，亡	今字石經《鄭玄尚書》八卷	同		
				一字石經《魯詩》六卷					
					梁有《毛詩》二卷，亡	今字石經《毛詩》三卷	同	同	
	《禮記》	同	同	一字石經《儀禮》九卷				同	
						今字石經《儀禮》四卷	同	同	
				一字石經《春秋》一卷				同	
					梁有一卷				
						今字石經《左傳經》一卷	同	同	
	《公羊傳》	同	同	一字石經《公羊傳》九卷		同	同	同	《舊》《新唐志》"一字"作"今字"

	洛陽記	西征記	伽藍記	隋志	隋志注	舊唐志	新唐志	通志略	備考
漢	《論語》			一字石經《論語》一卷					
					梁有二卷	今字石經《論語》二卷，蔡邕注	蔡邕今字《論語》二卷		
				以上隸書	以上《鄭氏尚書》《毛詩》，古文。又梁有若干卷，隸書，或是魏晉以後刻，或是拓本、臨摹本	以上《儀禮》《公羊》《論語》，漢時隸書。今字《尚書》《鄭氏尚書》《毛詩》《左傳經》，古文。今字《易》，篆書			
魏		《尚書》	同	三字石經《尚書》九卷					
					梁有十三卷			同	
				三字石經《尚書》五卷					
		《春秋》	同	三字《春秋》三卷					
					梁有十二卷				
						三字《左傳》古篆書十三卷	同，十二卷	同	
				以上古、篆、隸書	以上古、篆、隸書，或是拓本、臨摹本				

　　如上所列：其一，《洛陽記》《西征記》《伽藍記》有《尚書》，《隋志》有一字《尚書》六卷，本無不同。董氏遒因《伽藍記》三種字《尚書》其下又云復有《尚書》，遂謂《書》有二經，謂是古文已出，疑邕有二《書》，不知《伽藍記》所云一係三種書，一係隸書，非一事也。魏晉以前所云《禮記》即《儀禮》，詳【注十三】。《洛陽記》《西征記》《伽藍記》曰《禮記》，《隋志》曰《儀禮》，皆一書也。趙氏明誠牽於《禮記》之説，而所得遺字又有《儀禮》，以爲當時所立，不止六經。萬氏斯同以爲有《儀禮》，無《禮記》，《洛陽記》誤，劉氏傳瑩然其説，不知《洛陽記》之所謂《禮記》即《儀禮》也。顧氏藹吉①則以《儀禮》《禮記》爲一經。此皆未考魏晉以前《禮記》即《儀禮》，故云然也。漢時《春秋》爲一經，《公羊傳》在經外別行。全氏祖望以《隋志》《公羊傳》外別有《春秋》一卷，謂是黄初邯鄲淳補書。顧氏則以《春秋》《公羊》爲一經。劉氏以全氏曲爲解，固是，而其以《春秋經》與《公羊傳》爲一經，《隋志》誤爲二，則非也。《洛陽記》《西征記》《伽藍記》無《魯詩》，此劉氏所謂其碑不存，故遺之也。《隋志》有之，全氏以爲黄初所補，汪氏祚②申其説，謂蔡邕光和元年被逐，未及書《詩》於石，故六年刻石竟無《詩》，劉氏以爲非。而趙氏信以《隋志》注《毛詩》亡恐是《魯詩》之譌，劉氏以爲是，則牽強殊甚也。其二，《隋志》一字《尚書》《魯詩》注

① "藹吉"，原誤作"靄吉"。
② "汪氏祚"，原誤作"江氏祚"。

又有梁有今字《鄭氏尚書》《毛詩》者，魏晉以後，古文之學
寖盛，而其時刻石之事亦復多有，正如鄭氏樵所云"今之石
經，但刻諸石，多非蔡氏之經"。毛、鄭古文，自有以刻諸
石者，故《隋志》注有今字《鄭氏尚書》八卷，《毛詩》二
卷。全氏謂《鄭氏尚書》《毛詩》較熹平五經之目增多，爲黃
初邯鄲淳所補。雖淳補否未可知，亦可見刻石時代。田氏明
昶云："《晉書》荀崧上疏述武帝時事，有云'大學有石經古
文，先儒典訓，賈、馬、鄭、杜、服、孔、王、何、顏、尹
之徒，章句傳注，衆家之學，置博士十九人'云云。毛、鄭
於魏晉間始列學官，刻石不得在前。崧曰古文，不曰三體，
又非正始石經可知①。"劉氏《石經考》"一字石經《毛詩》、一字石經
《鄭氏尚書》爲魏晉間刻石説"。據此，則《毛詩》《鄭氏尚書》係
以一字書之古文，其刻石不在漢熹平，併不在魏正始三字以
內。王氏國維云："漢時《毛詩》未立學官，決無刊《毛詩》
之理。如果有《毛詩》，或出魏時所刊。後人以用一字與漢
石經②同，遂附之《魯詩》下耳。"《魏石經考》三。鄭玄，東漢
獻帝時人，靈帝光和間刻石，安得鄭氏之本？此又其顯見者
也。《隋志》一字《周易》一卷，注"梁有三卷"，一字《春
秋》一卷，注"梁有一卷"，一字《論語》一卷，注"梁有
二卷"者，驟觀之，似即漢刻一字。然僅《春秋》卷數相
同，《周易》多二卷，《論語》多一卷，在梁時，不應卷數反

---

① "石經可知"，原誤作"石刻知"，據劉傳瑩《漢魏石經考》下篇"一字石經
《毛詩》、一字石經《鄭氏尚書》爲魏晉間刻石説"條改。
② "經"字原脱，據王國維《觀堂集林》卷二十《魏石經考》三"補。

增於前，三字石經《尚書》九卷，注"梁有十三卷"，《春秋》三卷，注
"梁①有十二卷"。《尚書》多四卷，《春秋》多九卷，亦增於前。疑即相傳
別有拓本或臨摹本。本章氏炳麟説。據此，則非漢刻一字，而
其拓本或臨摹本，仍本諸漢刻一字也。魏晉以後，古文之
外，亦有以隸書刻石者。姚氏寬云："所謂一字石經，即晉
隸書。今漢碑不存，晉魏間亦謬謂之蔡邕字。"據此，則三
卷、一卷、二卷與《志》卷數不同，或是魏晉以後一字隸
書，則又刻石時代不同也。要之，《志》所列者，係漢時一
字隸書。注所列者，《鄭氏尚書》八卷、《毛詩》二卷係古
文，故曰今字。《周易》三卷、《春秋》一卷、《論語》二卷②
亦是隸書，惟是拓本或是臨摹本，是漢刻或是晉魏以後刻，未敢定，然
可斷其爲隸書。承上一字言，故不曰一字，三字《尚書》，注"梁
有十三卷"，《春秋》，注"梁有十二卷"，蓋亦承《志》三字言。章氏云：
"其多出者，相傳臨摹之本，不皆搨之於石。"以非古文，故不曰今
字。注無《儀禮》《公羊》者，《書》有《鄭氏尚書》，《詩》
有《毛詩》古文，已別刊石，魏晉以後，《小戴記》有鄭玄、
王肅注。《左氏傳》立於學官，皆古文學，此二經係今文，無
古文，《公羊傳》無古文，《儀禮》有今、古文，但無古文學。非彼時
所崇尚，故不另刊石。《左氏傳》，《唐志》有之，《禮記》則
至唐開元始並十二經刻於石，故《隋志》注無此二經也。其
三，《唐志》於《隋志》與注所有一字、篆或隸。今字古文。而

---

① "梁"字原脱，據《隋書》卷三十二《經籍志》注補。
② "二卷"，原誤作"一卷"。《隋書·經籍志》"一字石經《論語》一卷"下注
"梁有二卷"。

概謂之今字。《隋志》一字《儀禮》、一字《公羊》，《唐志》俱曰今字。《隋志》注一字，亦曰今字。《儀禮》《公羊傳》是原本，《論語》是蔡邕本，此與《隋志》同者也。惟四卷與九卷，二卷與一卷，卷數不同。《鄭氏尚書》八卷，《毛詩》三卷，此與《隋志》注同者也。《隋志》一字《周易》一卷，注"梁有三卷"，《舊志》未載，但言今字《易》篆三卷。此篆亦曰今字，可見唐時於石經一字書者，勿論篆、隸，皆曰今字。又今字《左傳經》十卷，《左傳》杜氏學亦係古文，《左傳》古文，漢時未立學官，自是魏晉以後所刻，先經後傳，故有十卷。趙氏信以爲專寫正經，不連《左傳》，其十卷爲一卷之訛，未免望文生義。此與《隋志》《隋志》注不同者也。又《唐志》有三字《尚書》古篆三卷，《春秋》古篆十三卷，王氏謂"疑唐人就三字拓本中專錄其古、篆二體"，是。《唐志》所云古篆，或魏晉以後別有刻石，抑由拓本中錄出，或係臨摹之本。《唐志》所有者，《儀禮》《論語》，隸也，《鄭氏尚書》《毛詩》，古文也，《周易》，篆也。三字《尚書》《春秋》，古、篆也。《唐志》於漢刻僅有《儀禮》《公羊》者，以此二經魏晉以後無別刻本，而以備六經之數，又不能無此二經，故舉漢刻，非必其時果有是本也。《舊志》所錄，但屬石經，俱屢入，獨惜歐陽公《新志》，一仍《劉志》之舊，其《集古錄》亦未列石經。季子斐《集古錄目》，三體石經定爲漢刻，尚沿《范志·儒林傳》之誤。至鄭氏，則就隋、唐兩《志》而揉雜之，《藝文略》一書，但據舊有書名，一一搜集，而不詳考其有無存佚，又不僅石經然也。因此之故，趙氏明誠則以當時所立，不止六經。杭氏世駿則以蔡邕奏求正定者六經，光和書丹立碑祇五經，又漢時從未言七經者，以《隋志》七經爲不合。顧氏藹吉①則以《儀禮》《禮記》爲一經，《春秋》《公羊傳》爲一經，與《周易》《尚書》《魯詩》爲五經，實則七經。此五經，益②以《論語》爲六經，故謂漢碑有八經。劉氏傳瑩則以《易》《書》《春秋公羊傳》《魯詩》《儀禮》爲五經，又以蔡邕奏六經準其名，《本紀》諸書五經紀其實，《隋志》誤分《公羊》經傳爲二，故云七經。姚氏晉圻以《公羊》不在五經內，其稱六經，并數《論語》。五、六、七經，莫衷一是。要之，《洛陽記》《西征記》《伽藍記》所記不同者，就其存者數之也。《隋志》《隋志注》《唐志》所記不同者，魏晉以後，石刻又有增益也。漢爲一字，魏爲三字。其中又有古、篆、隸分書，或古、篆分書者，魏晉以後石刻，或拓本，或臨摹本，非蔡邕經也。《詩》《書》《禮》《易》《春秋》五經，并數《論語》，亦曰六經。《論語》《公羊》爲傳，唐時亦曰經，故有九經之稱。此曰七經，魏晉以後并《論語》《公羊》兩傳亦稱之爲經也。王氏國維《魏石經考》以漢石經經數莫確於《隋志》，茲從王氏。

諸經皆當時學官所立，以一家本爲主，兼存諸家異同於後。《易》有施、孟、梁丘、京氏四家，《書》

———————

① “藹吉”，原誤作“靄吉”。
② “益”，原誤作“蓋”。顧藹吉《隸辨》卷七“石經《論語》殘碑”條有“蓋當時詔定者五經，邕乃奏定六經，益之以《論語》”云云。

有歐陽、大、小夏侯三家，《禮》有大、小戴二家，今無可考。其可考者，《詩》用《魯詩》本，有齊、韓二家異字，《公羊傳》用嚴氏本，有顏氏異字，《論語》用某本，有盍、毛、包、周諸家異字。注八。

【注八】

新出漢石經《後記》殘字："《易》，梁、施氏。《尚書》，小夏侯。"詳【注四十七】①。

陸德明②《經典釋文》："《易·繫辭上》'洗心'，京、荀、虞、董、張、蜀才作'先'，石經同。"臧鏞堂云："此所言石經，漢熹平所刻，即施、孟、梁丘三家經也。"

孔穎達《尚書正義序》："漢氏大濟區宇，廣求遺逸，得今書於齊魯，其文則歐陽、夏侯二家之所說，蔡邕石碑刻之。"又《堯典第一》正義："檢古本并石經，直言《堯典》第一，無《古文尚書》。以孔君從隸古，仍號古文，故後人因題於此，以別伏生所出、大小夏侯及歐陽所傳爲今文故也。"又《虞書》正義："伏生所傳三十四篇，謂之今文，則夏侯勝、夏侯建、歐陽和伯等三家所傳及後漢末所勒石經是也。"

《東觀餘論》："漢石經與今文不同者殊多。《論語》又記諸家

---

① "四十七"，原誤作"四十六"。下【注四十七】載漢石經《後記》殘石，有"易梁／施氏郎中孫進尚書小夏侯"文字。
② "陸德明"，原誤作"陸明德"。《經典釋文》三十卷，題"唐國子博士兼太子中允贈齊州刺史吳縣開國男陸德明撰"。

之異文，若曰‘在於蕭牆之内，盍、毛、包、周無①於’，今《論語》無盍氏、毛氏書。”

姚寬《西谿叢語》：“《尚書》《論語》之文，今多不同，非孔安國、鄭康成所傳之本也。獨《公羊》當時無他本，故其文與今文無異。”

《隸釋》：“石經《尚書》殘碑，熹平四年議郎蔡邕所書者。漢儒傳伏生《尚書》，有歐陽、大、小夏侯之學。孔安國《尚書》，漢人雖有爲之訓傳者，然不立於學官。《魯詩》殘碑，又有一段，二十餘字，零落不成文。其間有‘齊’‘韓’字，蓋叙二家異同之説，猶《公羊傳》所云‘顔氏’、《論語》碑所云‘盍毛包周’之比也。漢代《詩》分爲四，在東京時，《毛氏詩》不立學官。《隋志》有石經《魯詩》六卷，此碑既論齊、韓於後，則知《隋志》爲然也。《公羊》殘碑，‘傳桓公二年顔氏有所見異辭所聞下闕。’‘世年，顔氏言君出則己入下闕。顔氏無伐而不言圍者②非取邑之辭也’，所書者皆是公羊氏傳辭，而無《春秋》正經。又有顔氏説，蓋嚴、顔異同之辨也。《論語》殘碑，‘賈諸賈之哉包周闕四字③。’‘而在於蕭墻之内盍毛包周無於下闕。’，又載盍、毛、包、周有無不同之説。”

黄虞稷云：“漢石經殘碑，見於洪氏《隸釋》者，《尚書》僅五百四十七字，視孔安國本多十字，少二十一字，不同者五十五

---

① “無”字原脱，據洪适《隸釋》卷十四“石經《論語》殘碑”條録文補。黄伯思《東觀餘論》卷上“記石經與今文不同”條誤“無”作“氏”。
② “者”字原脱，據洪适《隸釋》卷十四“石經《公羊》殘碑”條録文補。
③ “四字”，原誤作“下字”，據洪适《隸釋》卷十四“石經《論語》殘碑”條録文改。

字，《論語》載盍、毛、包、周有無不同之説，《公羊》亦有嚴、顏異同，而《詩》則魯故，所傳非毛、鄭訓，故此足貴也。"《經義考》引。

萬氏《石經考》："東漢時五經立學官者，《易》則施、孟、梁丘、京四家，《書》則歐陽、大、小夏侯三家，《詩》則齊、魯、韓三家，三禮但用《儀禮》，有大、小戴二家，《春秋》但用《公羊》，有嚴、顏二家。他若《古文尚書》《毛氏詩》《左氏春秋》《小戴氏禮記》，後世頒之學宮者，皆不立學官。此石碑所刻，《書》用伏生今文，孔穎達《正義》："蔡邕所刻石經《尚書》，止今文三十四篇。"《春秋》用《公羊傳》，宜也。"以下詳【注七】。

王昶《金石萃編》："《尚書正義》云：'蔡邕所刻石經《尚書》，止今文三十四篇。'又《正義序》云：'今文則歐陽、夏侯二家之所説，蔡邕碑石刻之。'《古文尚書·堯典第一》正義曰：'檢古本并石經，直言《堯典》第一，無《古文尚書》。'《毛詩正義》云：'三傳之文，不與經連，故石經《公羊傳》皆無經文。'"

《漢石經考異補正》："《公羊》有嚴、顏二家，東漢初雖並立學官，而在西京宣帝時止有嚴彭祖爲博士一人，其後顏氏亦未及置博士，故漢石經後每舉顏氏異説，蓋用嚴氏之本。"

劉氏《漢魏石經考》："東漢五經立學官者，《易》，施、孟、梁丘、京四家，《書》，歐陽、大、小夏侯三家，《詩》，齊、魯、韓三家，《禮》，大、小戴二家，《公羊》，嚴、顏二家，共十四博士。熹平因博士私改漆書，爭第高下，而正定五經。則凡立在學官各家，其經文有異同者，必當備列。其書石之法，當是專主一家，以諸異文互注，《隸釋》殘碑，《詩》主魯，兼載齊、韓字,《公羊》主嚴,兼載顏氏説,《論語》兼載盍、毛、包、周説可證。《易》四家,如'箕子''荄茲'之類,田明昶云:"趙賓書未立學官,恐不能附載。"當亦兼載。惟《書》三家、《儀禮》二家①皆今文,不須互注,田明昶云:"《書》與《儀禮》原有古、今文兩本,但石經皆今文,故不闌入古文,此正漢人家法。"故《隸釋》殘碑無互注之迹也。姚晉圻云:"三家《詩》及《公羊》無古文。"《漢石經以一家爲主,附載諸家説》。

　　《觀堂集林》:"漢一字石經,爲《周易》《尚書》《詩》②《儀禮》《春秋》《公羊傳》《論語》七種。除《論語》不在經數、不立博士外,餘皆立於學官之經,博士之所講授者也。且漢石經後各有校記,蓋盡列學官所立諸家異同。《隸釋》謂'石經有一段,二十餘字,殘落不成文,惟有叔于田一章及女曰雞③八字可讀,其閒有齊、韓字,蓋叙二家異同之説',是漢石經用《魯詩》本,而兼存齊、韓二家④異字也。又《隸釋》所録《公羊》哀十四年傳後有三行,皆有'顏氏有無'語,是漢石經《公羊》用嚴氏本,而兼存顏氏異字也。《論語》後有'包周'及'盍毛包周'字,是《論語》亦用某本,而兼存盍、毛、包、周諸本異字也。以上《詩》之魯、齊、韓,《公羊》之嚴、顏,皆立於學官之書。石經以一本爲主,而復著他本異同於後,則當時學官所立諸家經本已

---

① "二家",原誤作"三家",據劉傳瑩《漢魏石經考》下篇"漢石經以一家爲主,附載諸家説"條改。
② "詩"字原脱,據王國維《觀堂集林》卷二十"《魏石經考》三"補。
③ "雞"下原衍"鳴"字,據王國維《觀堂集林》卷二十"《魏石經考》三"删。
④ "二家",原誤作"二字",據王國維《觀堂集林》卷二十"《魏石經考》三"改。。

悉具於碑，是蔡邕等是正六經文字之本旨，而後儒所以取正於是
者也。由是推之，漢石經《易》《書》《禮》三經，其校記雖不存
一字，然後漢博士，《易》有施、孟、梁丘、京氏四家，《書》有
歐陽、大、小夏侯三家，《禮》有大、小戴二家，石經本亦必以
一家爲主，而於後著諸家之異同，如《魯詩》《公羊傳》例，蓋可
斷也。蓋漢自石渠、虎觀二議，已立講五經同異之幟。嗣是章帝
令賈逵撰歐陽、大、小夏侯《尚書》與古文同異，又撰齊、魯、
韓《詩》與《毛詩》異同。馬融亦著三傳異同。鄭玄注《周官》，
存故書字，又著'杜子春讀爲某，鄭大夫、鄭司農讀爲某'，是
亦著杜、鄭二家之異同。注《禮經》，則著古、今文之異同。注
《論語》，則存魯讀。當時學風，已可概見。況石經之刊，爲萬世
定本，既不能盡刊諸家，又不可專據一家，則用一家之本，而於
後復列學官所立諸家之異同，固其所也。然漢學官所立皆今文，
無古文，故石經但列今文諸家之異同，至今文與古文之異同，則
未及也。"《魏石經考》三。

　　案：新出漢石經殘字，《魯詩》校記有"齊韓言"，《公
　　羊傳》校記有"顏氏"，《易》《書》《禮》未見，僅《後記》
　　有"易梁施氏尚書小夏侯"字，未知以何一家本爲主，亦無
　　從得諸家異同之説，未敢以臆推斷也。

經石六十四枚，注九。**每石三十五行，行約七十字
至七十八字。**注十。**其格式亦不一律。**注十一。**表裏刻字，
每石皆倍其數。**注十二。《周易》二萬四千四百三十七

字，《尚書》一萬八千六百五十字，《魯詩》四萬八百四十八字，《儀禮》五萬七千一百十一字，《春秋經》一萬六千五百七十二字，《公羊傳》二萬七千五百八十三字，《論語》一萬五千七百一十字，_{注十三。}都計約二十萬九百十一字。

【注九】

《洛陽記》："太學在洛陽城南開陽門外，講堂長十丈，廣二丈。堂前石經四部，本碑凡四十六枚。西行，《周易》《尚書》《公羊傳》，十六碑存，十二碑毀。南行，《禮記》十五碑，悉崩壞。東行，《論語》三碑，二碑毀。《禮記》碑上有諫議大夫馬日磾、議郎蔡邕名。"《蔡邕傳》注引。

案：漢、魏石經，以《洛陽記》《西征記》《水經注》《洛陽伽藍記》爲依據，漢、魏歧誤，多從此出，故錄全文於此。

《西征記》："國子堂前有列碑，南北行，三十五枚，刻之表裏，書《春秋經》《尚書》二部，大篆、隸、科斗三種字。碑長八尺，今有十八枚存，餘皆崩。太學堂前石碑四十枚，亦①表裏隸書，《尚書》《周易》《公羊傳》《禮記》四部，本石塊相連，多崩敗。又《太學讚碑》一所，漢建武中立，時草創未備，永建六年詔下三府繕治。有魏文《典論》六碑，今四存二敗。"《御覽》五八九引。案：此據鮑刻本，與《經義考》據本少異。瞿氏據明刻本，"南北行云十

---

① "亦"，原誤作"以"，據《太平御覽》卷五百八十九引《西征記》改。

五枚", 又"石碑堂四十八枚"。"云"係"三"字之誤, 若"十五枚", 則下"十八枚"云云無著。"四十八枚", 與《伽藍記》同。錄之備考。

《水經·穀水注》:"漢靈帝光和六年, 刻石鏤碑, 載五經, 立於太學講堂前, 悉在東側。蔡邕以熹平四年, 與五官中郎將堂谿典、光禄大夫楊賜、諫議大夫①馬日磾、議郎張馴、韓説、太史令單颺等, 奏求正定六經文字。靈帝許之。邕乃自書丹於碑, 使工鐫刻, 立於太學門外。於是後儒晚學, 咸取正焉。及碑始立, 其觀視及筆寫者, 車乘日千餘兩, 填塞街陌矣。今碑上悉銘刻蔡邕等名。魏正始中, 又立古、篆、隸三字石經。魏初傳古文出邯鄲淳, 石經古文, 轉失淳法。樹之於堂西, 石長八尺, 廣四尺。列石於其下, 碑石四十八枚, 廣三十丈。魏明帝②又刊《典論》六碑, 附於其次。陸機言:'《太學贊》别一碑, 在講堂西, 下列石龜, 碑載蔡邕、韓説、堂谿典等名③。《太學弟子贊》復一碑, 在外門中④。'今二碑並無。石經東有一碑, 是漢順帝陽嘉元年⑤立, 猶存不破。漢石經北, 有晉《辟雍行禮碑》, 是太始二年立, 其碑中折。但世代不同, 物不停故, 石經淪缺, 存半毁幾,

---

① "楊賜諫議大夫"六字原脱。明萬曆四十三年李長庚刻本《水經注箋》卷十六"穀水"作"光禄大夫彈議郎張訓", 下有按語云:《漢書》, 光禄大夫馬日磾, 議郎張馴。"清武英殿聚珍版《水經注》卷十六"穀水"作"光禄大夫楊賜諫議大夫馬日磾議郎張馴", 下有按語云:"近刻脱'楊賜諫議大夫馬日'八字, 又'磾'訛作'彈', '馴'訛作'訓'。"
② "魏明帝", 原誤作"魏文帝"。清武英殿聚珍版《水經注》卷十六"穀水"作"魏明帝", 下有按語云:"近刻訛作'文帝'。"
③ "堂谿典等名", 原誤作"高堂谿等名"。清武英殿聚珍版《水經注》卷十六"穀水"作"堂谿典等名", 下有按語云:"近刻訛作'高堂谿等名'。"
④ "門中", 原倒作"中門", 據酈道元《水經注》卷十六"穀水"乙正。
⑤ "元年", 原誤作"八年"。清武英殿聚珍版《水經注》卷十六"穀水"作"元年", 下有按語云:"'元', 近刻訛作'八'。"

駕言永久，諒用^①憮焉。”案：魏初傳古文，至太始二年立。李石《續博物志》同，係本此。

《洛陽伽藍記》：“開陽門外御道東有漢國子學堂，堂前有三種字石經二十五碑，表裏刻之，寫《春秋》《尚書》二部，作篆、科斗、隸三種字，漢右中郎將蔡邕筆之遺迹也。猶有十八碑，餘皆殘毀。復有石碑四十八枚，亦表裏隸書，寫《周易》《尚書》《公羊》《禮記》四部。又《讀書碑》一所，並在堂前。魏文帝作《典論》六碑，至大和十七年猶有四存。”案：此據《學津》本。瞿氏引“讀書碑”作“讚學碑”。

案：楊氏以三種字石經爲蔡邕遺迹，而敘此四十八枚隸書於三種字下，蓋誤。

《北齊·文宣帝紀》：“往者文襄皇帝所運蔡邕石經五十二枚。”詳【注二十七】。

《金石文字記》：“三體石經，漢、魏皆嘗立之。熹平之立石，見於《後漢書·靈帝紀》《蔡邕傳》《張馴傳》《儒林傳》《宦者傳》。正始之立石，見於《晉書·衛恒傳》。而《水經注》則曰：‘漢碑五經，立於太學講堂前，悉在東側。碑上悉刻蔡邕等名。魏正始中，又立古、篆、隸三字石經。魏初傳古文出邯鄲淳，石經古文，轉失淳法。樹之於堂西，石四十八枚，廣三十丈。’《雒陽伽藍記》則曰：‘堂前有三種字石經二十五碑，表裏刻之，寫《春秋》《尚書》二部，作篆、科斗、隸三種字，漢右中郎將蔡邕筆之遺迹也。猶有十八碑，餘皆殘毀。復有石碑四十八枚，亦表裏隸

---

① “用”，原誤作“同”，據酈道元《水經注》卷十六“穀水”改。

書，寫《周易》《尚書》《公羊》《禮記》四部。又《讚學碑》一所，並在堂前。'章懷太子引《洛陽記》則云：'講堂長十丈，廣二丈。堂前石經四部，本碑凡四十六枚。少二枚。西行，《尚書》《周易》《公羊傳》，十六碑存，十二碑毀。南行，《禮記》十五碑，悉崩壞。東行，《論語》三碑，二碑毀。《禮記》碑上有諫議大夫馬日磾、議郎蔡邕名。'此皆當時親見其石而記之者也。"

杭氏《石經考異》："漢立石經，不言碑之數目。《洛陽記》有'四十六枚'之語，章懷即引以爲注。注引《洛陽記》曰'《論語》二碑，二碑毀'，當是'《論語》三碑，二碑毀'，乃合四十六枚之數。劉貢父《刊誤》云：'當是一碑[①]毀，若二碑毀者，當云皆毀而已。'是貢父之弗深考也。"

萬氏《石經考》："《洛陽記》漢石經止存十七碑，餘二十九碑盡毀，此在晋世已然，何以至魏末尚存二十五碑？然此乃楊公所目睹，語必不誣。愚意'二十五'當是'十五'之訛，蓋比晋時又損二碑矣。其言'猶有十八碑，餘皆毀'，亦不可解，上言'二十五碑'已非，安得又有十八碑？愚意'餘'字當衍，謂尚有十八碑，悉殘毀不全爾。下言'四十八碑'，則是曹魏所刻，與《水經注》所言正合，無可疑也。"

案：此以漢爲魏，魏爲漢，又牽合《洛陽記》《伽藍記》爲一，故其得數誤。

翟灝《四書考異》："《雒陽記》云：'《論語》三碑，二碑毀。'據此，則彼時所存，已惟一碑。而宋時發地所得，乃有其

[①] "一碑"，原誤作"二碑"，據杭世駿《石經考異》卷上"漢魏碑目"條改。

二。二碑所載，前後僅止八篇，餘十二篇，度非一碑所能容。《雒陽記》原云：‘二碑，二碑毀。’劉貢父謂‘若是，則皆毀矣’。近董浦杭氏作《諸史然疑》，乃參上文‘四十六枚’，總數定爲三碑。別考楊衒之《記》又云‘四十八枚’，‘二碑’‘二’字既誤，安知‘四十六’之‘六’字不亦傳寫誤邪？今更實覈，上當從楊氏爲‘四十八’①，下②當云《論語》，三碑存，二碑毀’，蓋其初立五碑，而時之所存者三，至宋又失其一，於理始爲允協也。”

《隸辨》：“《金石文字記》云云。詳【注二十】。案：《伽藍記》四十八碑，寫《周易》《尚書》《公羊》《禮記》四部，《洛陽記》少二碑，而多一《論語》，尚缺《魯詩》《儀禮》《春秋》。四部經數未全，又何論碑數耶？四十八碑在堂西，《水經注》以爲魏經，證之《江式傳》，似爲可信。《洛陽記》世無傳本，恐亦漢、魏俱載，章懷太子引注《後漢書》則專取漢碑，所云四十六碑，未必指魏爲漢。若《伽藍記》三體、隸書，漢、魏尚且莫辨，二十五碑，亦不足信也。”

洪頤煊《讀書叢錄》：“《洛陽記》‘四十六碑’，《伽藍記》《水經注》俱‘四十八碑’，‘八’即‘六’字之誤。《西征記》‘四十碑’，‘四十’下脫‘六’字。《西征記》又云：‘又《大學讚碑》一所，漢建武中立，時草創未備，永建六年詔下三府繕治。有魏文《典論》六碑。’北齊文襄所運③五十二枚，當兼《典論》六碑

---

① “四十八”，原誤作“四十六”，據翟灝《四書考異》卷上“歷代石經”條改。
② “下”，原誤作“字”，據翟灝《四書考異》卷上“歷代石經”條改。
③ “運”，原誤作“建”，據洪頤煊《讀書叢錄》卷八“漢石經殘碑”條改。

而言。”

《漢石經考異補正》：“其碑石之數，首見於唐章懷太子《後漢書·蔡邕傳》注引《洛陽記》，與洪氏《隸釋》跋《尚書》殘碑引陸機《洛陽記》文大略相同。考《伽藍記》云：‘漢國子學堂前有三種字石經二十五碑，表裏刻之，寫《春秋》《尚書》二部，作篆、科斗、隸①三種字，漢右中郎將蔡邕筆之遺蹟也。猶有十八碑，餘皆殘毀。復有石碑四十八枚，亦表裏隸書，寫《周易》《尚書》《公羊》《禮記》四部。’其言甚爲明晰。以《御覽》所引《西征記》勘之，文不甚異，而無‘右中郎將蔡邕筆之遺蹟也’一句，可知此句爲《伽藍記》所誤增。且《伽藍記》‘四十八碑’，陸機《洛陽記》言《周易》《尚書》《公羊》《禮記》《論語》五經。而前云‘石經四部’者，蓋以《禮記》十五碑，悉崩壞’而不數於內也。而《伽藍記》即因其‘四部’之言并遺去《論語》，蓋亦承《西征記》之誤也。以較《隋志》一字石經，雖脫《魯詩》及《左氏經》，又《儀禮》作《禮記》爲不同，而二十五碑之《春秋》《尚書》二部，正與《隋志》言三字石經之二種合。《水經注》於前言‘漢碑五經，在講堂東側’下並未言碑之數，於後言‘魏三字石經，樹於堂西’下始云：‘碑石四十八枚，廣三十丈。魏文帝又刊《典論》六碑，附於其次。’考《隋志》載一字石經《典論》一卷於一字石經七種之下，可知《典論》亦用隸書一字寫之，與一字七經並列，故《後魏書·崔光傳》表有‘石經之作，起自炎劉，繼以曹氏《典論》’之語。則其所云

---

① “隸”字原脫，據楊衒之《洛陽伽藍記》卷三“城南”補。瞿中溶《漢石經考異補正》卷二引文即脫去“隸”字。

四十八碑者，實專指漢一字石經言之也。《水經注》無魏石經碑數，疑有脫文。後人不察，反謂此'四十八碑'乃魏石經，不思《隋志》載三字石經止有《春秋》《尚書》二種，與《伽藍記》合，故其碑石少。《伽藍記》謂三字石經止二十五碑，一字石經有四十八碑，與《洛陽記》所言漢石經亦合也。洪氏引陸機《洛陽記》云：'碑凡四十六，《書》《易》《公羊》二十八碑，其十二毀，《論語》三碑，其二毀，《禮記》十五碑，皆毀。'雖較章懷注文句稍易，其言四十六碑之數則同。予以嘉靖南監本及毛氏汲古閣本《後漢書》注校所引'《論語》三碑，二碑毀'之文，皆同。而檢家藏元板附三劉《刊誤》之本，則此文但云'《論語》二碑毀'，下有劉攽曰：'當是一碑毀。若二碑毀者，當云皆毀而已。'案：劉貢父所言者，即元板之藍本，乃'論語'下又多脫去'三碑'二字也。若如貢父之言，則少一碑，而與四十六碑之總數又不合矣。予謂以上文'十六碑存，十二碑毀'文法推之，則當云'《論語》，三碑存，二碑毀'[①]，與《洛陽記》上言'《周易》《尚書》《公羊傳》，十六碑存，十二碑毀'之例同。監本、毛本'《論語》三碑'下必皆脫一'存'字。且据《畫墁錄》言'二段'，而《廣川書跋》則云'二碑'，是宋時尚存二碑矣。以此爲説，則又多二碑，雖亦與此文'四十六碑'之數不合，而與《水經注》及《伽藍記》'四十八碑'之數皆同，可知漢石經實是四十八碑也。今本《後漢書》章懷此注乃譌'八'爲'六'，又脫去一'存'字，而元板則并脫去"三碑存"三字耳。至洪氏所据《洛

[①] "毀"字原脫，據文意補。瞿中溶《漢石經考異補正》卷二即脫去"毀"字。

陽記》云‘《論語》三碑，其二毀’及云‘碑凡四十六’，亦同此
誤也。”

田明昶云：“劉攽《兩漢刊誤》曰：‘《論語》二碑。案：文
當是一碑毀。若二碑者，當云皆毀而已。’則劉所見本作‘《論
語》二碑’，此作‘三碑’，依毛本。”劉氏《石經考》注。

《觀堂集林》：“漢石數莫確於《洛陽記》，當爲四十六碑。”
《魏石經考》一。詳【注七】。

案：經石當據石數證之，兹列表如次。并數魏。

	漢		魏		晉
洛陽記	四十六枚，存十七，毀十四，崩壞十五				
西征記	四十枚，多崩敗	《太學讚碑》一所	三十五枚，存十八	《典論》六碑，四存二敗	
水經注	《太學讚》一碑，《太學弟子讚》一碑，並無	四十八枚	《典論》六碑	《辟雍行禮碑》，中折
	順帝陽嘉元年①一碑，存				
伽藍記	四十八碑	《讀書碑》一所②	二十五碑，存十八	《典論》六碑，四存	
北齊文宣帝紀	五十二碑				

《洛陽記》《蔡邕傳》注引與陸機③《洛陽記》《光武紀》
注引首三語同，故多以爲陸機作。機入洛在太康末，王
氏《魏石經考》以漢石經黃初後脩補完具，自是迄晉初，洛

---

① “元年”，原誤作“八年”。
② “讀書碑一所”，原倒作“讀書一碑所”，據楊衒之《洛陽伽藍記》卷三“城南”乙正。
③ “陸機”，原倒作“機陸”。《後漢書》卷一上《光武帝紀》注文有云：“陸機《洛陽記》曰：‘太學在洛陽城故開陽門外，去宮八里。講堂長十丈，廣三丈。’”

陽初無兵火，自無崩壞之理，疑非機書。詳《引用書目》。然即非機作，亦必晋時人作。楊佺期《洛陽圖》、戴延之《西征記》皆晋人作，可爲互證。《西征記》與《伽藍記》所記"表裏隸書《周易》《尚書》《公羊》《禮記》四部"皆同，"存十八枚，《典論》六碑，四存二敗"亦同。惟《西征記》"四十枚"，《伽藍記》作"四十八"，"三十五枚"，《伽藍記》作"二十五"。萬氏《石經考》謂《西征記》即《伽藍記》，係《御覽》誤引。詳《引用書目》。洪氏《叢録》謂"四十"下脫"六"字。由此例之，則"二十五枚""二"字亦可謂係"三"字之訛。是此兩《記》即非一書，《西征記》或即爲《伽藍記》所本，鈔刻譌誤，抑未可知。《水經注》三體"四十八枚"當有誤字，故王氏《考》以酈氏所云實爲漢石經石數也。要之，《洛陽記》未列魏石數，《水經注》未列漢石數，其並列者，《西征記》《伽藍記》大致相同，而數字亦少異。王氏《考》於漢石以《洛陽記》爲確，魏石以《西征記》爲確，兹從之。詳【注七】，並詳魏石經【注十】。至"五十二碑"，杭氏《考異》謂合漢、魏言之，萬氏《考》謂並魏數之，詳【注二十七】。亦無從考漢、魏各爲若干數也。並詳【注二十四】至【二十九】。

【注十】

《隸釋》："石經《儀禮》殘碑，每行七十三字。"

《漢石經殘字考》："《尚書》三段，凡十八行。以今世所行板本合此存字，計當日石經全碑每行字數，則《盤庚》六行，第一行七十一字，第二行七十四字，第三行七十九字，第四行七十六字，第五行七十四字，第六行不可知也。《洪範》十行，皆七十三字，惟第二行、第六行皆七十四字。《君奭》一行，亦七十四字。《隸釋》《廣川書跋》皆言'碑高一丈，廣四尺'，今以漢尺度之，每字高、廣一寸。以諸書所記碑石之數核之，則所謂表裏隸書者，當得其實爾。《魯詩·魏》《唐風》二段，以今板本合此殘字計之，皆每行七十二字。惟《園有棘》章一行七十三字，其爲某字有異，未可臆知。至《岵屺》三章，凡二行，皆每行七十二字無疑。《儀禮》二段，以今板本驗之，此二段共十三行，行皆七十四字，惟前一段之第四行乃七十三字。《公羊》殘碑，可計者，第一行八十七字，第二行八十五字，較它經每行多出十許字，而字之大小卻無異，不知何也。"

又《蘇齋題跋》："《隸釋》云：'石經《尚書》殘碑，較孔安國《尚書》多十字，少二十一字，不同者五十五字，借用者八字。'案：此所謂多少幾字者，僅指洪氏所得見者言之。今若以孔本度其全碑之字，合存與闕計之，《尚書·盤庚》篇之五行，第一行七十一字，第二行七十四字，第三行七十九字，第四行七十六字。《論語·爲政》篇之八行，第一行連空格凡七十六字，第二行七十四字，第三行七十三字，第四行七十五字，第五行七十四字，第六行七十二字，第七行七十一字。《堯曰》篇之四行，第一行七十四字，第二行七十九字，第三行七十四字。其各末一行則難計也。其每行之數不同者，則或經文有增損，較今板本不同者，不可以臆知矣。"

《觀堂集林》："《尚書》《論語》，大率每行七十三四字。今以一碑三十五行、行七十五字計，則每碑得二千七百二十五字。"
《魏石經考》一。詳【注七】。

羅氏《漢熹平石經殘字集錄序》："王忠愨公國維以傳世宋拓
《尚書》《論語》每行約七十三四字，因假定諸經行七十五字^①以
計石數。今以予所見殘字計之，《周易》行七十三字，《魯詩》行
七十二字，而《商頌》則行七十字，《儀禮》則自七十字至七十
五字，數不可定，《春秋》七十字，《公羊傳》僖公行七十三字，
而成公則七十一字，《論語》則自七十二字至七十八字不等，數
亦不可定。蓋每石行字之數往往小異，即同經異石，亦往往行字
不同，而大率在七十字或七十字以上。"並詳【注三十四】。

【注十一】

又《漢熹平石經殘字集錄序》："諸經書寫格式，亦不一律。
《周易》每卦相蟬聯，不空格。《魯詩》則每章及每章末所記章句
均空一格。《儀禮》則每節首一字與上節末一字間加點而不空格。
《春秋》則每易一年空一格，而復加點。《公羊傳》則每年空一
格，而削去某月字，於每月紀事首一字及前月紀事末一字加點而
不空格。《論語》則每章空格，而復加點。"

【注十二】

《西征記》："石經四十枚，表裏隸書。"詳【注九】。

---

① "行七十五字"，原誤作"行三十五字"，據上引王國維《觀堂集林》"今以一碑
三十五行、行七十五字計"云云改。羅振玉《漢熹平石經殘字集錄序》即誤作
"行卅五字"。

《洛陽伽藍記》："石碑四十八枚，亦表裏隸書。"同上。

【注十三】

《東觀餘論》："《論語》每篇各記其章數，其最後云：'凡二十篇，萬五千七百一十字。'"

《隸釋》："《論語》殘碑，凡二十篇，萬五千七百一闕一字。字。"

劉氏《漢魏石經考》："《隸續》①：'《儀禮》殘碑，每行七十三字。'計高一丈，容七十三字，則廣四尺，僅可二十餘行。表裏書之，每碑可三千餘字。故《尚書》《易》《公羊》共九萬六千餘字，須二十八碑，《論語》一萬六千餘字，須三碑。《儀禮》五萬七千餘字，故十五碑。若《禮記》，幾十萬字，非十五碑所能容矣。"

又云："《魯詩》計四萬餘字，須十一二碑，是漢碑全數當六十碑也。"

案：漢石經字數，王氏《魏石經考》以經數、石數二者參伍定之，經據《隋志》"七經"，石據《洛陽記》"四十八枚"，以計每經若干字。詳【注七】。茲從王氏。原《考》《論語》未列字數，茲從《東觀餘論》。

---

① "隸續"，原誤作"隸釋"，據劉傳瑩《漢魏石經考》上篇"漢石經"條改。

　　書石者爲蔡邕等。今殘碑有名者，《禮記》爲馬日磾、蔡邕，《公羊》爲堂谿典、馬日磾、趙馘、劉弘、張文、蘇陵、傅楨，《論語》爲左立、孫表。注十四。《後記》有名者，爲劉寬、堂谿典，又□韶、張玹、周達、尹弘、李巡，又傅彌、孫進，又陳懿。注十五。同奏正定六經文字者，爲劉寬、堂谿典、楊賜、馬日磾、張馴、韓說、單颺及盧植、楊彪。注十六。與諸儒共刻五經文字者，爲宦者李巡。注十七。鐫石者爲陳興。注十八。

【注十四】

　　《後漢書·蔡邕傳》："邕乃自書丹於碑。"《水經注》同。詳【注一】【注二】。

　　《魏書·江式傳》："延昌三年，式上疏云：'左中郎將陳留蔡邕採李斯、曹喜之法，爲古今雜形。詔於太學立石碑，刊載五經，題書楷法，多是邕書。'"桂氏《歷代石經略》："楷法即隸也。顧寧人謂①漢刻亦有三體，蓋誤讀此《傳》。"

　　《隋書·經籍志》："後漢鐫刻七經，皆蔡邕所書。"

　　《通志·藝文略》："蔡邕校書東觀，奏求正定六經文字。靈帝許之。乃自爲書而刻石於太學門外。"詳【注七】。

---

① "謂"字原脫，據桂馥《歷代石經略》上卷"漢一字石經"條補。

《書斷》："伯喈自書五經於大學，觀者如市。出羊欣《筆法》。"

《困學紀聞》："石經，漢熹平則蔡邕。"

宇文紹奕《重刻石經遺文跋》："《范史》稱'蔡邕自書丹，使工鎸刻'，《水經注》亦云'光和六年，立石於太學，其上悉刻蔡邕名'，則大字石經出於一筆，似無可疑。"桂氏《歷代石經略》作"一字石經出於邕筆"。

邵博《聞見後録》："伯喈以經讀遭穿鑿謬妄，同馬日磾等以前聞考正，自書立石洛陽太學門下。"案：《聞見前録》，邵伯温著。《後録》，其子博著。《金石文字記》、杭氏《考異》引《後録》均誤作"伯温"。

婁機《漢隸字原》："石經，漢熹平四年立，在東京。《靈帝紀》云：'詔諸儒正五經文字，立石於太學。'《蔡邕傳》云：'帝從邕與馬日磾所請，正五經文字，刊石太學。'而《隋志》以爲後漢刻七經於石，皆蔡邕所書，與紀傳所載不同。"

閻若璩《尚書古文疏證》："漢靈帝熹平四年，蔡邕書六經於碑，使工鎸刻，立於大學門外。"詳【注十九】。

杭氏《石經考異》："當時待詔鴻都門下者，若師宜官，若梁鵠，八分皆極一時之選，何以光和六年立石不令寫經？乃知二人特工蟲篆小技，五經所以正天下譌謬，偏傍增損之間，度非一二俗生了，故曰'邕自書丹，使工鎸刻'，誠慎之也。"

劉氏《漢魏石經考》："《蔡邕傳》：'邕乃自書丹於碑。'《隋志》亦云：'皆蔡邕所書。其時傳拓之本，猶在祕府。'碑後題署具存，《隋志》必不妄言。"

又云："《隋志》'傳拓之本，猶在祕府'，此云'皆邕所書'，每據拓本署名言之，必非妄語。"

又云：“《隸釋》因殘碑有諸臣名，遂謂字體非一，必非邕一人所辦，非也。殘碑所列諸名，正定文字之臣耳，其書經必署邕名也。《廣川書跋》、杭大宗皆誤。”

又云：“《論語》之末，‘書’上、‘臣’下皆闕，‘書’上當是蔡邕名，‘左立’以下，正定諸臣之名耳。”

案：以上云蔡邕書。

《洛陽記》：“《禮記》碑上有諫議大夫馬日磾、議郎蔡邕名。”詳【注九】。

《水經·穀水注》：“蔡邕自書丹於碑。今碑上悉銘刻蔡邕等名。陸機言：《太學讚》別一碑，在講堂西，下列石龜，碑載蔡邕、韓說、堂谿典等名。’”同上。

胡宗愈《重刻石經遺文跋》：“《隋志》有今字石經七種，其論云‘漢鐫七經，皆蔡邕書’，史亦稱‘邕自書丹，使工鐫刻’，其書畫超詣，要非中郎不能到也。然遺經今存者，體各不同，雖中郎兼備衆體，而篇章之富，未有能辦於一人之手。《傳》稱‘邕與堂谿典、楊賜、馬日磾、張馴、韓說、單颺等正定諸經’，意者當時諸儒同涉筆於其間，未可知也。”

方勺《泊宅編》：“《公羊傳》碑一段，其上有馬日磾等名號。《洛陽記》日磾等題名本在《禮記》碑，而此乃在《公羊》碑上，益知非邕所爲也。”《西谿叢語》同。案：《西谿叢語》與《泊宅編》文字稍有同異，茲不詳注。後倣此。

《金石錄》：“《洛陽記》：‘《禮記》碑上有諫議大夫馬日磾、議郎蔡邕等名。’今石經遺字，《論語》《公羊》後亦有堂谿典、馬日磾等姓名尚在。”

《廣川書跋》："貞觀初，魏徵始收聚之。當時考驗至詳，謂不盡爲邕書，如馬日磾數輩，相與成之。然漢隸簡古，深於法度，亦後世不及，故兼存之。"

《東觀餘論》："《論語》之末題云'詔書與博士臣左立、郎中臣'，'書'上、'臣'下缺，當是著書者姓名。或云此即蔡邕書，姓名既亡，無以辨之。又有一版《公羊》，其末云'谿典、諫議大夫臣馬日磾、臣趙域、議郎臣劉弘、郎中臣張文、臣蘇陵、臣傅楨雜'，"雜"未詳。案：石經《後記》亦有"雜與光禄勳劉寬"云云。下、'谿'上缺，'谿'上當是'堂'，謂堂谿典也。此蓋鴻都一字石經。然經各異，手書①不必皆蔡邕也。"

《隸釋》："石經《尚書》殘碑，熹平四年議郎蔡邕所書者。《公羊》殘碑，'谿典、諫議大夫臣馬日磾、臣趙域、議郎臣、闕二字。臣劉弘、郎中臣張文、臣蘇陵、臣傅楨雜'。漢注引陸機《洛陽記》云：《禮記》碑上有馬日磾、蔡邕②名。'今此本有堂谿典、馬日磾、趙域、下一人闕。劉弘、張文、蘇陵、傅楨八人姓名，《論語》碑亦有左立、孫表二人姓名，陸氏所記，未之詳也。《論語》殘碑，'詔書與博士臣左立、郎中臣孫表'。史稱'邕自③書丹，使工鐫刻'，今所存諸經，字體各不同，雖邕能分善隸，兼備衆體，但文字之多，恐非一人可辦。史云'邕與堂谿典、楊賜、馬日磾、張馴、韓說、單颺等正定諸經'，今《公羊》《論語》之後，惟堂谿、日磾二人姓名尚存，別有趙域、劉弘、張文、蘇

---

① "書"字原脱，據黄伯思《東觀餘論》卷上"記石經與今文不同"條補。
② "蔡邕"，原誤作"趙邕"，據洪适《隸釋》卷十四"石經《公羊》殘碑"條改。
③ "自"，原誤作"之"，據洪适《隸釋》卷十四"石經《論語》殘碑"條改。

陵、傅楨、左立、孫表數人，竊意其間必有同時揮毫者。予詳玩遺字，《公羊》《詩》《書》《儀禮》又在《論語》上，《劉寬碑陰》王曜題名則《公羊》《詩》《書》之雁行也，黄初《孔廟碑》則《論語》之苗裔也，識者當能別之。"

張繽①《石經跋》："初，邕正定六經，與堂谿典等數人同受詔。今六經字體不一，當時書丹者，亦不獨②邕也。"

杭氏《石經考異》："《邕傳》及《水經注》皆言'邕自書丹於石，使工鐫刻'，《洛陽伽藍記》亦言'三種字石經，漢右中郎將蔡邕筆之遺迹'，《隋書·經籍志》亦言'後漢鐫刻七經，著於石碑，皆蔡邕所書'。《廣川書跋》乃云：'石經不盡蔡邕書，如馬日磾輩，相與成之。'《隸釋》云：'今所存諸經，字體各不同，雖邕能分善隸，兼備衆體，但文字之多，恐非一人所可辦，竊意其中必有同揮毫者。'《石經跋》云：'今六經字體不一，當是時書丹者，亦不獨邕也。'"

《金石萃編》："蔡邕於熹平四年奏請正定五經文字，乃自書丹於碑。而《隸釋》載《公羊》《論語》殘碑之後未見邕名，卻有堂谿典、馬日磾諸人，以爲其間必有同時揮毫者。張繽亦云：'六經字體不一，當時書丹，非止蔡邕。'以得見宋拓殘字驗之，《尚書》《論語》二經字體已有不同之處，則諸經亦可類推。蓋文字繁多，原非一人所能手辦。且石經立於光和六年，去熹平四年受詔之時，遲至六載始得告成。而光和元年，邕先坐論災異，與家屬髡鉗徙朔方，計邕在東觀，止三年耳。既徙之後，尋遇赦

---

① "張繽"，原誤作"張演"。引文出南宋張繽《石經跋》。
② "獨"，原誤作"足"，據楊慎《全蜀藝文志》卷五十九引張繽《石經跋》改。

還，又復遯迹江海，閱十二年。是光和二年以後校經之事，皆非邕所與聞，安得再能書丹於碑乎？《雒陽伽藍記》謂‘漢國子學堂前石經皆蔡邕遺迹’，而後來考據家或專指以爲邕書者，蓋緣奏刻石經，邕實首創其議，因即以邕統之，亦如唐初《五經正義》，詳審同官，多至六十餘人，而其後止知孔穎達、賈公彥等名也。”

案：以上云蔡邕等書。

【注十五】

新出漢石經《後記》殘字：“與光禄勳劉寬五官中郎將堂谿。”又：“及傳記論語即詔所校定以爲可。”“□屬張玹司空兼集曹掾周達屬尹弘雜議。”又：“巡欲鑿石正書經字立於大學。”又：“舍人傅彌易梁。”“□施氏郎中孫進尚書小夏侯。”又：“陳懿郎。”詳【注四十七】【注四十八】。

案：□詔似即邊詔，桓帝時著作東觀，見《後漢書·文苑傳》。巡即宦者李巡。又吳維孝《漢魏石經考》：“郎中孫，人名。孫係何人，惜不可考。”以孫人名，“進”字屬下“尚書小夏侯”，蓋誤。

【注十六】

《後漢書·蔡邕傳》：“邕與五官中郎將堂谿典、光禄大夫楊賜、諫議大夫馬日磾、議郎張馴、韓説、太史令單颺等，奏求正定六經文字。”詳【注一】。

又《盧植傳》：“時始立大學石經，以正六經文字。植乃上書，請詣東觀，專心研精，合《尚書》章句，考《禮記》得失，庶裁定聖典，刊正碑文。徵拜議郎，與馬日磾、蔡邕、楊彪、韓說等並在東觀[①]，校中書五經記傳。"

陶宗儀《書史會要》："堂谿典官五官中郎將，馬日磾、趙陜官諫議大夫，劉弘、張馴、韓說官議郎，張文、蘇陵、傅楨、楊賜、孫表官郎中，單颺官太史令，左立官博士，並熹平中奉詔正定諸經者。"

杭氏《石經考異》："《蔡邕傳》：'與五官中郎將堂谿典、光禄大夫楊賜、諫議大夫馬日磾、議郎張馴、韓說、太史令單颺等，奏求正定六經文字。'堂谿典見《延篤傳》注，馬日磾見《孔融傳》注，張馴在《儒林傳》，韓說、單颺在《方術傳》。《隸釋》石經《論語》殘碑，末一行云：'詔書與博士臣左立、郎中臣孫表。'《東觀餘論》石經《公羊》殘碑，其末云：'谿典、諫議大夫臣馬日磾、臣趙陜、議郎臣劉弘、郎中臣張文、臣蘇陵、臣傅楨。'惟'谿'上缺，當是堂谿典也。由二碑證之，則當時奏求正定者，祇邕等七人，暨後立石，又有左立、孫表及趙陜等諸人也，《范史》略之耳。"

《金石萃編》："《蔡邕傳》稱同奏者'五官中郎將堂谿典、光禄大夫楊賜、諫議大夫馬日磾、議郎張馴、韓說、太史令單颺等'，而《公羊傳》後別有諫議大夫趙陜、議郎劉弘、郎中張文、蘇陵、傅楨，《論語》後別有博士左立、郎中孫表，疑當時同與此事者尚多，而史略不載也。考《盧植傳》，植由盧江太守徵拜

---

① "東觀"，原誤作"東視"，據《後漢書》卷六十四《盧植傳》改。

議郎，與諫議大夫馬日磾、議郎蔡邕、楊彪、韓説等並在東觀，校中書五經傳紀。帝以非急務，尋由侍中遷爲尚書。是植奏請刊正《尚書》《禮記》得失之後，亦嘗同校五經，且是時楊彪已爲議郎，亦在東觀，記傳皆未及也。”

劉氏《漢魏石經考》：“《楊彪傳》‘熹平中，徵拜議郎’，注引華嶠《書》曰：‘與馬日磾、盧植、蔡邕等著作東觀。’是當日正定石經，賜、彪父子皆與也。”

吳氏《漢魏石經考》：“案：《後漢書·劉寬傳》：‘靈帝頗好學藝，每引見寬，常令講經。’注引謝承《書》：“寬少學歐陽《尚書》、京氏《易》，尤明《韓詩外傳》。星官、風角、算曆，皆究極師法，稱爲通儒。”今值正定經文，鐫石立學，寬稱通儒，當與其列，史失載其事，今適於是石見之。詳【注十五】。考《靈帝紀》：‘光和四年秋七月①，太尉許訓②罷，以光禄勳劉寬爲太尉。’詔諸儒正定五經文字，在是年三月，徵之石刻‘年六月三府’云云，其‘年’上所闕，當爲‘光和四年’字也。石刻所云‘六月’，寬尚未進位太尉，仍官光禄勳，事適與史相合。”案：原刻“劉寬③、堂谿典”，故此“劉寬”列前。

【注十七】

《後漢書·宦者吕强傳》：“時宦者李巡白帝，與諸儒共刻五

---

① “七月”，原誤作“九月”，據《後漢書》卷八《孝靈帝紀》改。吳維孝《新出漢魏石經考》引文即誤作“九月”。
② “許訓”，原誤作“張馴”，據《後漢書》卷八《孝靈帝紀》改。吳維孝《新出漢魏石經考》引文即誤作“張馴”。
③ “劉寬”，原誤作“劃寬”，據文意改。

經文於石，於是詔蔡邕等正其文字。"詳【注一】。

臧琳《經義雜記》："熹平立石經，雖有靈帝之詔、蔡邕之奏，而發端白帝，實自李巡。特身爲宦官，不能與帝王及士大夫並稱乎後世，爲可惜耳。其持躬清忠，不爭威勢，益足尚也。余特爲表出之。《隋書·經籍志》有李巡注《爾雅》三卷，可謂篤學有志之士矣。"

《金石萃編》："《呂強傳》稱'汝陽李巡白帝，與諸儒共刻五經文於石，於是蔡邕等正定其文'，則刻經之議雖創於邕，而其得蒙詔許，實由李巡之功，紀傳亦皆未及也。"

又云："司事諸臣，今列姓氏於左，疏其履貫，以資考鏡。"

蔡邕

堂谿典　見《延篤傳》《蔡邕傳》。《先賢行狀》云："典，字子度，潁川人，爲西鄂長。"《篤傳》"堂谿"作"唐谿"，注云："典爲五官中郎將。'唐'與'堂'同。"案：《隸釋》："堂谿典，《嵩高山石闕銘》云：'中郎將堂谿典伯并，熹平四年來請雨嵩高廟。'案：《蔡邕傳》注引《先賢行狀》云'典，字子度'，而《延篤傳》注又作'季度'，今此碑乃云字'伯并'，亦當以碑爲正。"

楊賜　字伯獻，弘農人，官司空，太尉震之孫，秉之子，附《震傳》。

馬日磾　扶風人，官太傅，南郡太守融族孫，附《融傳》。《三輔決錄》注云："日磾，字翁叔[①]。"案：《漢石經考異補正》："馬日磾，獻帝時位至太傅，錄尚書事，《後漢書》本紀書其薨於興平二年。據《袁紹傳》上書曹操言：'太傅日磾位爲師保，任配東征，而耗亂王命。'又《孔融傳》言：'初，太傅馬日磾奉使山東，及至淮南，數有意於袁術。術輕侮之，遂奪取其節。求去，不聽，因欲

---

① "翁叔"，原誤作"翁叙"，據王昶《金石萃編》卷十六"石經殘字"條引《三輔決錄》注改。

逼爲軍帥。日磾深自恨，遂嘔血而死。’章懷注皆引《獻帝春秋》，詳其事。則日磾亦不得其死，與蔡中郎略相似，此皆才人之不遇於時者也。章懷又於兩《傳》文下皆引《三輔決録》注云‘字翁叔，馬融之族子’，而《馬融傳》則云‘族孫日磾，獻帝時位至太傅’，以‘族子’爲‘族孫’，不同。而西漢休屠王太子馬日磾封秺侯，既與之同姓名，又皆字翁叔，故爲表而出之，以廣異聞云。”

張馴 字子儁，定陶人，官大司農，有傳。

韓説 字叔儒，山陰人，官江夏太守，有傳。

單颺 字武宣，湖陸人，官尚書，有傳。

趙䬃 無考。

劉弘 官司空，見《靈帝紀》。《漢官儀》云：“弘，字子高，安衆人。”

張文 蘇陵 傅楨 左立 孫表 皆無考。

盧植 字子幹，涿人，官尚書，有傳。

楊彪 賜之子，字文先，官至太尉，附《震傳》。

李巡 汝陽人，靈帝時爲中常侍，見《吕强傳》。

【注十八】

《隸釋》：“石經《論語》殘碑末，‘工陳興刻’。”

《東觀餘論》：“《論語》之末，獨刻者陳興姓名甚完，何其幸與。”

字體爲一字隸書。注十九。

【注十九】

《後漢書·儒林傳序》："熹平四年，靈帝乃詔諸儒正定五經，刊於石碑，爲古文、篆、隸三體書法。"

《洛陽伽藍記》："堂前有三種字石經二十五碑，作篆、科斗、隸三種字，漢右中郎將蔡邕筆之遺迹也。復有石碑四十八枚，亦表裹隸書。"詳【注九】。

《北史·劉芳傳》："漢世造三字石經於太學，學者文字不正，多往質焉。"

《隋志》："後漢鐫刻七經。魏正始中，又立一字石經。"又《隋志》一字石經若干卷，《舊》《新唐志》今字石經若干卷，《通志略》一字、今字石經若干卷。俱詳【注七】。

陸德明《經典釋文》："後漢黨人既誅，儒者多坐流廢，後遂私行金貨定蘭臺漆書經字，以合其私文。靈帝乃詔諸儒正定五經於石碑之上，爲古文、篆、隸三體書法以相參檢，樹之學門，使天下取則。"

韋述《西京新記》："貞觀中，魏徵參詳考驗蔡邕三字石經。"

竇蒙《述書賦注》："蔡邕書，今見打本三體石經四紙。"

張參《五經文字序例》："蔡伯喈以滅學之後，經義分散，儒者師門，各滯所習，傳記交亂①，訛僞相蒙，乃請刊定五經，備體刻石，立於太學之門外，謂之石經。"桂氏《歷代石經略》："備體謂三體。"

郭忠恕《汗簡》："後漢中郎將蔡邕寫三體六經。"

---

① "交亂"，原誤作 "文亂"，據張參《五經文字序例》改。

蘇望云："後漢熹平四年，靈帝以經籍文字穿鑿，疑誤後學，詔諸儒讐定五經，命蔡邕書古文、篆、隸三體，鐫石立於太學。"《隸續》引。

歐陽棐《集古録目》："後漢熹平中，校定五經，使蔡邕以三體書。"

《廣川書跋》："蔡邕鐫刻七經，著於石碑，當時號洪都三字。或曰魏亦作石經，安知此爲漢所書哉？予謂魏一字，漢爲三字，此得相亂耶？"

《泊宅編》："方匋《石經跋尾》云：'石經殘碑，世傳蔡中郎書，未知何所據。漢靈帝熹平四年，邕以古文、篆、隸三體書五經，刻石於太學。至魏正始中，又爲一字石經，相承謂之七經正字。今此所傳皆一體隸書，必魏所立者。然《唐·經籍志》又有邕今字《論語》二卷，豈邕五經之外復爲此乎？據《隋·經籍志》，凡言一字石經，皆魏世所爲。有一字《論語》二卷，不言作者之名，而《唐志》遂以爲蔡邕所作，則又疑《唐史》傳之之誤也。以上《西谿叢語》同。史所謂三字石經者，即邕所書。又《公羊》碑一段，有馬日磾等名號者，魏世用日磾等所正定之本，因存其名耳。案：《洛陽記》日磾等題名本在《禮記》碑，而此乃在《公羊》碑上，益知非邕所爲也。'"

《西谿叢語》："宋敏求《洛陽記》云：'漢靈帝詔諸儒正定五經刊石。熹平四年，蔡邕等奏定六經，刊於碑。其碑爲古文、篆、隸三體，立太學門外。'又云：'魏正始中，立篆、隸、古文三字石經，又刊文帝《典論》六碑附其次於太學，又非前所謂一字石經也。'今漢碑不存，晋、魏石經，亦謬謂之蔡邕字矣。"

盛時泰《河南志》：“熹平四年，蔡邕等奏定六經，刊於碑。其碑爲古文、篆、隸三體。”

《金石文字記》：“《衛恒傳》言‘魏初傳古文者，出於邯鄲淳，至正始中，立三字石經，轉失淳法，因科斗之名，更效其形’，《水經注》亦云‘三字石經在堂西’，而《伽藍記》以爲表裏隸書，《隋書·經籍志》則謂之一字石經矣。然則所謂效科斗之形而失淳法者安在耶？此言魏石經三體、一體之不同也。”符元嘉《杭氏〈石經考〉序》：“顧亭林《石經考》，其於胡身之《通鑑注》所辨漢、魏石經一條失而不載，逮作《金石文字記》，遂謂漢、魏皆有三體，甚矣考據之難也。”案：此《記》據《衛恒傳》《水經注》魏爲三體，又據《伽藍記》隸書，《隋志》一字，以魏爲一體，蓋未辨漢一字、魏三字，故疑其不同。

《讀書叢録》：“唐人以三字石經爲蔡邕書，如張參《五經文字叙》可見。”

案：以上云漢石經爲三字。

《水經·穀水注》：“漢靈帝光和六年，刻石鏤碑，載五經，立於太學講堂前。”詳【注九】。《隸辨》：“《水經注》雖不言漢碑爲一字，而於魏曰三字，則漢爲一字可知。”

林罕云：“蔡邕於國學所立石經，或云隸省者，即隸減也。少減曰省，乃是隸書於篆書中減省點畫而已，非是官省之省。”《經義考》引。

張舜民《畫墁録》：“嘉祐末，得蔡邕隸書《論語》。”

《金石録》：“石經遺字者，藏洛陽及長安人家，蓋靈帝熹平四年所立，其字則蔡邕小字八分書也。《後漢書·儒林傳叙》云‘爲古文、篆、隸三體’者，非也。蓋邕所書乃八分，而三體石經乃魏時所建也。”

《東觀餘論》：“此蓋鴻都一字石經。三字者不見真刻，獨此一字者乃當時所刻，字畫高古精善，殊可寶重。”

《聞見後錄》：“近年洛陽張氏發地得石十數，漢蔡伯喈隸書《禮記》《論語》。”

《隸釋》：“《隋志》有一字石經七種，三字石經三種，其論云‘漢鐫七經，皆蔡邕書’，又云‘魏立一字石經’，其説自相矛盾。《新》《舊唐志》有今字石經七種，而注《論語》云‘蔡邕作’，又有三字石經古篆兩種，蓋《唐史》以隸爲今字也。觀遺經字畫之妙，非蔡中郎輩不能爲。以黃初後來碑刻比之，相去不啻霄壤，豈魏人筆力可到？當以《水經》爲據，三體者乃魏人所刻。《儒林傳》云‘爲古文、篆、隸三體’者，非也。”

《隸續》：“石經見於《范史》，《帝紀》及《儒林》《宦者傳》皆曰五經，《蔡邕》《張馴傳》則曰六經，惟《儒林傳》云‘爲古文、篆、隸三體書法’。酈氏《水經注》云：‘漢立石經。魏正始中，又刻古文、篆、隸三字石經。’《唐志》有三字石經古篆兩種，曰《尚書》，曰《左傳》。獨《隋志》所書異同，其目有一字石經七種，三字石經三種，既以七種爲蔡邕書矣，又云‘魏立一字石經’，乃其誤也。范蔚宗時，三體石經與熹平所鐫並列於學宮①，故史筆誤書其事。後人襲其譌錯，或不見石刻，無以考正。趙氏雖以一字爲中郎所書，而未嘗見三體者。歐陽氏以三體爲漢碑，而未嘗見一字者。近世方勺作《泊宅編》，載其弟匃所

---

① “學宮”，原誤作“學官”，據洪适《隸續》卷四“魏三體石經《左傳》遺字”條改。

跋石經，亦爲《范史》《隋志》所惑，指三體爲漢字，至《公羊》碑有馬日磾等名，乃云'魏世用其所正定之本，因存其名'，可謂謬論。夏氏所注古文，案：此即夏竦《古文四聲韻》。既以此碑爲石經，又有蔡邕石經，亦非也。《隸釋》鑒漢、魏之字法，詳《公羊》之題名，據《水經》之事實，辨二史之牴牾，已定一字石經爲漢刻矣。續得蘇氏此碑，益喜前説，猶墨守也。歷古所疑，於今始判。"

張氏《石經跋》："《蔡邕本傳》稱邕'自書丹於碑'，不言爲何體書。今世所傳，皆爲隸體。至《儒林傳序》則云'爲古文、篆、隸三體書法以相參檢'，注言'古文謂孔氏壁中書'。以續考之，孔壁所藏，皆科斗文字，孔安國當武帝之世，已稱科斗書無能知者，其承詔爲《尚書》五十九篇作傳，爲隸古定，不復從科斗古文，邕獨安能具三體書法於安國之後三百年哉？漢建武時，杜林避地河西，得《古文尚書》一軸，諸儒共傳之。一軸已爲世所珍如此，熹平距建武又幾載，乃謂六經悉能爲古文，非事情也。或者邕以三體參校其文，而書丹於碑則定爲隸，亦如孔安國之《書傳》耶？《儒林傳序》，疑字有誤者。"

《金石林時地考》："漢，鴻都門隸書石經殘碑。熹平四年，蔡邕隸。"詳【注四十三】。

《經義考》："漢立石經，蔡邕所書本一字。惟因《范史・儒林傳》云'爲古文、篆、隸三體書法以相參檢，樹之學門'，而楊衒之《洛陽伽藍記》《北史・劉芳傳》因之，唐竇蒙、宋郭忠恕、蘇望、方匋、歐陽棐、董迫、姚寬等，均仍其誤。獨張續謂'邕以三體參檢其文，而書丹於碑，則定爲隸'，其義爲允。載考

《衛恒》及《江式傳》、酈道元《水經注》，皆以一字爲漢石經。
迨趙明誠《金石録》、洪适《隸釋》《隸續》辨之甚詳，足以徵信。
其載一字石經遺文，後列堂谿典、馬日磾等姓名。使一字石經出
於魏，當更列正始中正字諸臣姓名，亦何取仍列典、日磾等諸人
於經文之後哉？又史家體例，以時代爲前後，《隋·經籍志》列
一字石經於前，次魏文帝《典論》，然後叙三字石經於後，是一
字屬漢，而三字屬魏，不待辭説始明。其曰‘魏正始中，又立
一字石經，相承以爲七經正字’，蓋雕本相沿，偶誤‘三’字爲
‘一’字爾。又案：元吳萊立夫《漢一字石經歌》云：‘先聖去已
久，世傳爲六籍。後儒各專門，穿鑿多變易。蔡邕在季漢，章句
攻指摘。八分自爲書，刊定乃勒石。古碑四十六，兵火空餘迹。
熹平歷正始，洛土重求索。衛侯師邯鄲，三體精筆畫。煌然立其
西，學者常嘖嘖。史書竟差舛，一字幾不覿。’立夫之見，亦以
一字爲漢，三字爲魏，故節録之。”

　　厲鶚《樊榭山房集》：“范曄、楊衒之、魏收、魏徵諸家，皆
誤以漢石經爲三字。董浦援据諸書，而知一字之爲漢，三字之爲
魏。請爲董浦立一佐證，可乎？《公羊》昭二十五年‘齊侯唁公
于野井，既哭，以①人爲菑’，何休注云：‘菑，周埒垣也。今太
學辟雍作側字。’《儒林傳》：‘休精研六經，世儒無及者。太尉陳
蕃辟之，與參政事。蕃敗，乃作《公羊解詁》，覃思不闚門十有
七年。’案：蕃誅於靈帝建寧元年，又七年爲熹平四年，始立石
經，爾時休詁《公羊》未卒業，則辟雍所作‘側’字，其爲石經

――――――――――
① “以”，原誤作“一”，據厲鶚《樊榭山房集》卷二《石經考異序》改。

隸字無疑。趙氏《金石録》亦云‘世所傳經書與漢石經不同者數百言’，此蔡邕石經一字之佐證也。”《杭氏〈石經考異〉序》。

《隸辨》：“《儒林傳序》云‘爲古文、篆、隸三體書法以相參檢，樹之學門’，《魏書·劉芳傳》亦云‘昔漢世造三字石經於太學’，則漢石經爲三字矣。《晋書·衛恒傳》云‘魏初傳古文者，出於邯鄲淳。正始中，立三字石經，轉失淳法，因科斗之名，遂效其形’，《魏書·江式傳》云‘邯鄲淳特善①《倉》《雅》，以書教諸皇子，又建三字石經於漢碑之西’，則魏石經爲三字矣。《洛陽伽藍記》云‘漢國子堂前有三種字石經二十五碑，表裏刻之，作篆、科斗、隸三種字②，蔡邕筆之遺迹也。復有石經四十八枚，亦表裏隸書’，則又有一字石經矣。《隋書·經籍志》以一字石經七種、三字石經三種皆爲蔡邕所書，而云‘魏正始中，又立一字石經’，則魏石經爲一字矣。案：《水經注》云：‘漢碑五經，立於太學講堂前，悉在東側。碑悉刻蔡邕等名。魏正始中，又立古、篆、隸三字石經，樹之堂西。’雖不言漢碑爲一字，而於魏曰三字，則漢爲一字可知矣。唐宋以來所得石經殘碑，悉是隸書，雖缺蔡邕名，而堂谿典、馬日磾等與邕共正定諸經者，儼然尚存，則可與之相證。其云‘三字石經，魏正始中立’，與《衛恒傳》合。又云‘樹之堂西’，與《江式傳》合。漢爲一字，魏爲三字，當以《水經注》爲據。《儒林傳序》云‘爲古文、篆、隸三體’者，非也。趙明誠、洪适亦嘗非之，而莫得其説。張績《石經跋》乃謂‘邕或以三體參檢其文，而書丹於碑則定爲隸，亦如

---

① “特善”，原誤作“法善”，據顧藹吉《隸辨》卷七“石經《論語》殘碑”條改。
② “字”字原脱，據顧藹吉《隸辨》卷七“石經《論語》殘碑”條補。

孔安國之《書傳》，恐未必然也。案：紀傳俱不言有三體，獨於
《儒林傳序》言之者，相傳劉昭補《後漢書》十志，而昭之自序
云：‘序或未周，志遂全闕。天才富博，猶俟改具。’則昭不特補
志，序亦有改具者。《儒林傳序》，豈昭之所改具耶？漢、魏俱立
石經，又俱在太學講堂前，至南北朝大致頹落，復徙鄴都，亦顛
倒茫昧，漢、魏莫辨。故《魏書》於三字石經，《江式傳》以爲
魏建，《劉芳傳》以爲漢造。即當時親見其石而記之者，如《洛
陽伽藍記》，亦謂三字石經爲蔡邕遺迹。昭生其時，而仕於梁，
惑於傳聞，奮筆改具，遂成千古之疑耳。《洛陽伽藍記》所謂表
裏隸書者，即漢之一字石經，而不敢亦定爲蔡邕遺迹，傳疑也。
《隋書·經籍志》則以一字石經爲蔡邕書，是矣，而又云魏立一
字石經，乃其誤也。《石經考》云：‘晋、魏二《書》皆云立三字
石經，此獨以爲一字，則所謂因科斗之名，遂效其形者，安在
耶？’若其以三字石經亦爲蔡邕書，此承前之誤，無足怪也。《隸
續》云：‘近世方勺作《泊宅編》，載其弟匋所跋石經，爲《范
史》《隋志》所惑，指三體字者爲漢，一體字者爲魏，至《公羊》
碑有馬日磾等名，乃云魏世用其所正定之本，因存其名，可謂
謬論。’以愚考之，若曰漢、魏所立皆爲三字，而一字者立於何
時？若曰一字、三字皆爲漢刻，而正始中所立者何在？若曰魏
立者一字，而《公羊》碑上乃有馬日磾等名。諸史譌錯，衆説
舛謬。惟趙明誠、洪适皆以一字者爲漢，三字者爲魏，不易之
論也。”

　　《四書考異》：“一字石經者，別乎三字言之也。三字備古文、
篆、隸三體，一字惟隸而已。世存一字遺文，列有堂谿典、馬日

碑等姓名。此《論語》又避漢高祖邦之諱，其爲漢刻無疑。《范史·儒林傳》誤以三體書屬之熹平。《隋志》言魏正始立石，又誤‘三’爲‘一’。後之談石經者，往往因承其謬。洪适及趙明誠《金石録》辨之審矣。”

畢沅《中州金石記》：“熹平石經《尚書》《論語》殘字，光和六年立，蔡邕隸書。”詳【注五十四】①。

《蘇齋題跋》：“陳吉士崇本以所得漢石經殘字來眎，凡六十七字，《尚書》《魯詩》《儀禮》《公羊》《論語》皆具。字徑漢尺二寸外，波勢亦遒。然心疑中郎石經字不應如此之大，今見此本，迺爲釋然。毋論‘孝于’之‘于’，及‘庚’下無‘哉’字，與洪、董合也。今日或有以小字疑者，不知趙明誠已言‘蔡中郎小字八分’矣。且若使字至二寸外，則六經文字將至數百碑，十丈之堂所不能容矣。此又不待辨而自明者也。”

孫星衍、邢澍《寰宇訪碑録》：“熹平石經《尚書》《論語》殘字，八分書，熹平四年三月。”詳【注五十四】。

《漢石經考異補正序》：“酈道元《水經注》及《晋書·衛恒傳》《魏書·江式傳》皆言魏立三字石經，足證一字石經之爲漢無疑。且《隋志》之目，既列一字於三字之前，後序又自言‘漢刻七經，皆蔡邕書’，並不言三字，則其下云‘魏正始中，又立一字石經’，安知‘一’字非‘三’字之譌？而後人轉欲据此以爲魏石經一字之證，何昧於三豕渡河、邢子才誤書一適之恉邪？”

又《漢石經考異補正》：“前人於漢、魏二石經之一字、三

---

① “五十四”，原誤作“五十三”。引文出畢沅《中州金石記》卷一“熹平石經《尚書》《論語》殘字”條，又見下【注五十四】。

字，聚訟紛云，惟趙德甫、洪景伯二君定以一字爲漢，三字爲魏。然洪氏猶謂‘《隋志》云魏立一字石經，其説自相矛盾’。予考《隋志》列一字石經於前，三字石經於後，其以一字爲漢，三字爲魏，不言可知。其後序亦但云：‘後漢鐫刻七經，著於石碑，皆蔡邕所書。魏正始中，又立一字石經。’既於漢石經並不言三字，則魏之‘一字’之‘一’，安知非‘三’字傳寫刊刻之譌？不得即謂《隋志》之誤。昔秀水朱氏已有此論矣。酈道元《水經注》言：‘漢靈帝光和六年，刻石鏤碑，載五經，立於太學講堂前，悉在東側。魏正始中，又立古、篆、隸三字石經，樹之於堂西。’合之《隋志》及《晉書·衞恒傳·四體書勢序》、《魏書·江式傳》，又洪氏兩書與宋人各書所載，其漢石經之爲一字，魏石經之爲三字，尚有何疑？而後儒皆惑於《後漢書·儒林傳》中之文，至今尚有異論，善乎洪景伯跋魏石經之言云云。”

馮氏《石經考異》：“中郎以小字八分書丹，使工鐫石，《儒林傳序》以爲古文、篆、隸三體者，非也，三體乃魏所建也。”

劉氏《漢魏石經考》：“酈道元作《水經注》，身在洛陽，目驗石經，其紀漢石經不言三體，下乃云‘魏正始中，又立古、篆、隸三體石經’，玩其文義，漢石經非三體可知。《隸釋》據殘碑以漢石經爲隸書，其説最確。《經義考》《石經考異》皆從之。此以爲三體者，范蔚宗誤記耳。《伽藍記》《魏·劉芳傳》《集古録目》皆緣此而誤。”

又云：“東京《左傳》不列學官，熹平刻經以息博士之争，無緣刻及《左傳》，即此可決三體《左傳》非蔡邕書，而漢石經非三體也。”

鄭珍《汗簡箋正》："韋述以此三字石經屬蔡邕，與《古文韻》書目既有石經，又列《尚書》石經、蔡邕石經，並惑于《後漢·儒林傳》所云'蔡邕爲古文、篆、隸三體書法'之誤，《隸續》已非之。"

案：以上云漢石經爲一字。

萬氏《石經考》："衛、江、酈三人明言魏立三字石經，而《隋志》及黄伯思、董逌諸家則言魏立一字石經，何相背之甚也。然一字石經唐時尚存七經三十四卷，則作《志》者必不妄言，不知何以三字之外復有一字經。案：石經必三體分書，當高歡遷鄴都時，其二必沉于水，其體幸存者，乃魏之所立，故作《隋志》者，遂據此爲言爾。"

案：此以石經三體分書，其沉于水者，是古、篆二體。

又云："《後漢書·儒林傳》及《洛陽伽藍記》並言'漢立三字石經'，《晋書·衛恒傳》《後魏書·江式傳》及酈道元《水經注》并言魏石經亦然，是兩朝石刻皆用古文、篆、隸三體，無可疑矣。乃《隋書·經籍志》《東觀餘論》《廣川書跋》謂'漢用三體，魏止一體'，《金石録》《隸釋》則謂'魏用三體，漢止一體'，而詆《後漢書》爲誤。兩説矛盾如此，將安適從？愚謂《儒林傳》所言必不誣，即楊衒之、衛恒、江式、酈道元皆得之目睹，豈有乖謬？當是時，漢碑雖多殘毀，而魏碑無所損，諸儒生長洛陽，觀覽已非一日，安得反譏其誤？由黄、董、趙、洪諸子止見殘缺之餘，未獲見其全文，故各持一説而不相合。夫生數百年之後，遥度數百年以前之事，終不若目睹之真。衛、江諸公皆出於目睹，惟宋以後文人未見真刻，但考索于殘碑搨本，曰此漢也，此魏也，不得其實，而以意度之，故有此紛紛之論。其在于今，石經遺字，士大夫家多有之，莫不誇爲中郎真迹，豈知宋之中世，胡宗愈刻之于成都，洪适刻之于會稽，得之者何嘗不視爲異寶，而不知非其真也。然則後人之疑漢、疑魏，豈若前人目睹之可據哉？"錢大昕《十駕齋養新録》："季野執《後漢書·儒林傳序》'爲古文、篆、隸三體書法以相參檢'一語，欲翻此案，謂蔚宗得於目睹，必不誣，甚矣季野之惑也。蔚宗著書，在宋文帝之世，其時洛陽已非宋土，何由得石經而睹之？若云目睹在義熙、永初之間①，則蔚宗未嘗官洛陽。晉時膏粱公子，豈有無故而跳身邊徼？更無此情理矣。"

案：此以漢、魏石經皆用三體。

杭氏《石經考異》："《儒林傳序》'詔諸儒正定五經，刊於石碑，爲古文、篆、隸三體書法以相參檢'，《伽藍記》亦稱'漢國子堂前有三種字石經二十五碑，表裏刻之，寫《春秋》《尚書》二部，作科斗、篆、隸三種字'，《後魏·崔光傳》'光爲祭酒，請命博士李郁等補漢所立三字石經之殘缺'，案：《後魏書》《北史·崔光傳》均無"漢所立三字石經"字。《劉芳傳》亦云'漢世造三字石經於太學'，《江式傳》亦云'蔡邕採李斯、曹喜之法，爲古今雜形'，劉氏《石經考》："江式《疏》'採斯、喜法，爲古今雜形'，語本衛恒，又言'諸方獻篆，無出邕者'，皆言平日精六書耳，未嘗確指所書石經爲三體，杭氏《考異》誤解。"歐陽棐《集古録目》亦稱'石經遺字，古文、篆、隸三體，凡八百二十九字，蔡邕書'。張舜民《畫墁録》、邵伯温《聞見後録》乃據雒陽發地所得石經，以爲蔡邕隸書。趙明誠《金石録》

____
① "永初之間"，原誤作"永和之前"，據錢大昕《十駕齋養新録》卷十三"萬斯同《石經考》"條改。

則又以爲‘蔡邕小字八分書’，而力辨《儒林傳序》‘古文、篆、
隸三體’之非。黃伯思見《公羊》殘碑，亦定以爲鴻都一字石
經。而《唐書·藝文志》祇有‘蔡邕今字石經《論語》’，唐以隸
爲今字也。張縯又以爲邕不能具三體書法於孔安國三百年之後，
或邕以①三體參檢其文，而書丹於碑則定爲隸。《魏書·江式傳》：
‘魏邯鄲淳建三字石經②於漢碑之西，其文蔚炳，三體復宣，校之
《說文》，篆、隸大同而古字少異。’《水經注》及《晉·衛恒傳》
皆言‘魏正始中③，立古文、篆、隸三字石經’，獨《隋·經籍志》
乃言‘魏正始中，立一字石經’，疑於乖謬。然考其目，三字石
經祇有《尚書》《春秋》，而一字石經有《周易》，有《尚書》，有
《魯詩》，有《儀禮》，有《春秋》，有《公羊傳》，有《論語》④，有
《典論》，與漢所立者不合，故正始之碑，仍不得遽以三字爲斷。
胡三省注《通鑑》，則又鑿指三字爲魏所立，亦似有理，而顧氏
獨不之採，今特取而備論之。其言曰：案：以下係胡三省引《隸續》，
非胡氏所言。‘范蔚宗時，三體石經與熹平所鐫並列於學宮，故史筆
誤書其事。後人襲其譌錯，或不見石刻，無以考正。趙氏雖以一
字爲中郎所書，而未見三體者。歐陽氏以三體爲漢碑，而未嘗見
一字者。近世方勺作《泊宅編》，載其弟旬所跋石經，亦爲《范
史》《隋志》所惑，指三體爲漢字，至《公羊》碑有馬日碑等名，

---

① “邕以”，原倒作“以邕”，據楊慎《全蜀藝文志》卷五十九引張縯《石經跋》
　　乙正。杭氏《石經考異》卷上“三字、一字”條即倒作“以邕”。
② “石經”，原誤作“石碑”，據杭世駿《石經考異》卷上“三字、一字”條改。
③ “魏正始中”四字原脫，據杭世駿《石經考異》卷上“三字、一字”條補。
④ “有論語”三字原脫，據杭世駿《石經考異》卷上“三字、一字”條補。

乃云魏①世用其所正定之本，因存其名，可謂謬論。'"

　　案：此以一字石經與漢所立者不合，正始碑不得以三字
爲斷。

《金石萃編》："一字、三字之異，衆説紛然。今考《後漢書》
紀傳，詔立五經，無一字、三字之説。惟《儒林傳序》稱石經
爲古文、篆、隸三體書法，《魏書·劉芳傳》云'漢世造三字石
經於太學'，是一體爲一字。疑三字石經皆熹平中同時所刻，故
《儒林傳》有'古文、篆、隸'之語。然隸書自宋以來略有流傳，
而古文、篆字，唐宋閒無有見者，《隋書·經籍志》亦止存一字
石經，蓋因東漢已尚隸書，古文、篆字，不爲世所通用，而邕之
隸書尤有重名，當時鴻都車馬填咽，摹揭古文、篆字者少，隸書
者多，則隸書歷久而猶傳，宜矣。洪氏适、顧氏藹吉②謂漢石經
止有一體，並無三體，皆無確切實據，未敢據以爲信也。至漢之
光和，逮魏之正始，不過六十餘年，而魏復重刻三體者，亦因漢
刻立石經之後，不過八年，而董卓以逼脅獻帝，遷都長安，宮
闕、宗廟，盡爲灰燼，何有於太學之碑，想亦③零落不全。正始
振興文教，重書三體立石，殆非無故。特漢石一字，各自爲碑，
魏石經合三字連書之，總於一碑，微有不同耳。"

　　案：此以漢有三字，古文、篆、隸，同時所刻，各自爲
碑。略同萬氏《石經考》。

---

① "魏"字原脱，據洪适《隸續》卷四"魏三體石經《左傳》遺字"補。《資治
　通鑑》卷五十七《孝靈皇帝紀上之下》胡氏音注引洪适《隸續》即脱去"魏"
　字，杭氏《石經考異》卷上"三字、一字"條沿誤。
② "藹吉"，原誤作"靄吉"。
③ "亦"，原誤作"以"，據王昶《金石萃編》卷十六"石經殘字"條改。

　　姚晋圻云:"石經之説,漢爲一字,魏爲三體,諒矣。其紛謬之故,昔人咎始《范史》。竊謂蔚宗所据,有華嶠、袁崧、謝承之舊文,必非率妄云爾。考《盧植傳》,始刻石經時,植上書求立古學,且以'今之《禮記》特多回穴',欲'合《尚書》章句,考《禮記》得失,裁定聖典,刊正碑文'。夫曰'合'曰'考',蓋當時今文諸家多作別字,不協古文、篆、隸相承之體,植意欲合三體考定。邕等書經,即沿其例耳。東京古文不列學官,讀經皆以隸字。然隸之爲字,或從古變,或從篆出,體質雖殊,而點畫迭代,不可虛造。今此立碑,革時俗之亂易,依篆古以正作,務使原流相應,雅俗區別,故云'爲三體相參檢',非如魏石經一碑中三體具書一字也。説蔡邕書者,謂割隸二分,取其八分,八分之名,不純乎隸,而衛恒序篆書亦云'邕采斯、喜之法,爲古今雜形'矣。曹魏之世,遂推此旨,直作三體。後來華嶠之徒,亦各曉漢時是正文字之例,并載於書,《范史》因之。其或小有竄易,而後人直以爲誤,則非也。"《劉氏〈石經考〉序》。

　　案: 此以三體相參檢,非如魏石經一碑中三體具書一字。略同張氏《石經跋》。

經石立洛陽城南開陽門外太學講堂前, 悉在東側, 西、南、東行。 注二十。**碑高一丈許, 廣四尺。** 注二十一。

【注二十】

　　《後漢書·靈帝紀》:"刻石立於太學門外。"《蔡邕傳》同。詳

【注一】【注二】。

又《儒林傳序》："刊於石碑，樹之學門。"詳【注一】。

謝承《後漢書》："碑立太學門外，瓦屋覆之，四面闌障，開門於南，河南郡設吏卒視之。"《儒林傳序》注引。

《後漢紀》："刻石立於太學之前。"詳【注一】。

陸機《洛陽記》："太學在洛陽城故開陽門外，去宮八里，講堂長十丈，廣三丈。"《後漢書·光武紀》注引。

《洛陽記》："太學在洛城南開陽門外，講堂長十丈，廣二丈。《經義考》：《羊頭山紀》作'三丈'。堂前西行，《尚書》《周易》《公羊傳》。南行，《禮記》。東行，《論語》。"《蔡邕傳》注引。《廣川書跋》引作"南明門外"。詳【注九】。

《西征記》："太學前石碑四十版。"

《水經·穀水注》："刻石鏤碑，立於太學講堂前，悉在東側。"

《洛陽伽藍記》："開陽門外御道東有漢國子學堂，堂前中略。復有石碑四十八枚。"並詳同上。

盛時泰《河南志》："太學，光武建武五年起。陸機《洛陽記》曰：'在開陽門外，去宮八里，講堂長十丈，廣三丈。'靈帝召諸儒正定五經刊石，其碑立太學門外。"

《金石文字記》："《伽藍記》二十五碑爲三種字，四十八碑表裏隸書。《水經注》謂漢經在堂東側，而四十八碑爲魏經，在堂西。乃《雒陽記》不言東側有碑，而云'堂前有四十六枚，上有馬日磾、蔡邕等名'，又不言字之爲三體、一體，無乃并《水經注》之所謂^①魏者而指之爲漢與？此言堂西所立石爲漢、爲魏之不同也。"

杭氏《石經考異》："論其位置，《洛陽記》有西行、南行、東行之分，此在堂東之西、南、東也，是漢碑，朱超石所謂駢羅相接者是矣。第謝承、范蔚宗之書均謂立在太學門外，而陸機、酈道元、楊衒之均謂講堂前，微有異耳。"

《漢石經考異補正》："《伽藍記》前云‘國子堂前’，與《西征記》同，後云‘復有石碑四十八枚’，其‘復有石碑’四字，《西征記》作‘太學前石碑堂’六字，似漢、魏二經本非列於一所，又不僅如《水經注》之言堂東、堂西也。其云太學前石碑者，蓋尚在太學之外，別有堂列之，則正與《范史·蔡邕傳》及謝承《書》所謂‘碑立太學門外，瓦屋覆之’之語合。蓋漢一字石經本別有堂屋貯之，與魏三字石經後立於堂前無堂屋者不同。"

劉氏《漢魏石經考》："謝承、范蔚宗之書均謂立在太學門外，而陸機《洛陽記》及《水經注》《伽藍記》云在講堂前者，想是魏黃初五年文帝立太學，及晉惠帝立太學起講堂，或有更改耳，非所記有誤也。"

馬衡《集拓新出漢魏石經殘字序》："漢、魏石經，凡三次出土，欲一覘其出土之地。十三年冬，始得一履其地，見所謂太學遺址者，已淪爲丘虛，僅有碑趺十餘，呈露於瓦礫叢中而已。然案其方位，與《洛陽記》《水經注》《洛陽伽藍記》諸書所載正相符合，知北宋時及近代之所出者，皆在漢、魏立碑之故處，所謂

① "所謂"，原誤作"所爲"，據顧炎武《金石文字記》卷一"石經"條改。

遷鄴、遷長安之説，似有疑問。或所遷者爲完整之碑，而殘毀之石仍留故處歟？”

【注二十一】

楊龍驤《洛陽記》：“朱越石《與兄書》云：‘石經文都似碑，高一丈許，廣四尺，駢羅相接。’”《儒林傳序》注引。

經漢董卓之亂，注二十二。魏黃初後，補其缺壞。注二十三。晋永嘉時，悉多崩毀。注二十四。迨北魏馮熙、常伯夫相繼爲洛州刺史，廢毀分用。注二十五。東魏武定四年，自洛陽徙鄴，值河陽岸崩，多没於水。注二十六。北齊天保、皇建間，施列學館。注二十七。北周大象元年，復自鄴徙洛陽。注二十八。隋開皇六年，又自洛陽徙長安，因亂廢爲柱礎。注二十九。

【注二十二】

《經典釋文》：“靈帝詔諸儒正定五經於石碑之上，未盈一紀，尋復廢焉。”

《汗簡》：“後漢中郎蔡邕寫三體六經，邪臣矯嫉，未盈一紀，尋有廢焉。”

案：此未盈一紀，考獻帝初平元年西遷，董卓燒官廟、官府，去熹平四年計十五年，去光和六年計七年，當是指此。自此至【注二十九】俱以時代先後爲次。

《廣川書跋》："蔡邕鐫刻七經，著於石碑，當時號洪都三字。繞三十年，兵火繼遭，碑亦損缺。"

案：此當亦指董卓之亂而言。又以上皆以三字爲漢，一字爲魏，然其所據事實可信，故錄於此。

萬氏《石經考》："漢靈帝光和六年癸亥，至魏廢帝正始元年庚申，止五十八年[1]，石經應未毀，魏人何故復刻？豈董卓焚洛陽宮殿，太學亦被焚，並石經延及耶？不然，漢石經出中郎之手，後人必無能及者，使其一無所損，魏人必不重立，則其殘闕可知。然五六十年之閒，何以遂至殘闕，則必遭董賊之禍無疑也。觀陸機《洛陽記》，石經凡四十六碑，毀者二十有九，此未經遷鄴之前已如此，非遷鄴而没於水也。考獻帝西遷之後，至陸機作《記》之前，洛陽無大兵革，其遭董賊之禍益可知。獨恨陳壽《魏志》無一語言及，而衛恒[2]、江式亦語焉不詳，後人無由知其故爾。"

《金石萃編》："石經碑成在光和中，尋遭董卓之亂，焚燒洛陽宮府官舍，碑在太學，恐已難免殘缺。"

【注二十三】

魚豢《魏略》："黃初元年之後，新主乃始掃除太學之灰炭，補舊石碑之缺壞。"《魏志·王肅傳》[3]注引。《經義考》引作"郭頒《魏晉世語》"。

---

① "五十八年"，原誤作"五十六年"，據萬斯同《漢魏石經考》引《隋書·經籍志》下萬氏按語改。
② "恒"字原脫，據萬斯同《漢魏石經考》引《隋書·經籍志》下萬氏按語補。
③ "傳"字原脫。引文出《三國志》卷十三《王肅傳》裴松之注。

案：黃初元年去正始九年計二十七年，黃初時正始石經尚未刻石，所云補舊石碑缺壞，自無魏石經在內，《經義考》於魏石經引此，似誤。

《鮚埼亭集外篇》："熹平石經始於蔡邕諸公，而邯鄲淳修之。魚豢《魏儒宗傳序》曰：'黃初元年之後，新主乃始掃除太學灰炭，補舊石碑之缺壞。'時淳方以博士給事中，是補正熹平隸字舊刻者，淳也。況黃初所補，非僅舊碑之缺壞，尚有增多於熹平之外者。《隋書》《五代史志》，一字石經《周易》一卷，《尚書》六卷，《魯詩》六卷，《儀禮》九卷，《春秋》一卷，《公羊傳》九卷，《論語》一卷。又引《七錄》，一字石經《鄭氏尚書》八卷，《毛詩》六卷。以較熹平五經之目，其增多者，更出誰人之手？然則邯鄲氏石經之功亦夥矣。"《杭氏〈石經考異〉序》。

又云："《隋志》別有《春秋》一卷，在《公羊傳》之外，當是黃初邯鄲淳書以補之也。"

汪祚①云："《隋志》有一字《魯詩》，謝山以爲黃初所補者，得之。"詳【注七】。

【注二十四】

《洛陽記》："本碑四十六枚。西行，十六碑存，十二碑毀。南行十五碑，悉崩壞。東行三碑，二碑毀。"《蔡邕傳》注引。詳【注九】。

案：原注《論語》二碑毀"，無"三碑"二字。《廣川

---

① "汪祚"，原誤作"江祚"。

書跋》《通鑑》胡注作"三碑毀"。《隸釋》作"三碑，其二毀"。《金石文字記》《經義考》引作"三碑，二碑毀"，殆本《隸釋》。

《西征記》："石碑四十版，石質偂，多崩敗。"詳同上。

案：漢石經經董卓之亂，其缺壞者，魏黃初已補之矣，而《洛陽記》《西征記》復言其崩壞之數。《隋志》《洛陽記》有三：一，四卷，無撰人姓名。一，一卷，陸機撰。機，太康時人，在永嘉前。《隸釋》引此《洛陽記》《蔡邕傳》注引。作"陸機"，杭氏《考異》、萬氏《石經考》因之。王氏《魏石經考》謂非機書。一，二卷，楊佺期撰。《經義考》引此《洛陽記》作"楊龍驤"，佺期曾爲龍驤將軍。《舊》《新唐志》有戴延之《洛陽記》一卷。佺期，咸康時人，延之，晉末時人，均在永嘉後。此《洛陽記》爲楊爲戴，今固不能強斷，但是永嘉後之書，可推定也。延之《西征記》亦永嘉後作，是魏黃初補後，晉時復又毀敗，永嘉以前，初無兵火，當在永嘉時。而是書又皆成於永嘉後，故錄於此。

《水經·穀水注》："考古有三雍之文，今靈臺、太學，並無辟雍處。晉永嘉中，王彌、劉曜入洛，焚毀二學，尚髣髴前基矣。"

案：據此，永嘉中毀焚二學，則石經延及，其毀敗在此時可證。

《廣川書跋》："太學堂前石經四部，本碑四十六枚。元魏時，西行，《尚書》《周易》《公羊傳》，十六碑存，十二碑毀。南行，《禮記》十五碑，悉崩壞。東行，《論語》三碑毀。當是時，尚有碑十八。衛之出北齊，謂得四十八碑，誤也。”

　　案：西行、南行、東行碑數，係洛陽晋時崩毀數，非元魏時。衛之未計崩毀數，故云四十八碑。

《丹鉛總録》：“晋永嘉中，王彌、劉曜入洛，焚毀過半。”

于慎行《筆麈》：“洛陽石經，晋末未嘗損失。”詳【注二十五】。

　　案：黃初已補缺壞，晋時又毀敗，倘非所補未全，則晋末不得謂無損失也。

杭氏《石經考異》：“陸機《洛陽記》云云，是晋時存者祇有一十九枚。”詳【注二十六】。

萬氏《石經考》：“陸機《洛陽記》石經凡四十六碑，毀者二十有九，時未遭氐羌之亂，何以致此？”

【注二十五】

《石季龍載記》：“遣國子博士詣洛陽寫石經。”

　　案：劉氏《石經考》晋後石經多不分漢、魏，於漢、魏條下兩載之，茲倣其例。

《魏書·太宗紀》：“太常八年四月，帝至洛陽，觀石經。”

　　案：以上在馮、常爲州前，故録於此。

又《馮熙傳》：“高祖即位，除車騎大將軍開府都督洛州刺史。洛陽雖經破亂，而舊三字經宛然猶在。熙與常伯夫相繼爲州，廢毀分用，大至頹落。”劉氏《石經考》：“是三字石經存者較多，故史主此言之。其實①一字石經此時亦有存者，《伽藍記》又後此七十三四年，而云

---

① “實”字原脱，據劉傳瑩《漢魏石經考》上篇“漢石經”條劉氏按語改。

有隸書碑，可見也。”

案：熙外任爲洛州刺史在孝文帝即位初年，史言廢毀，指漢、魏兩石經言。而舊三字者，在齊魏收作史時尚多以三字屬漢，故亦相沿其誤。

又《高祖紀》：“大和十七年九月，至太學，觀石經。”劉氏《石經考》：“是年遷都洛陽。”

又《鄭道昭傳》：“昭表曰：‘城南太學漢、魏石經，丘墟殘毀，藜藿蕪穢，游兒牧豎，爲之歎息。求重勑門下，考論營制之模。’不從。”

又《崔光傳》：“神龜元年夏，光表曰：‘石經之作，起自炎劉，繼以曹氏《典論》，初乃三百餘載，計末向二十紀矣。昔來雖屢經戎亂，猶未大崩侵。如聞往者刺史臨州，多構圖寺，道俗諸用，多有發掘，基蹠①泥灰，或出於此。皇都始遷，尚可補復，軍國務殷，遂不存檢。官私顯隱，漸加剥撤。播麥納菽，春秋相因，□生蒿杞，時致火燎。由是經石彌減，文字增缺。職忝胄教，參掌經訓，不能繕修頹墜，興復生業，倍深惋恥。今求遣國子博士一人，堪任幹事者，專主周視，驅禁田牧，制其踐穢，料閱碑牒所失次第，量厥補綴。’詔曰：‘此乃學者之根源②，不朽之永格，垂範將來，憲章之本，便可一依公表。’光乃令國子博士李郁與助教韓神固、劉燮等勘校石經，其殘缺者，計料石功，並字多少，欲補治之。於後，靈太后廢，遂寢。”《北史》傳同，文略。

---

① “基蹠”，原誤作“基蹢”。中華書局整理本《魏書》卷六十七《崔光傳》校勘記有云：“諸本‘蹠’作‘蹢’，《册府》卷六○三作‘蹠’。按‘蹢’之行貌，‘基蹢’無義。‘蹠’是履踐，‘基蹠’猶言‘基趾’，今據改。”
② “根源”，原誤作“根深”，據《魏書》卷六十七《崔光傳》改。

顧炎武《石經考》："漢熹平四年乙卯，至魏神龜元年戊戌，計三百四十三年。魏文帝黃初七年丙子崩，至後魏神龜元年戊戌，計二百九十二年。"

《資治通鑑》："梁武帝天監十七年，魏孝明帝神龜元年。初，洛陽有漢所立三字石經，雖屢經喪亂，而初無損失。及魏馮熙、常伯夫相繼爲洛州刺史，毀取以建浮圖精舍，遂大致頹落。所存者委于榛莽，道俗隨意取之。侍中領國子祭酒崔光請遣官守視，命國子博士李郁等補其殘缺。胡太后許之。會元义、劉騰作亂，事遂寝。"

《北史·張景仁傳》："景仁爲兒童時，在洛京，曾詣國學摹石經。"瞿氏注云："齊天保中。"案：《景仁傳》："文襄引爲賓客。天保八年，敕教太原王紹德書。"則其爲兒童時在天保前，是時石經在洛。若天保中，則已徙鄴也。故録於此。

《水經·穀水注》："漢靈帝光和六年，刻石鏤碑，載五經，立於太學講堂前。世代不同，物不停故，石經淪缺，存半毀幾，駕言①永久，諒用②憮焉。"詳【注九】。

案：此五經指漢石經言，但未言石數。所云存半毀幾，指漢、魏兩石經言。又《水經注》在武定移石經前作，故録於此。

王世貞云："《魏志》：'洛陽雖經破亂，而舊三字石經宛然猶存。至馮熙與常伯夫相繼爲州，廢毀分用，大至頹落。'案：魏武定四年，碑移鄴都，河陽岸崩，遂没於水。其得至鄴者，殆不得半。然則馮熙、常伯夫所損十之二三，而墮水者又三四也。"

---

① "駕言"，原誤作"篤言"，據酈道元《水經注》卷十六"穀水"改。
② "用"，原誤作"同"。

《經義考》引。

《筆麈》："洛陽石經，至元魏馮熙、常伯夫相繼爲洛州刺史，取之以建浮屠精舍，大致頹落。間有存者，委於榛莽。其後侍中崔光請遣官守視，補其殘缺，竟不能行，而古迹泯矣。視焚書之慘，輕重不同，其爲吾道之厄，一也。"

《石墨鐫華》："魏世宗神龜元年，以王彌、劉曜入洛，石經殘毀，因崔光之請補之。此四刻也。"《經義考》："北魏石經欲補治而中寢，未有刻石流傳，且神龜乃明帝年號，而謂爲世宗，均誤。"

【注二十六】

《魏書·孝静帝紀》："武定四年八月，移洛陽漢、魏石經于鄴。"《資治通鑑》同。

《洛陽伽藍記》："復有石碑四十八枚，表裏隸書。"萬氏《石經考》："四十八碑是曹魏所刻，與《水經注》所言正合，無可疑也。"案：此係漢石數，非魏數，萬氏蓋以漢爲魏，誤。

又云："武定四年，大將軍遷石經於鄴。"

《隋書·經籍志》："後魏之末，齊神武執政，自洛陽徙於鄴都，行至河陽①，值岸崩，遂没於水。其得至鄴者，不盈大半。"

《資治通鑑》："梁武帝中大同元年，東魏孝静帝武定四年。東魏丞相歡如鄴。高澄遷洛陽石經五十二碑於鄴。"

封演《聞見記》："神武作相，自洛陽運之於鄴，至河陽岸没水。其得至鄴者，不盈其半。"

---

① "河陽"，原誤作"洛陽"，據《隋書》卷三十二《經籍志》改。

《廣川書跋》："後魏武定四年，移洛陽漢、魏石經於鄴。魏末，齊神武自洛陽徙於鄴都，河岸崩，遂沒於水。其得至鄴者，殆不得其半。"

顧氏《石經考》："《水經注》《伽藍記》所列碑數，東二十五，西四十八，共七十三枚。而《北齊書》所紀在鄴者五十二枚，則不過失其二十一枚耳，未至於不盈大半也。"

杭氏《石經考異》："《隋書·經籍志》云：'後魏之末，齊神武執政，自洛陽徙於鄴都。'案：後齊天保元年，詔文襄所運① 蔡邕石經五十二枚，即宜移置學館，依次修立，則鄴都之徙乃由文襄，非關神武。然善則歸親，或② 可渾同言之。至云：'行至河陽，值岸崩，遂沒於水。其得至鄴者，不盈大半。'案：陸機《洛陽記》云云，是晉時存者祇有一十九枚。至酈道元注《水經》時，正始石經有四十八枚。後魏馮熙與常伯夫相繼爲州，廢毀分用，大至穨落。鄭道昭、崔光皆表請料閱補綴，皆見之本傳。孝静武定四年，始移於鄴。文宣受禪，孝昭即位，均令國子監施列，當時稱有五十二枚。然則徙鄴之役，或有淪毁，乃文宣、孝昭之世，其碑見存無闕。所謂'不盈大半'，豈非言者過歟？"

萬氏《石經考》："《隋志》言齊神武遷經於鄴，此歸之文襄者，神武以武定五年正月殂，而遷經在四年八月，其命本出於神

---

① "運"，原誤作"建"。中華書局整理本《北齊書》卷四《文宣帝紀》校勘記有云："諸本'運'都作'建'。《北史》卷七、《册府》卷一九作'運'。張森楷云：'按《孝静紀》亦云文襄帝所運石經，則建字誤也。'按石經本在洛陽，高澄運到鄴。今據《北史》《册府》改。"杭氏《石經考異》卷上《隋書·經籍志》正誤"條即誤作"建"字。

② "或"，原誤作"成"，據《石經考異》卷上《隋書·經籍志》正誤"條改。

武。是時大舉攻玉璧①，諸務未遑，至文襄始行其事，故高洋歸之其兄，而《通鑑》亦因之也。"劉氏《石經考》："季野謂遷經爲武定五年神武卒後事，其説非也。武定五年，楊衒之至洛陽，已云'四年遷鄴'矣，《孝静記》豈虚語哉？"

劉氏《漢魏石經考》："遷碑本文襄意，然是時神武在上，故《志》歸之神武。齊文宣天保詔及《伽藍記》稱文襄遷經，核其實耳，非有誤也。"

案：《伽藍記》云"大將軍遷石經"，大將軍神武也。東魏孝静帝爲齊神武所立，天平二年，自洛陽北遷鄴。武定四年八月，移洛陽石經于鄴。《隋志》"後魏之末，齊神武執政，自洛陽徙鄴都"，即此年事，故《伽藍記》謂"大將軍遷石經"。武定四年八月，神武尚在。天保、皇建詔文襄帝運石經，當是武定四年八月神武移石經，逾年正月，神武殂，文襄繼神武執政後，移徙始畢，故詔云云，與四年移鄴一事，非二事。

【注二十七】

《北齊書·文宣帝紀》："天保元年八月，詔往者文襄皇帝所運蔡邕石經五十二枚，移置學館，依次修立。"杭氏《石經考異》："酈道元與楊衒之皆云四十八枚，而《北齊·文宣紀》云蔡邕石經五十二枚，蓋合漢、魏言之，第不深考，誤云蔡邕也。"萬氏《石經考》："漢石經原只四十六碑，北齊何以有五十二碑，蓋并魏石經數之。然魏碑四十八，益以漢碑十有五，

---

① "玉璧"，原誤作"玉壁"，據萬斯同《漢魏石經考》引《北齊書·文宣帝本紀》下萬氏按語改。

當得六十三枚，而止於五十二者，由河陽岸崩，淪没於水故也。"案：萬氏以漢爲魏，魏爲漢，復并益其數，故云。

又《孝昭帝紀》："皇建元年八月，詔文襄帝所運石經，即施列於學館。"

《廣川書跋》："周大象中，詔徙鄴城石經於洛時，爲軍人破毀。至有竊載還鄴者，船壞没溺，不勝其衆也。其後得者，盡破爲橋基。"

張氏《石經跋》："唐章懷太子引《洛陽記》注范曄《漢書》，論石經凡四十六碑。及高澄遷石經於鄴，《通鑑》所書爲五十二碑。自東漢歷魏、晋、宋，數百年間，洛陽數被兵，此碑當有毀者。其遷於鄴，乃視《洛陽記》多六焉，疑《洛陽記》未詳也。碑製高一丈，廣四尺，六經文多，必非四十六碑所能盡者。宋常山公《河南志》稱石經凡七十三碑，常山公博物洽聞，歐陽文忠每以古今疑事諮之，《河南》所書，必有依據矣。"《漢石經考異補正》："《通鑑》書五十二碑者，乃据《北齊書·文宣紀》也。《河南志》言七十三碑者，乃据《伽藍記》二十五碑之魏石經與漢石經四十八碑也。張氏皆未細考。至漢、魏石經俱係表裏書刻，張謂'六經文多，必非四十六碑所能盡'，亦繆。"

《金石文字記》："《孝静帝紀》：'武定四年八月，遷雒陽漢、魏石經於鄴。'《北齊書·文宣帝紀》言有五十二枚，視《伽藍記》所列東二十五、西四十八之數，僅失二十一枚耳。而《隋志》言'河陽岸崩，遂没於水，得至鄴者，不盈大半'，則不考《北齊》之紀而失之也。"

萬氏《石經考》："《洛陽記》言石經四十六碑，此峕指漢而言也。《水經注》及《洛陽伽藍記》言堂西有四十八碑，此峕指魏而言也。合之當得九十四碑。據《洛陽記》，二十九碑已毀，則存於後魏者，當得六十五碑。案：此據《伽藍記》，漢、魏倒置，故得數亦誤。及高澄遷鄴，多沒於河，故止存五十二碑。此合漢、魏而總言之也。張氏疑漢碑不當有五十二，反謂《洛陽記》爲誤，豈不知魏亦有石經乎?《後魏·靜帝本紀》武定四年明書徙漢、魏石經于鄴，張氏亦未之考乎?"案：此駁張氏《石經跋》。

《漢石經考異補正》："《後魏書·靜帝紀》：'武定四年八月，遷洛陽漢石經於鄴。'又《鄭道昭傳》言：'高祖遷道昭爲國子祭酒。道昭表有云：今國子學堂房廡置，弦誦闕爾。城南太學，漢、魏石經，丘墟殘毀。'又《北齊書·文宣帝紀》：'天保元年八月，詔文襄皇帝所運①蔡邕石經五十二枚，即宜移置學館，依次修立。'此即《隋書·經籍志》所云後魏末自洛遷鄴之事也。据《魏史·道昭傳》云漢、魏石經，而《齊紀》但言蔡邕石經，且云五十二枚。温公《通鑑》即據此數書之，較《伽藍記》似多四碑。此所多之四碑，蓋即魏文之《典論》也。《伽藍記》言《典論》六碑，至太和十七年猶有四'，合之石經四十八碑，正五十二碑。蓋因《典論》用一字書之，故《齊紀》皆謂之蔡邕石經。且疑《魏史》稱漢、魏石經，或亦即指《典論》爲魏耳。考太和十七年，乃後魏高祖遷都洛陽之年也。《後魏書·高祖紀》云'太和十七年九月壬申，幸太學，觀石經'，與《伽藍記》所謂'至大和十七年猶有四'之説合。"

劉氏《漢魏石經考》："據陸機《洛陽記》，漢碑存者十七枚，

---

① "運"，原誤作"建"。

據《水經注》，魏碑四十八枚，共六十五枚。文宣詔言遷鄴石經
五十二枚，是喪失者十三枚耳，烏得云不盈大半?《志》言不
足據。"

【注二十八】

《北周書·宣帝紀》："大象元年二月，詔徒鄴城石經於洛
陽。"《資治通鑑》同。

張氏《石經跋》："後周伐齊，毀碑以爲礙石。方高緯昏亂，
兩陣勝負之頃，猶需孽婦一觀，遂以其國輸後周，復何有於石
經? 則此碑之殘毀亦宜也。"

萬氏《石經考》："張氏言'周師伐齊，毀碑以爲砲石'，非
也。周師以承光元年正月癸巳圍鄴，齊主即出奔，鄴城當日即
下，周師未嘗攻，齊人亦未嘗拒，安得有毀爲砲石之事? 此皆以
意論古，而不考當時事實者也。"

【注二十九】

《隋書·經籍志》："隋開皇六年，又自鄴京載入長安，置於
祕書內省，議欲補緝，立於國學。尋屬隋亂，事遂寢廢，營造之
司，因用爲柱礎。"

又《儒林劉焯傳》："六年，運洛陽石經至京師，文字磨滅，
莫能知者，奉敕與劉炫等考定。"《本傳》："焯，字士元，信都人，仕至太
學博士。"《隋志》："其事遂寢。"

《封氏聞見記》："隋開皇六年，又自鄴載入長安，置於祕書
內省，議欲補葺。隋亂，造立之司，用爲柱礎。"

《廣川書跋》："隋開皇六年，自鄴京載入長安，置於祕書内省，議欲補緝，立於國學。會亂遂廢，營造之司，用爲柱礎。"

《聞見後録》："熹平四年，立石洛陽太學門下。至隋開皇六年，遷其石於長安，文字刓泐不可知。詔問劉焯、劉炫，能盡屈群起之説，焯因榷飛章之毁。予謂孔子自衛反魯，一定《詩》《書》之册，至漢熹平六百年有奇，已多謬失。自熹平至開皇，又四百年有奇，自開皇至今代，又五百年有奇，其謬失可勝計耶？又《隋史》既遷其石於長安，今尚有出於洛陽者，何哉？"

《隸釋》："陸機《洛陽記》云：'碑凡四十六，《書》《易》《公羊》二十八碑，其十二毁，《論語》三碑，其二段，《禮記》十五碑，皆毁。'北齊徙之鄴都，至河陽，岸頹，半没於水。隋復載入長安，有《易》一卷，《書》六卷，《魯詩》六卷，《儀禮》九卷，《春秋》一卷，《公羊》九卷，《論語》一卷。未及補治而亂作，營繕者至用爲柱礎。"

顧氏《石經考》："'隋開皇六年，又自鄴載入長安。'失載周大象元年徙雒陽一節，史書之疏也，《劉焯傳》言自雒陽運至京師者爲信。"

《金石文字記》："《周書·宣帝紀》：'大象元年二月辛卯，詔徙鄴城石經於洛陽。'《隋書》於《劉焯傳》言'開皇六年，運洛陽石經至京師'，而《經籍志》則云'自鄴載入長安'，則自不考其列傳而失之者也。"

杭氏《石經考異》："《隋志》：'開皇六年，又自鄴京載入長安，置於祕書内省。'案：《後周·宣帝紀》'大象元年，詔徙鄴城石經於洛陽'，則開皇之初，石經仍在洛陽，或由洛陽轉徙長安耳。若云自鄴京載入，大象之徙，豈爲無是事乎？徧稽諸史，一事之顛末，牴牾者衆矣。”

《金石萃編》：“後魏武定四年，由洛陽移至鄴城。周大象元年，則從鄴都移至雒陽。隋開皇六年，又從洛陽徙至長安。《隋志》作“自鄴京載入長安”，今從《劉焯傳》。輾轉遷移，自多損壞，不徒沒於頹岸、毀於浮屠也。”

案：經石存毀，當以其時先後考之。并数魏。其一，漢石，《洛陽記》四十六枚，《西征記》四十枚，洪氏《叢録》：“‘四十’下脫‘六’字。”《伽藍記》四十八枚，《叢録》：“‘八’即‘六’字之譌。”《水經注》未言漢石數，王氏《考》則以《洛陽記》爲確，又以《水經注》四十八枚實爲漢石數。魏石，《洛陽記》未言石數，《西征記》三十五枚，《伽藍記》二十五枚，“二”或“三”字之譌。《水經注》四十八枚，《叢録》：“‘八’即‘六’字之譌。”亦以爲漢石數，故云。王氏《考》則以《西征記》爲確，此其朔也。其二，漢末董卓之亂，經石缺壞，魏黃初補之。《魏略》未言缺壞若干，補刻若干。黃初去正始二十七年，其所補者爲漢石經，無魏石經，可斷言也。其三，魏黃初補刻漢石經，正始中又立三字石經，歷時未久，復多毀敗。《洛陽記》四十六枚，存者十七枚，毀及崩壞者二十九枚。《西征記》四十枚，未紀毀壞之數，亦言“質犞，多崩敗”。魏石，《西征記》三十五枚，存者十八枚，毀者十七枚。兩共存者三十五枚，毀者四十六枚。以《西征記》“四十”計之，則毀者四十枚。若益以《大學讚》一碑，《西征記》未言無。《弟子讚》一碑，順帝陽嘉一碑，《水經注》一云無，一云存，兩

《記》未載，但兩碑在晉以前立，當有之。《典論》四碑，原六碑，《西征記》"四存二敗"。晉《辟雍行禮》一碑，《水經注》"太始二年立，其碑中折"，兩《記》未載，但在晉初立，當亦有之。共七枚，則合之本石存者三十五枚，共存四十二枚。其毀者，《典論》二碑，合之本石毀者四十六枚，共毀四十八枚。以《西征記》"四十"計之，則共毀四十二枚。兩《記》均晉人作，詳【注九】。所述在馮、常爲州以前，約略幾百數十年，經石已毀敗如此。其四，史言"馮、常爲州，廢毀分用"，未言其廢毀若干，鄭道昭、崔光奏請料閱補綴，亦未果行。是馮、常廢毀之數，無可考證。以意揣之，《洛陽記》所云崩壞、《西征記》所云崩敗者，似係碑石殘破，與完全毀沒不同。東魏時，戎事方殷，大學無人過問，正如鄭道昭云"蔾藋荒穢"，崔光云"蔓生蒿杞"，所有殘破碑石，委棄於地，久之，草萊泥灰，田牧穢踐。崔光表"往者刺史臨州，多構圖寺，道俗諸用，稍有發掘，基蹠①泥灰，或出於此"云云，是馮、常廢毀以爲圖寺，道俗諸用者，即殘破委棄，發掘泥灰而得之，未必於屹立未崩壞之石公然鑿毀以建浮屠精舍。即使有之，而以併諸徙鄴後五十二枚之數，則此廢毀者，亦大概可知矣。其五，《水經注》但云"魏石四十八枚，《典論》六碑，附於其次"，並云"《大學讚碑》《弟子讚碑》並無，順帝陽嘉元年②碑存，晉《辟雍行禮碑》中折"，而不及漢石數，又不言石經存毀之數，而所謂四十八枚，與《西征記》三十五枚相差

---

① "基蹠"，原誤作"基壙"。
② "元年"，原誤作"八年"。

至十一枚，與《洛陽記》漢石四十六枚、《西征記》四十枚相近，故王氏《考》謂爲漢石數。酈氏卒於孝昌三年，又曾在洛陽，其注《水經》在孝昌三年以前，去馮、常廢毀後約三四十年。其時崔光於神龜元年_{去孝昌三年僅十年。}表請修治。酈氏既載經石，何以疏略至此？或僅憑前人紀載與得之傳說，雖在洛陽，亦未目驗之與？此最不可解者也。其六，史言"齊神武自洛陽徙漢、魏石經於鄴，河陽①岸崩，没水，得至鄴者，不盈大半"，然其施列學館者，有五十二枚，合漢、魏石經數之，以較晋時存者三十五枚，相差十七枚。若益以《太學讚》各碑，共四十二枚，相差十枚，且有馮、常廢毀之數在内，則"不盈大半"之說，自屬失實。其七，楊衒之以武定五年過洛陽作《伽藍記》，《伽藍記序》。石經於武定四年徙鄴矣。楊氏所記，自非目覩，尚是據未遷以前追憶之詞。然其記漢石四十八枚，較《洛陽記》多二枚②，較《西征記》多八枚，《西征記》或脱"六"字。魏石二十五枚，較《西征記》少十枚，《西征記》"二"或"三"字之訛。其存者十八枚，殘毀者七枚，《典論》六碑四存，多與《西征記》同。無論楊氏此《記》是否本諸戴氏，而其所叙，則係晋時存毀之數，非馮、常廢毀以後之數，并非徙鄴淪没之數。顧氏以所列東二十五、西四十八之數，謂徙鄴僅失二十一枚，非也。如《記》所載，若去魏石殘毀之七枚，得六十六枚。_{尚未記漢殘}

---

① "河陽"，原誤作"洛陽"。
② "多二枚"，原誤作"少二枚"。《後漢書》卷六十下《蔡邕傳》注引《洛陽記》云："本碑凡四十六枚。"

毀數。以較五十二枚，僅失十四枚。若併漢石殘毀數，尚不止此，且有馮、常廢毀之數在內，此亦可以考而知者也。其八，北齊五十二枚，施列學館。後北周自鄴徙洛陽，隋又自洛陽徙長安，因亂廢爲柱礎。至唐時收集石經，十不存一，僅十數段，置諸祕省。詳魏石經【注二十二】。後併十數段而亦失之。今之洛陽新出土者，則當年移徙喪棄之餘也。要之，《洛陽記》僅言漢石數，《水經注》僅言魏石數，《西征記》《伽藍記》言漢、魏，而均未言漢石崩毀數，且以三種字屬漢，再敘隸書，此皆漢、魏分數者也。北齊五十二枚，則併馮常廢毀、河陽淪没所餘之數，此又漢、魏併數者也。合而觀之，或於當時存毀之迹不甚相遠，固未可執一以求之者矣。並詳【注九】。

　　唐貞觀初，魏徵收集石經，十不存一。注三十。其殘石在洛陽者，唐時造防秋館穿地多得之。注三十一。宋嘉祐中，洛陽御史臺中得《尚書》《儀禮》《論語》數十段，長安得《公羊》一段，張燾家有十版，張氏壻家有五六版，王晋玉家有小塊，今皆不存。注三十二。近年在洛陽故城所得者，北京大學二石，吳興徐鴻寶四十四石，鄞馬衡十六石，固始吳寶煒二石，膠柯昌泗三石，閩陳承修二石，大興黄某一石，不知誰氏二石，共殘石七十二塊。注三十三。又北海圖書館二石，馬衡一石，柯昌泗十五石，上虞羅振玉五石，建德周進四石，武進陶祖光十五石，不知誰氏八石，又二百七十二石，共殘石三百二十二塊。注三十四。洛陽又新出殘石若干塊。注三十五。

【注三十】

《隋書·經籍志》：“貞觀初，秘書監臣魏徵始收聚之，十不存一。”詳【注三十六】。

案：此併一字、三字言①。《漢石經考異補正》云：“魏徵所收當是魏石經，即《汗簡敘》引韋述《西京記》所云魏徵參詳之三字石經。”不知隋開皇六年自洛陽徙長安，漢、魏石經俱在內，則此所收集者，自不止魏石經。

張氏《石經跋》：“貞觀稽古，止得石經數段，其傳於今者，亦可知其無幾矣。”

《漢隸字原》：“石經，漢熹平四年立，在西京。唐魏鄭公收聚之，十不存一。《尚書》存一百三十九字，《魯詩》存一百四十字，《儀禮》存一百四十一字，《公羊》存一百四十二字，《論語》存一百四十三字。”

《漢石經②考異補正》：“其記字數之多寡，洪氏之外，惟婁氏言之。洪有《尚書》五百四十七字，婁云‘一百三十九字’。洪有《魯詩》百七十三字，婁云‘一百四十字’。洪有《儀禮》共一百一字，婁云‘一百四十一字’。洪有《公羊》三百七十五字，婁云‘一百四十二字’。洪有《論語》九百七十二字，婁云‘一

---

① “三字言”下原衍“三字言”三字，據文意刪。
② “石經”上原衍“書”字。引文出瞿中溶《漢石經考異補正》卷二。

百四十三字'。内惟《儀禮》之字，婁多於洪。恐婁云'一百四
十一字'，實'一百一字'之譌也。而董廣川亦計《尚書》《論語》
字數，云'《尚書》二百三十六字，《論語》三百五十七字'，皆
不及洪氏所載之多矣。又宋胡宗愈亦嘗重刻漢石經於錦官西樓，
宇文紹奕跋之云：'合諸家所藏，得四千二百七十字有奇，鑱諸
石。'今合洪氏五種殘字計之，祇二千一百六十八字，是僅有胡
氏之半耳。"

【注三十一】

《尚書故實》："東都頃年創造防秋館，穿掘多得蔡邕鴻都學
所書石經，洛中人家往往有之。"

【注三十二】

《畫墁録》："嘉祐末，得石經二段於洛陽城，乃蔡邕隸書
《論語》。"

《泊宅編》："石經殘碑，在洛陽張景元家。案：張燾，字景元，
奎子，邠州人。魏石經近世猶存，五代湮滅殆盡。往年洛陽守因
閱營造司所棄碎石，識而收之，遂加意搜訪，凡得《尚書》《儀
禮》《論語》合數十段。又有《公羊》碑一段，在長安，皆殘闕已
甚。"《西谿叢語》同。

案：此以一字爲魏，所云魏石經即漢石經。

《廣川書跋》："趙綽曰：'唐造防秋館時，穿地多得石經，故
洛中人士逮今有之。'考當時所得，已是漢所遺没而得者。國初
開地，唐御史府得石經十餘石，此又唐末淪没之所出也。"劉氏

《石經考》：“此即嘉祐事。”案：趙綽，隋開皇時人。李綽，唐時人。此“趙綽”是“李綽”之誤。

又云：“洛陽昔得石經《尚書》段，殘破不屬，蓋《盤庚》《洪範》《無逸》《多士》《多方》，總二百三十六字。”

又云：“石經今廢不存，或自河南御史臺發地得之，蓋《論語》第一篇并第十四篇爲一碑，亡其半矣。其可識者，字二百七十。又自第十八篇至第二十篇爲一碑，破闕殘餘，得五之一，其存字爲三百五十七。”

案：此《論語》二碑，即《畫墁録》二段隸書《論語》。此又有《尚書》，《畫墁録》未載。

《東觀餘論》：“此石刻在洛陽，本在洛宫前御史臺中，年久摧散，洛人好事者時時得之。今張燾龍圖學家有十版，最多，張氏婿家有五六版，王晋玉家有小塊，洛中所有者止此。又有一版《公羊》，不知誰氏所得。”劉氏《石經考》：“據《天下碑録》，此亦在張奎龍圖家者。”

《聞見後録》：“近年洛陽張氏發地得石十數，漢蔡伯喈隸《尚書》《禮記》《論語》，各已壞闕，《論語》多可辨[1]。”劉氏《石經考》：“洛陽張氏當即《東觀餘論》所稱兩張家。”

《天下碑録》：“漢石經《尚書》《論語》《公羊》，在張奎龍圖家。”《漢石經考異補正》：“据《東觀餘論》，‘奎’當作‘燾’。”案：燾乃奎子，作“張奎”不誤。

孫承澤《庚子銷夏記》：“宋初開地，唐御史府得石經十餘

---

[1] “辨”，原誤作“辦”，據邵博《邵氏聞見後録》卷六改。

石。嘉祐中，居民治地得碎石，洗視，乃石經。"詳【注五十六】①。

《金石文字記》："據宋黃長睿《東觀餘論》云：'本在雒宮前御史臺中，年久摧散，雒中好事者時時得之。今張燾龍圖家有十版，張氏婿家有五六版，王晉玉家有小塊，予皆得其拓本。'邵伯溫《聞見後錄》言：'近年洛陽張氏發地，得石十數。'而董逌《廣川書跋》記《尚書》存二百三十六字，《論語》存三百七十五字。今此石已不知其何所歸。"

《隸辨》："《西谿叢語》云'石經湮滅殆盡。往年洛陽守因閱營造司所棄碎石，識而取之，凡得《尚書》《論語》《儀禮》合數十段'，則營造司在洛陽。《隋書·經籍志》所云用爲柱礎者，非載入長安後事，亦其誤也。《西谿叢語》又云'又有《公羊》碑一段，在長安'，此則載入長安之所遺耳。《廣川書跋》云'唐造防秋舘時，穿地多得石經，故洛中人士迄今有之'，此蓋出之唐時者。《廣川書跋》又云'國初開地，唐御史府得石經十餘石'，此又唐末淪没、出之宋初者也。《東觀餘論》云'漢石經在洛陽宮前御史臺中，年久摧散，洛人好事者時時得之。張燾龍圖家有十版，張氏婿家有五六版，王晉玉家有小塊'，此即宋初之所出，後復摧散也。《畫墁錄》云'嘉祐末，得石經二段於洛陽城，乃蔡邕隸書'，《邵氏聞見後錄》云'近年雒陽張氏發地，得石十數，漢蔡伯喈隸《尚書》《禮記》《論語》，俱已缺壞'，此又在御史府十餘石之外者也。凡所得石經殘碑，多在洛陽，隋之載入長安者，《公羊》碑一段而外，不聞更有所得。今此兩地之石已不

---

① "五十六"，原誤作"五十五"。引文出孫承澤《庚子銷夏記》卷五"蔡邕石經殘字"條，又見下【注五十六】。

知所在。"

《漢石經考異補正》："漢石經之流傳於宋世者，《畫墁録》言'嘉祐中，得《論語》石經二段於洛陽城'。而《廣川書跋》引李綽言'唐造防秋館時，穿地多得石經'，與韋絢《劉賓客嘉話録》同。又云：'國初開地，唐御史府得石經十餘石。'後又云：'洛陽昔得石經《尚書》，殘破不屬。或自河南御史臺發地得《論語》。'似《尚書》先出於唐時，《論語》後出於北宋嘉祐中。故董氏所記，於《論語》外，又有《尚書》。《東觀餘論》又載《尚書》《論語》異文，於《論語》下接云'此石刻在洛陽，本在洛宮前御史臺中，年久摧散，洛人好事者時時得之'，與董氏之言合。又云：'今張燾龍圖家有十版，最多，張氏婿家有五六版，王晋玉家有小塊，洛中所有者止此，予皆得其拓本。又有一版《公羊》，不知誰氏所得。'是黃伯思於《尚書》《論語》外，又得《公羊》。《西谿叢語》言：'往年洛陽守因閱營造司所棄碎石，識而取之，凡得《尚書》《論語》《儀禮》合數十段。又有《公羊傳》碑一段，在長安。'是姚氏所記，於《尚書》《論語》《公羊》外，又得《儀禮》。其所云'營造司所棄碎石'，與《隋志》'營造之司，用爲柱礎'之語合。其云'凡得《尚書》《論語》《儀禮》合數十段'，似營造司所棄之中亦有《論語》，并有《儀禮》矣。而《邵氏聞見後録》[1]乃云'近年洛陽張氏發地得石十數，《尚書》《禮記》《論語》，文已壞闕，《論語》多可辨'云云，則無《儀禮》而有《禮記》，恐《禮記》亦即《儀禮》之謿。《泊宅編》載方匋

---

[1] "邵氏聞見後録"，原誤作"邵氏聞見録"。引文出邵博《邵氏聞見後録》卷六，瞿中溶《漢石經考異補正》卷二即誤作"邵氏聞見録"。

云'石經殘碑，在洛陽張景元家'，其餘言與《西谿叢語》略同，亦止有《尚書》《儀禮》《論語》《公羊》四種，而皆不及《詩》。惟《金石錄》云所藏有《尚書》《公羊傳》《論語》及《詩》《儀禮》，則與洪氏《隸釋》所錄五種石經殘字正合。而婁氏《漢隸字原》所載，亦止有此五種也。"

又云："隋遷長安之時，漢石經必已多散亡於洛陽，故宋時漢石經多出於洛陽。"

章炳麟云："一字石經被徙以後，宋洛陽營造司所棄碎石及洛陽張氏發地所得，皆有一字石經數十段，是亦先散於洛陽者。"《新出三體石經考》。

案：宋時所得，《畫墁錄》"有《論語》二段"，《廣川書跋》"唐御史府得十餘石，有《尚書》段，又《論語》二碑"，河南御史臺得之，即《畫墁錄》所云"二段"。《泊宅編》"石經殘碑，在洛陽張景元家，洛陽守得《尚書》《儀禮》《論語》合數十段，長安得《公羊》碑一段"，是張氏家殘碑似即洛陽守所得者，亦即《廣川書跋》"御史府所得"者。《東觀餘論》"此石刻在洛陽，本在洛宮前御史臺中，年久摧散，兩張氏家、王晉玉有若干版"，則御史臺殘石摧散後歸張氏家可知，但較《畫墁錄》《廣川書跋》又增《儀禮》並長安所得《公羊》耳。或如《泊宅編》"加意搜訪"，其後又續得之。《東觀餘論》并言"洛中所有者止此"，是洛陽御史臺以外別無殘石也。《聞見後錄》"張氏發地得石十數"，《隸辨》以爲在御史府十餘石之外。果爾，則當時洛陽殘石有二，一在御史臺發地得之，一在張氏發地得之，而所得者同係十餘石，又同係《尚書》《儀

禮》《論語》，此必無之事。張氏即有所得，亦不過小塊碎石，
如《庚子銷夏記》所云也。

【注三十三】

馬氏《集拓新出漢魏石經殘字序》："中華民國十二年夏，余
與徐森玉鴻寶君相約遊洛，始知所出二石之外，尚有碎石甚夥。
辨其殘字，不盡三體，亦有漢石經焉。乃屬洛中友人郭玉唐君代
覓碎石，約得二百卣，與徐君分購之。案：此魏石經在內。十有七年
六月。"

案：《集拓新出漢魏石經殘字目》，其屬於漢石經者，以
某氏藏某石計之。北京大學《後記》二石，徐。徐氏名鴻寶，
吳興人。《周易》一石，《魯詩》七石，《儀禮》六石，《春秋》
十三石，《公羊》一石，《論語》三石，《後記》三石，不知
何經十石，共四十四石，馬。馬氏名衡，鄞人。《魯詩》四石，
《春秋》六石，《論語》二石，《後記》一石，不知何經三石，
共十六石，吳。吳氏名寶煒，固始人。《魯詩》一石，《春秋》一
石，共二石，柯。柯氏名昌泗，膠人。《儀禮》一石，《春秋》二
石，共三石，陳。陳氏名承修，閩人。《後記》一石，不知何經
一石，共二石，黃。黃某，大興人。《春秋》一石，不知誰氏
《公羊》二石。以上共七十二石。詳【注四十六】。

羅氏《漢熹平石經殘字集錄序》："歲辛酉，中州既出魏正
始石經。明年壬戌，與吳興徐君鴻寶、四明馬君衡約偕至洛陽，
觀漢太學遺址。已而予以事不果，乃語徐君：'正始石經與魏文
《典論》並列，石經既出，《典論》或有出土者，此行幸留意。'

徐君諾之。及抵洛，郵小石墨本，詢爲《典論》否。閱之，則漢石經《論語·堯曰》篇殘字也。亟迻書徐君，請更搜尋，遂得殘石十餘。此漢石經傳世之始。嗣乃歲有出土者，率歸徐、馬兩君。他人所得，不及少半也。”

【注三十四】

又《魯詩堂記》：“自辛酉歲熹平石經殘石出洛陽，先後得石數十，皆爲同好所有，予不能致隻字也。及今年秋，始從中州友人得殘石四，其一爲《儀禮》，三爲《魯詩》。《魯詩》之一石，文四行，首行存‘自我後藐藐’五字，次行①存‘皇皇且君且’五字，三行存‘句·生’二字。又一石，文二行，首行存‘因以其伯’四字，次行存‘篤公劉于’四字，皆《詩·大雅》文也。前一石第一行知爲《瞻卬》‘不自我後，藐藐昊天’句。次行初不知爲何，再三尋繹，始知爲《假樂》篇之‘穆穆皇皇，宜君宜王’。《毛詩》釋文：‘且君且王，一本且並作宜字。’《魯詩》作‘且’，與陸氏所見《毛詩》一本同也。後一石‘因以其伯’爲《韓奕》篇，次行則《公劉》也。今《毛詩》，《瞻卬》在《蕩之什》，《假樂》在《生民之什》，《韓奕》在《蕩之什》，《公劉》在《生民之什》。此則《瞻卬》在《假樂》之前，《公劉》在《韓奕》之後，是《魯詩》與《毛詩》篇次不合也。前一石‘句·生’二字，‘句’爲‘假樂四章章六句’之末一字，‘生’則‘生民之什’後題首一字。更數其行字之數，以《瞻卬》篇直接《假樂》，每行

---

① “次行”，原誤作“次首”，據羅振玉《魯詩堂記》改。

得七十字。《魯詩》行字本爲七十，知《假樂》《魯詩》在《生民之什》，不在《蕩之什》，且知《生民之什》，《假樂》爲末篇也。惟不知《韓奕》《公劉》在《生民之什》，抑在《蕩之什》耳。往歲讀趙氏《金石録・漢石經跋尾》，言漢石經篇第亦與今本有時小異，而不明指何經何篇，今觀此殘石，不僅足爲趙説左證，且爲治三家者所未知也。其他一石，則《小雅・正月》篇，文四行，僅存六七字，然‘憂心惇惇’作‘均’，亦《魯》《毛》異文。并三石計之，才二十餘言，而有裨經學如是。”

顧受佶《碩軒隨録・漢石經諸家藏石記》。案：此據羅氏《諸家藏石記》補。

北京大學，《後記》二。總二。

案：此見《集》《拓》《録》本。

北海圖書館，《後記》二。總二。

案：此見《集録》本。

吳興徐氏，《周易》一，《魯詩》六，《儀禮》五，《春秋》十二，《公羊傳》一，《論語》三，《後記》三，不知何經十一。總四十二。

案：此見《集》《拓》《録》本。

膠西柯氏，《周易》一，《儀禮》一，《春秋》十一，《論語》一，不知何經二。總十六。

案：此《儀禮》一見《集》《拓》《録》本，餘十五見《集録》本。其《春秋》二與《集拓》徐氏合。

四明馬氏，《魯詩》三，《儀禮》一，《春秋》六，《論語》二，《後記》一，不知何經三。總十六。

案：此見《集》《拓》《録》本。其《儀禮》一與陶氏合，見《集録》本《補遺》。

建德周氏，《儀禮》一，《春秋》二，不知何經一。總四。

案：此見《集録》本。周氏名進。

上虞羅氏，《魯詩》三，《儀禮》一，不知何經一。總五。

案：此見《集録》本並《補遺》。

武進陶氏，《周易》二，《魯詩》三，《儀禮》二，《春秋》四，《公羊傳》二，《論語》二。總十五。

案：此見《集録》本並《補遺》。其《儀禮》一與馬氏合。陶氏名祖光。

潢川吳氏，《魯詩》一，《春秋》一。總二。

案：此見《集》《拓》《録》本。

大興黃氏，《春秋》一。總一。

案：此見《集》《拓》《録》本。

閩中陳氏，《後記》一。總一。

案：此見《集》《拓》《録》本。

不知誰氏，《儀禮》一，《春秋》一，《公羊》二，《論語》一，《後記》一，不知何經二。總八。

案：此《公羊》二見《集》《拓》《録》本。羅氏云"此二石拓本係合肥孔憲廷所藏，曾假以景印"，今本即據此，而原石不知藏誰氏。其餘八見《集録》本。

又不知誰氏，《周易》四，《尚書》六，《魯詩》五十四，《儀禮》四，《春秋》七，《公羊傳》十三，《論語》十一，《序記》二。總一百有一。不知何經一百七十一。兩總二百七十二。

案：此一百有一石，見《集拓》本《續編》《三編》。其中有《周易》《魯詩》《公羊傳》《論語》四石，在《三編補遺》以後考出者。其不知何經，大半拓本粗劣，字迹不可辨，無從考其爲何語句者，羅氏未收。即北海圖書館與海甯趙氏所得拓本，詳【注四十八】。而原石不知藏誰氏。

又案：《集拓》本誰家藏石，《集録》本有合併者，有未收者，故得數不同。除同見《集》《拓》《録》本外，其爲《集拓》本未載只見《集録》本者，北海圖書館二石，馬氏一石，與陶氏合。柯氏十五石，內二石與《集拓》徐氏合。羅氏五石，周氏四石，內一石與《集拓》黃氏、徐氏合。陶氏十五石，內一石與馬氏合。不知誰氏八石，又一百一石，共一百五十一石。凡自有二石合者，以一石計。又不知誰氏、字迹不可辨者，一百七十一石。共三百二十二石。詳【注四十八】。

【注三十五】

羅氏《漢熹平石經殘字集録後序》："聞去歲洛陽所出殘石不下二百，陶君所贈及予所見墨本，才一斑耳。大要歸吳興徐氏、四明馬氏、潢川吳氏。此數君者，其傳古之志，必不後於人。必能如往歲之集拓，以楮墨延貞石之壽年。此不僅予之所望，海內人士，亦跂足拭目以俟之矣。"

天津《大公報·文學副刊》："去冬，民十七年。有人自中州來，云新出漢石經小塊甚多，現尚居奇待售。"第六十一期。

其拓本，唐初傳拓之本，猶在祕府。_{注三十六。}中宗以後，頗已散佚。_{注三十七。}開元中御府所藏者，有"開元"二字小印。_{注三十八。}宋時，董堯卿^①有洛陽拓本，_{注三十九。}黃伯思有洛中拓本，_{注四十。}趙明誠有《尚書》《公羊傳》《論語》《詩》《儀禮》遺字，_{注四十一。}胡宗愈有成都故家殘本，_{即鐫西樓底本。注四十二。}洪适有《魯詩》《尚書》《儀禮》《公羊》《論語》殘本，_{即鐫蓬萊閣底本。注四十三。}石熙明有拓本。_{即鐫越州底本，亦云即洪氏本。注四十四。}元時，吳萊有王魏公家拓本。_{注四十五。}近年洛陽出土殘石，有徐鴻寶諸家拓本，_{注四十六。}大興孫壯《集拓》本，_{注四十七。}羅振玉《集錄》雙鉤本。_{注四十八。}

【注三十六】

《隋書·經籍志》："貞觀初，祕書監臣魏徵始收聚之，十不存一。其相承傳拓之本，猶在祕府。一字石經《周易》一卷，一字石經《尚書》六卷，一字石經《魯詩》六卷，一字石經《儀禮》九卷，一字石經《春秋》一卷，一字石經《公羊傳》九卷，一字石經《論語》一卷。"

《泊宅編》："唐初，魏鄭公鳩集所餘，十不獲一。而傳拓之本，猶存祕府。當時一字石經存者，猶數十卷。"《西谿叢語》同。

---

① "董堯卿"，原誤作"鄧堯卿"。

案：據《隋志》，存者共三十三卷。

《四書考異》："董氏言前一碑'可識者二百七十字'，洪氏載有'四百六十'，後一碑'可識者三百五十七字'，洪氏載有'五百十一'。董氏所見，或非其初拓者乎？迨婁機著《漢隸字原》，則云存'一百四十三字'，與顧氏見二本相類，蓋又漸久而漸磨蝕矣。"

《漢石經考異補正》："漢石經拓本，今不可得。《舊唐書·經籍志》言：'王世充得隋書八千餘卷，浮河覆舟，其書盡亡。而諸石經所搨墨本，亦蕩無復存。'則《隋》《唐志》所載七經，蓋据舊籍言之，未必唐時搨本尚全。故《唐書·鍾傳傳》言：'嘗募求西京石經，厚賜以①金。揚州人至相語曰：千金易一筆，百金償一篇。'"

【注三十七】

《觀堂集林》："徐浩《古迹記》載：'中宗時，以内府真迹賜安樂公主、太平公主，下至宰相、駙馬等。自此内庫②真迹散入諸家。'《隋志》所録石經拓本之散佚，亦當在此時。"《魏石經考》四。

案：此係論魏石經，而漢石經拓本同在内府，自是一併散佚。並詳魏石經【注三十】。

---

① "以"，原誤作"一"，據瞿中溶《漢石經考異補正》卷二改。
② "内庫"，原誤作"府内"，據王國維《觀堂集林》卷二十"《魏石經考》四"改。

【注三十八】

《東觀餘論》："此一字者，開元中嘗藏拓本於御府，以'開元'二字小印印之，與法書名畫同藏。蓋唐世以前未録前代石刻，獨此見收，其可寶如此。"

黃潛云："漢石經自北齊徙鄴，隋復徙長安，至唐初已不啻亡其什九，而拓本猶存開元御府。由開元迄今案：潛，元延祐時進士。六百年 [①]，石之僅存者不可知，拓本之可見者，如是而已。"《經義考》引。

【注三十九】

《泊宅編》："吾友鄧人董 [②] 堯卿自洛陽持石經紙本歸，靳然寶之如金玉 [③]，而予又從而考之。"

【注四十】

《東觀餘論》："張燾龍圖家有十版，張氏壻家有五六版，王晉玉家有小塊，洛中所有者止此，予皆得其拓本。"

【注四十一】

《金石録》："石經遺字者，藏洛陽及長安人家，蓋靈帝熹平四年所立，其後屢經遷徙，故散落不存。今所有者纔數千字，皆土壤埋没之餘磨滅而僅存者爾。《洛陽記》所載，有《尚書》《周

---

① "六百年"，原誤作"六十年"，據朱彝尊《經義考》卷二百八十七"漢一字石經"條引黃潛語改。
② "人董"二字原脱，據方勺《泊宅編》卷上引方匋《石經跋尾》補。
③ "金玉"，原誤作"金石"，據方勺《泊宅編》卷上引方匋《石經跋尾》改。

易》《公羊傳》《論語》《禮記》，今余所藏遺字，有《尚書》《公羊傳》《論語》，又有《詩》《儀禮》，然則當時所立，又不止六經矣。”

【注四十二】

胡宗愈《重刻石經遺文跋》：“茲來少城，得墜刻於一二故家，雖閒斷不齊，殘圭石壁，亦可寶也。”

宇文紹奕又跋：“内翰胡公，常歎石經隸畫最古，旁搜博訪，合諸家所藏，得蔡中郎石經四千二百七十字有奇。”

曾宏父《石刻鋪叙》：“漢石經，好古者所藏僅十數葉。”詳【注四十八】。

案：西蜀僻遠，自無多至四千餘字之殘石，是西樓刻底本，得之故家所藏者，非殘石，爲拓本無疑，觀《石刻鋪叙》可見。

【注四十三】

《隸釋》：“石經《尚書》殘碑，《盤庚》篇百七十二字，《高宗肜日》篇十五字，《牧誓》篇二十四字，《洪範》篇百八字，《多士》篇四十四字，《無逸》篇百三字，《君奭》篇十一字，《多方》篇五字，《立政》篇五十六字，《顧命》篇十七字，合五百四十七字。石經《魯詩》殘碑，百七十三字，《魏》《唐》國風數篇之文。石經《儀禮》殘碑，四十五字，皆《大射儀》之文。又石經《儀禮》殘碑一段，八行，《聘禮》之文。一段，十行，《士虞禮》之文。石經《公羊》殘碑，三百七十五字，自隱公四年至威公元年及哀公十四年之文。石經《論語》殘碑，九百七十一字，前四篇、後四篇之文。"

無名氏《寶刻類編》："蔡邕石經遺字。小字八分書，熹平四年立，洛、越。"

案："洛"，當即趙氏遺字。詳【注四十】。"越"，當即此洪氏遺字。

《金石林時地考》："陝西，漢①，鴻都門隸書石經殘碑。熹平四年，蔡邕隸。石經《尚書》，石經《魯詩》，石經《儀禮》，石經《春秋公羊傳》，石經《論語》。"

案：此《尚書》《魯詩》《儀禮》《公羊》《論語》與洪氏所得殘本合，當即據洪氏本。

《蘇齋題跋》："黃伯思見《尚書》二百三十六字，董逌見《論語》第一至第十四一石，二百七十八字，十八至二十一石，三百十七字，二書所舉與今本異者，蓋即洪所見之本。"

案：北宋末南渡初，熹平殘石在張氏家者，有《尚書》《儀禮》《論語》《公羊》。黃氏拓本，即張氏殘石本。趙氏所得遺字，有《尚書》《公羊》《論語》《詩》《儀禮》，多一《詩》。洪氏所有，亦係《尚書》《魯詩》《儀禮》《公羊》《論語》，但未言明殘石，抑是拓本。張氏殘石在洛陽，洪氏在南渡乾道時。玩《隸釋》"京雒雍鬲""所得千九百餘字"云云，其會稽刻底本似非殘石，或即得之黃、趙諸家原拓本，黃，政和時人，趙《金石錄》，南渡初成，均在洪前。或別有其他拓本。

---

① "漢"下原衍"石經"二字，據趙均《金石林時地考》卷下刪。

如董堯卿[1]自洛陽持石經紙本歸事。惟胡宗愈知成都重修石經在哲宗初年，洪氏距胡氏後七十年，會稽之刻，較胡氏少二千餘字，是其蒐集所得，不及成都故家藏本，且於胡氏刻本，似亦未見，何也？

【注四十四】

《蘇齋題跋》："越州石氏刻帖之目，見於《寶刻叢編》，漢石經在焉。其摹刻歲月雖不可考，大約與洪氏蓬萊之刻，其時當不相遠，又適皆在越州，則恐即是洪氏之本耳。"

案：石氏底本無可考，姑據翁氏說。

又案：靖江王府本亦無可考，諸家未見述及者，茲故未錄。

【注四十五】

吳萊[2]《存心堂遺集》："陳彥理有漢一字石經，云是王魏公家故物，予得其六紙。蓋石文剝落者大半，紙尾猶存'蔡邕''馬日磾'字。"

【注四十六】

《碩軒隨錄》："近年洛陽出土漢石經殘石，徐氏所得最多，不自矜惜，頗以拓本公諸同好。其餘諸家，亦往往見有拓本。北

---

① "董堯卿"，原誤作"鄧堯卿"。
② "吳萊"，原誤作"吳箂"。吳萊，字立夫，元延祐時人，撰《存心堂遺集》十二卷。

京大學、北海圖書館所得《後記》各二石，不輕搨。近羅氏得武進陶氏自中州寄《魯詩》《儀禮》《公羊傳》拓本七紙。又得海甯趙氏寄拓本二百七十二紙，惜氈墨粗劣，字迹多不可辨，其明晰可考者，僅數十紙。又得閩陳氏寄《周易》表裏書二紙四百餘字，乃近日出土殘石之最巨者。此皆諸家拓本之散見者也。"

【注四十七】

馬氏《集拓新出漢魏石經殘字序》："十六年，孫伯恒壯君議，集拓余與徐君所藏石，而益以諸家之所藏，茲編共得八家。北京大學研究所國學門二石，計一百五十九字。吳興徐氏九十八石，計三百三十六字。鄞馬氏九十石，計三百六十七字。潢川吳氏三石，計十七字。膠柯氏五石，計二十字。閩陳氏四石，計十四字。江夏黃氏十石，計五十三字。尚有《公羊》二石，不知藏誰氏，計一百三十二字。都計得一千零九十八字。"

案：此併計漢魏石數、字數，其屬於漢者，詳下《殘字目》。並詳【注三十三】。

又《集拓新出漢魏石經殘字目》。案：此《集拓》本祇拓三十本，不易得，茲詳錄如次。

漢石經

《周易》一石。

"初九 / 不 /"三字。不知何卦。徐。

案：《集錄》本作《蒙》《需》《訟》三卦。

《魯詩》十二石。

"之杜 / 不佽 / 黍父 /"六字。《唐風·杕杜》《鴇羽》。徐。

"常其□鴇羽"五字。《唐風·鴇羽》。徐。

案：《集録》本合以上二石爲一石，"鴇"作"鵯"。

"陽／弴／夫謂／赫南仲／"七字。《小雅·采薇》《出車》。馬。

"具／瘁以／"三字。《小雅·四月》。馬。

"葉／一惟女／遄命于下／章章六句／"十二字。《商頌·長發》《殷武》。吳。

"□優／二章／·有／奔／"六字。不知何篇。徐。

案：《集録》本合《春秋》"奔"字爲一石。

"一／四／一／"三字。不知何篇。馬。

案：《集録》本未收。

"壽無疆／章齊／"五字。校記。徐。

"言□／韓言／"四字。校記。徐。

"章／韓言／"三字。校記。徐。

"韓言／事齊言王／齊言□／"九字。校記。徐。

"爲三／葙·曾／韓言／"六字。校記。馬。

《儀禮》七石。

"爵而後／卒／"四字。不知何篇。徐。

"降／□／"二字。不知何篇。徐。

案：《集録》本未收。

"遂／後首／醮／"四字。《大射儀》。徐。

案：《集録》本作《鄉飲酒禮》。

"卒爵／拜送／"四字。不知何篇。徐。

案：《集録》本作《有司徹》。

"祭□／升當／"四字。不知何篇。徐。

案：《集録》本作《鄉射禮》，"當"字作"堂"字。

"拜／賓／"二字。不知何篇。徐。

"西階／賓皆／"四字。不知何篇。柯。

案：《集録》本作《鄉射禮》。

《春秋》廿三石。

"築王／夫人姜／"五字。莊元年、二年。徐。

"桓公命王／溺會／"六字。莊元年、三年。馬。

"鄟／七月戊／年／"五字。莊十九年至二十三年。徐。

"如齊／如齊／朔／"五字。莊二十三年至二十五年。徐。

"梁丘／子來／"四字。莊三十二年、閔元年。馬。

"公／克殺／十有二／"六字。僖九年至十二年。徐。

案：《集録》本合"及其"五字爲一石。

"日有食／十有四／衛侯鄭／人伐曹／卒秋／二月／有／廿／"十八字。僖十二年至廿年。馬。

"射姑出／會諸／"五字。文六年、七年。黃。

"夫盟／戍奔／"四字。文七年、八年。柯。

案：《集録》本合以上二石又"晋復大夫"四字、"于筦"二字爲一石。

"人／己丑／"三字。文十二年、十三年。徐。

"丑／趙盾／"三字。文十三年、十四年。此與上一石相合。柯。

案：《集録》本合以上二石又"有眘"六字爲一石。兩"丑"字合一字。

"六年／會夏／頃／"五字。宣六年、八年。徐。

"公／杞伯／滕子薛／之率師侵／子光筥子／士彭／"十六

字。襄九年至十二年。徐。

"丘來／"二字。襄廿一年。徐。

案：《集録》本合"漆間"二字爲一石。

"晋秋／于大辰楚／殺其君／廿有一年／"十三字。昭十六年至廿一年。此與僖十二年"日有食"一石爲表裏。馬。

"辛卯／胡子滕／至自／"七字。定三年、四年。徐。

"敗吳／城／"三字。定十四年。馬。

"吳／春城／"三字。哀四年、五年。吳。

"月"字。不知何篇。徐。

案：《集録》本未收。

"晋／仲／"二字。不知何篇。徐。

"單"字。不知何篇。徐。

案：《集録》本作"冬單"，合"執單"二字爲一石。

"蔡"字。不知何篇。馬。

案：《集録》本未收。

"奔"字。不知何篇。徐。

案：《集録》本合《魯詩》"奔"字爲一石。

《公羊》三石。

"累／之甚欲立其／正而立不正廢長而／息可謂不食其言矣里／矣又將寡人之圖爲爾／也文公之享國也短美／下無方伯天下諸矦／之邑也此邑也其言／者曷爲者也季氏之／言賣石紀聞聞其聲／"七十三字。僖公十年至十六年。

"爲使我歸之峯之戰／子何元年春王正月正也／以書録伯姬也·十／天子之三公也王者無／謂之仲嬰齊爲兄後也／仲惠伯傅

子赤者／宣公宣公死成公／君薨家／"五十九字。成公八年至十五年。此與上一石爲表裏。

案：此二石即羅氏云孔憲廷藏拓本。詳【注三十三】。

"顏氏"二字。校記。徐。

《論語》五石。

"·子／·子／志不／"四字。《里仁》。馬。

"死子曰"三字。《先進》。馬。

"去乎／不朝孔／孔子過／"八字。《微子》。徐。

"吾聞／甚也／大者／"六字。《子張》。徐。

"繼絶世／費勞而／亦泰而／司·凡／"十一字。《堯曰》。徐。

《後記》七石。

"即乾／實則虛□／與五經博士／字摩滅解落霑脱／章言考覆紛紛家殊人／學猾吏以人事相陰陽或競／舊聞留心稽古汲汲祕觀校序文／石雜與光禄勳劉寬五官中郎將堂谿／實無相奪論願下大司／"七十五字。研。

"□舍人傅彌易梁／施氏郎中孫進尚書小夏侯郎／雜考合異同各隨家法是正□／患苦賴蒙／藝孜孜匪懈令問不已虘化萬／因緣生姦無以防絶每徵／學官選守職畏事百石／稽古以大學久廢／年六月三府／士卒皆出／□□／"八十四字。此與上一石爲表裏。研。

"雜／弗／"二字。徐。

"□／以／𡝭／"三字。徐。

案：《集録》本合不知何經"□"疑"考"字爲一石。

"□／闇於／論／"四字。馬。

"訢訢／大夏／時／"五字。陳。

“□／陳懿郎／”四字。徐。

不知何經十四石。

“大叔／曜／”三字。馬。

“郵”字。馬。

“子□／之／”三字。此與上一石爲表裏。馬。

“□／陽湦陽／”四字。陳。

　　案：以上三石《集録》本未收。

“勘／齊／之／”三字。疑《公羊》。徐。

“俟／及／”二字。徐。

“□／□／”二字。左一字疑“考”字。徐。

　　案：《集録》本合《後記》“以壽”二字爲一石。

“立”字。徐。

“室”字。徐。

“弓”字。徐。

“而”字。徐。

“君”字。徐。

“六”字。徐。

“□”字。疑“月”字。徐。

　　案：以上七石《集録》本未收。

【注四十八】

　　羅氏《漢熹平石經殘字集録序》：“歲戊辰，閩中陳君承修謀合諸家所藏薈拓以傳之。尋以事至江南，乃屬其友大興孫君壯成其事，所謂《漢魏石經集拓》，而由馬君爲之編次者也。其中漢石經得七十二石。予居遼次年，山居多暇，乃就七十二石中本爲一石而離析者併之，僅存一字無可附麗者去之，得石五十二，益以巾笥所藏在《集拓》外者，命兒子福葆、福頤句勒以傳之。予手定其目，加以考證，爲《集録》一卷。"

又《漢熹平石經殘字集録》。案：《集録》本雖屬鉤勒，其所據係原石搨本，且蒐集甚富，考證亦詳，茲併録之。

《周易》四石，五十一字。案：除《集拓》本一石外，多三石。

"臨吉无咎䷓觀"，敦———————。

"用獄初九屨校"，利——也————— 滅趾无咎。

"舉而徒六二賁其"，舍車————— 須。

"貞凶六三剥无咎"，蔑————— 之——。

右《臨》《觀》《噬嗑》《賁》《剥》五卦。合今本校讀，首行、三行均七十三字，次行七十四字。案：羅氏云"陶"。

"六"，初一 發蒙。

"初九"，—— 需于郊。

"□不"，利見大人— 利涉大川。

右《蒙》《需》《訟》三卦。合今本校讀，首行七十三字，次行七十四字。案：《集拓》本"徐"。

"□□則各從"，本乎地者親下——— 其類也。

"□天上治也元"，飛龍在————— 龍有悔。

"極乾元用九"，與時偕—————。

"平也君子以"，天下————— 成德爲行。

"不在天下不"，上————— 在田。

右《文言傳》。合今本校讀，首行七十二字，次行六十九字，三行七十三字，四行七十四字。案：羅氏云"陶"。

"受之以"，故———旅。

"之故受"，有其信者必行———之以小過。

右《序卦》。合今本校讀，首行七十三字。案：羅氏云"柯"。

《魯詩》七石，五十二字。校記六石，廿九字。案：除《集拓》本十石外，多三石。

"之杜"，有杕——其葉湑湑。

"不伙"，胡——焉杕杜二章。

"黍父"，不能藝稷——母何怙。

"常其□鴇羽"，曷其有———三章。

右《唐風·杕杜》《鴇羽》。此石今析爲三，兹合并之。合《毛詩》校讀，首行七十字，次行及三行均七十二字。案：《集拓》本均"徐"。

"陽"，歲亦—止。

"弨"，象—魚服。

"夫謂"，召彼僕——之載矣。

"_赫南仲"，赫———。

右《小雅·采薇》《出車》。合《毛詩》校讀，首行七十三字，次行、三行均七十二字。案：《集拓》本"馬"。

"□忉念"①，憂心惇惇②—我無禄。

"□之訛"，民——言。

"不我克"，如———。

---

① "念"小字，原誤作大字，據羅振玉《漢熹平石經殘字集録》改。
② "心"下原脱一"惇"字，據羅振玉《漢熹平石經殘字集録》補。

"將伯"，——助予。

右《小雅·正月》。合《毛詩》校讀，首行七十二字，次行、三行均七十三字。案：此羅氏新得殘石。

"□具"，百卉—腓。

"瘁以"，盡——仕。

右《小雅·四月》。合《毛詩》校讀，首行七十二字。案：《集拓》本"馬"。

"自我後褎褎"，不—————昊天。

"皇皇^①且君且"，穆穆——宜—宜—。

"□句·生"，假樂四章章^②六—·—民之什。

右《大雅·瞻卬》《假樂》。案：《毛詩》《假樂》在《生民之什》，《瞻卬》則在《蕩之什》，石經則《瞻卬》在前，與《毛》不同。此刻第三行"句·生"，"句"乃"假樂四章章六句"末一字，"生"乃"生民之什"首一字，以是知《魯詩》《瞻卬》亦在《生民之什》，下接《假樂》，《假樂》即《生民之什》之末篇也。以《假樂》直接《瞻卬》，合《毛詩》校讀，首二行均七十字，可爲確證。案：此羅氏新得殘石。

"國因以其伯"，奄受北————。

"□—篤公劉于"，————胥斯原。

右《大雅·韓奕》《公劉》。案：《毛詩》《韓奕》在《蕩之什》，《公劉》在《生民之什》，石經則《韓奕》在前，《公劉》在後。今以《公劉》接《韓奕》，計其行字，首行正七十字。案：此

---

① "皇"大字原脫，據羅振玉《漢熹平石經殘字集録》補。
② "四"下原脫一"章"字，據羅振玉《漢熹平石經殘字集録》補。

羅氏新得殘石。

　　"□葉"，昔在中一 。

　　"□—惟女"，維— 荆楚。

　　"遑^① 命于下"，不敢怠————— 國。

　　"章章□句"，殷武六章三——六一 。

　　右《商頌·長發》《殷武》。合《毛詩》校讀，行均七十字。案：《集拓》本"吳"。

　　"言優"。

　　"二章"。

　　"·有"。

　　"奔"。

　　右《魯詩》校記。"奔"字上半已離析，今合之。案：《集拓》本均"徐"。

　　"壽無疆"。

　　"□章齊"。

　　右校記二。案：《集拓》本"徐"。

　　"言"。

　　"韓言"。

　　右校記三。案：《集拓》本"徐"。

　　"□□章"。

　　"韓言"。

　　右校記四。案：《集拓》本"徐"。

────────────

① "遑"小字，原誤作大字，據羅振玉《漢熹平石經殘字集録》改。

"□韓言"。

"事齊言王"。

"□齊言"。

右校記五。案：《集拓》本"徐"。

"爲三"。

"萪①曾"。

"韓言"。

右校記六。案：《集拓》本"馬"。

《儀禮》九石，五十字。案：除②《集拓》本六石外，多三石。

"祭工"，使人相——飲。

"升堂"，盡階不——。

右《鄉飲酒禮》。合今本校讀，首行七十三字。案：《集拓》本"徐"。

"遂拜"，坐奠觶——執觶興。

"後首"，——挎越内弦右手相。

"醢"，薦脯—。

右《鄉飲酒禮》。合今本校讀，首行七十四字，次行七十三字。案：《集拓》本"徐"。

"西階"，降自——以東。

"賓皆"，大夫及衆——説屨升堂。

右《鄉射禮》。合今本校讀，首行七十字。案：《集拓》本"柯"。

"席坐奠"，降———爵。

---

① "萪"，原誤作"箱"，據羅振玉《漢熹平石經殘字集録》改。

② "除"，原誤作"徐"，據文意改。

“□匪”，賓坐奠觚于——。

右《燕禮》。合今本校讀，首行七十四字。案：羅氏云“周”。

“以東”，——醢醢昌本。

“俎其西”，黍當牛———稷。

“束牛飲”，豕以———酒實于觶[1]。

“醢上豆”，以辯擩于———之間祭。

右《公食大夫禮》。合今本校讀，首行七十四字，次行七十五字，三行七十四字。案：羅氏云“不知誰氏”。

“□□者”，祝前哭—皆從。

“畢賓出・死三日而”，告事———————殯。

“之饗・明日以其胖”，哀子某圭爲而哀薦——————班祔。

“□某甫饗期而小”，以隋祔爾孫——尚————祥。

右《士虞禮》。合今本校讀，首行七十二字，次行七十五字，三行七十三字。案：此羅氏新得殘石。

“卒爵”，坐祭遂飲——拜。

“皆拜送”，舉觶者———。

右《有司徹》。合今本校讀，首行七十三字。案：諸經行字皆橫直相當，此二行則橫列頗參差，“皆”字下半當“卒”字上半，“拜”字在“卒爵”二字閒，“送”字當“爵”字下半及下一字上半，知諸經中閒有行列參差者也。案：《集拓》本“徐”。

“爵而後”。

---

[1] “束牛飲豕以— — —酒實于觶”十二字原脫，據羅振玉《漢熹平石經殘字集錄》補。

"口卒"。

右不知何篇。案：《集拓》本"徐"。

"拜"。

"賓"。

右不知何篇。案：《集拓》本"徐"。

《公羊春秋經》三十二石，二百四十六字。案：除《集拓》本十八石外，多十四石，內五石與《集拓》本合。

"人遜于"，三月夫———齊。

"口月"，秋七一。

右莊公元年、二年。合今本校讀，首行七十一字。案：羅氏云"不知誰氏"。

"築王"，——姬之館于外。

"夫人姜"，————氏會齊侯于郜。

右莊公元年、二年。合今本校讀，首行七十一字。案：《集拓》本"徐"。

"桓公命"，王使榮叔來錫———。

"口溺會"，三年春王正月——齊師伐衛。

右莊公元年至三年。合今本校讀，首行七十字。案：《集拓》本"馬"。

"口郵"，公子結媵陳人之婦于一。

"七月戊"，———戊夫人姜氏薨。

"口年"，二十有三一。

右莊公十九年至廿三年。合今本校讀，行七十字。案：《集拓》本"徐"。

"如齊",公——觀社。

"如齊",公——逆女。

"朔",六月辛未一。

右莊公廿三年至廿五年。合今本校讀,行七十字。案:《集拓》本"徐"。

"延厥夏鄭□□許",新————人侵一。

"魯濟齊人□□戎",公及齊侯遇于————伐山一。

"□月癸亥□□于",八———公薨一路寢。

"□□□月",二年春王正一。

右莊公廿九年至閔公二年。合今本校讀,首行七十一字,次行、三行均七十字。此石今離爲二,兹併之。案:羅氏云均"柯"。

"年春王",三十———正月。

"于蘽①六月",築臺一薛——。

"□·元年",狄伐邢——。

"□月夫",九——人姜氏遜于邾婁。

右莊公卅年至閔公二年。合今本校讀,行均七十字。案:羅氏云"柯"。

"梁丘",宋公齊侯遇于——。

"子來",季——歸。

右莊公卅二年至閔公元年。合今本校讀,首行七十字。案:《集拓》本"馬"。

"齊侯盟于",公及————洛姑。

---

① "蘽",原誤作"蘽",據羅振玉《漢熹平石經殘字集録》改。

"□衛鄭"，狄入——棄其師。

右閔公元年、二年。合今本校讀，首行七十一字。案：羅氏云"柯"。

"□公□□□子衛"，公會宰周—齊侯宋——侯。

"克殺□□□及其"，晋里—弑其君卓子——大夫苟息。

"十有二□春王三"，———年———月庚午。

右僖公九年至十二年。合今本校讀，首行、次行均七十二字。此石今離爲二，玆併之。案："公克殺"六字，《集拓》本"徐"。"子衛"七字，羅氏云"柯"。

"□□□日有食"，春王三月庚午——之。

"□□·①十有四"，公子友如齊———年。

"□衛侯鄭"，公會齊侯宋公陳侯———伯。

"人伐曹"，冬宋———。

"卒秋"，鄭季姬——七月。

"二月"，冬十有——乙亥。

"有"，十一九年。

"廿"，二十年。

右僖公十二年至廿年。合今本校讀，前五行均七十字，第六、七行均七十一字。案：《集拓》本"馬"。

"其"，晋殺—大夫陽處父。

"狄侵"，——我西鄙。

"戎"，父子遂會伊雒氏盟于一。

---

① "·"，原作一字空格，據羅振玉《漢熹平石經殘字集録》補。

右文公六年、七年。合今本校讀，首行七十二字，次行七十一字。案：羅氏云"柯"。

"射姑出"，晋狐———奔狄。

"□會諸□晋□夫盟于"，公——侯—大———扈。

"□□□至復□戌奔筥"，公孫敖如京師不——丙——莒。

"□□□大夫"。

右文公六年至九年。合今本校讀，首二行七十一字，三行七十字。此石今析爲四，兹併爲一。案："射姑出"五字又"夫盟"四字，《集拓》本"黃""徐"。"晋復"四字又"于筥"二字，羅氏云均"周"。

"有□□□□□□人"，十一二月戊午晋人秦—戰於河曲。

"沓狄侵□□□□己丑"，衛侯會于———衛十有二月——。

"侯鄭伯□□□□趙盾"，衛———許男曹伯晋——。

右文公十二年至十四年。合今本校讀，首行六十八字，次行七十字。此石今離爲三，兹連合之。案："人己丑"又"丑趙盾"六字，《集拓》本"徐""柯"。"有沓"六字，羅氏云"陶"。

"冬單□□□□執單"，——伯如齊齊人——伯。

右文公十四年。案："冬單"二字，《集拓》本"徐"。"執單"二字，羅氏云"不知誰氏"。

"□年"，六一。

"□會夏"，公至自——六月。

"頃"，葬我小君—熊。

右宣公六年至八年。合今本校讀，首行六十九字，次行七十字。案：《集拓》本"徐"。

"□□絰卒"，鄭伯堅一。

"□□有一"，秋大水冬十一——月。

"□郏婁"，"夏六月——子來朝"。

"□又食"，鼷鼠——其角。

"□冬大"，吳人州來——雩。

"□天子使"，秋七月———召伯錫公命。

"衛侯鄭伯"，宋公————曹伯。

"公子嬰齊率"，楚————帥師伐莒。

"齊人來媵"，————丙午晉侯獳卒。

"夏公會晉侯"，————衛侯于沙澤。

右成公四年至十二年。合今本校讀，行均七十字，惟第五行七十一字。案：羅氏云"陶"。

"卒于師秋"，曹伯廬————七月。

"十月庚寅"，冬————。

"月宋公固"，夏六————卒。

"子鱄郏婁"，鄭公————人會吳于鍾離。

"于鄢陵楚"，戰————子鄭師敗績。

"父舍之于"，"晉人執季孫行———— 招丘。

"宋公衛"，晉侯齊侯——— 侯曹伯。

"公至"，—— 自伐鄭。

"州滿齊"，晉弒其君— 蒲— 殺其大夫國佐。

右成公十三年至十八年。在前石之陰，文相銜接。合今本校讀，行均七十字，惟次行七十四字，七行七十一字。案：羅氏云"陶"。

"□□□公"，冬一 會晉侯宋公衛侯。

"□□杞伯"，薛伯—— 小邾婁子。

"□滕子薛"，齊世子光——— 伯。

"之率師侵"，鄭公孫舍— 帥—— 宋。

"子光筥子"，齊世—— 莒— 邾婁子滕子。

"□士彭"，夏晉侯使—— 來聘。

右襄公九年至十二年。合今本校讀，首行六十九字，次行以下均七十字。案：《集拓》本"徐"。

"□小"，杞人一 邾婁人會吳于向。

"己亥"，二月—— 及向戌盟于劉。

右襄公十四年、十五年。合今本校讀，首行七十字。案：羅氏云"柯"。

"辰朔"，十月丙—— 。

"晉侯□侯宋"，公會—— 齊—— 公衛侯鄭伯。

右襄公廿年。合今本校讀，首行七十字。石離爲二，今併之。案：羅氏云均"柯"。

"漆閭丘來"，邾婁庶其以————奔。

右襄公廿一年。石離爲二，今併之。案："丘來"二字，《集拓》本"徐"。"漆閭"二字，羅氏云"柯"。

"叔孫豹"，——— 帥師救魯。

"之既齊"，日有食——— 崔杼帥師伐莒。

"奔楚叔"，陳鍼宜咎出——— 孫豹如京師。

"子鄭公"，壬—— 孫舍之帥師入陳。

"月辛卯"，二——— 。

"寧卒于"，許男———楚。

"之弟鱄"，衛侯———出奔晋。

"有一月"，十———。

"公孫□萬曹"，——段—人莒人邾婁人。

右襄公廿三年至廿九年。合今本校讀，前五行均七十字，第六行六十八字，七、八行亦七十字。案：羅氏云"陶"。

"□晋秋"，公至自——八月。

"于大辰楚"，有星孛————人及吳戰于長岸。

"□□殺其君"，許世子止弑——買。

"□•廿有一年"，二十———蔡侯廬卒。

右昭公十六年至廿一年。合今本校讀，前三行均七十字。案：《集拓》本"馬"。

"辛卯"，三月——。

"胡子滕"，———子薛伯。

"□至自"，秋七月公——會。

右定公三年、四年。合今本校讀，首行七十一字。案：《集拓》本"徐"。

"敗吳"，五月於越——于醉李。

"□城"，—莒父及霄。

右定公十四年。合今本校讀，首行七十一字。案：《集拓》本"馬"。

"□吳"，蔡公孫辰出奔—。

"春城"，——比。

右哀公四年、五年。合今本校讀，首行七十一字。案：《集拓》

本"吳"。

"酉齊"，秋七月癸—— 處臼卒。

右哀公五年。案：羅氏云"柯"。

"晋"。

"齊"。

右不知何公。案：羅氏云"周"。

"公"。

"秋"。

右不知何公。案：羅氏云"柯"。

"年"。

"四年"。

右不知何公。案：羅氏云"柯"。

"晋"。

"仲"。

右不知何公。案：《集拓》本"徐"。

《公羊傳》二石，百廿二字。校記一石，二字。案:《集拓》本"三石"。

"□□累"。

"□之甚欲立其"。

"正而立不正廢長而"。

"息可謂不食其言矣·里"。

"矣又將寡人之圖爲爾"。

"也文公之亨國也短美"。

"□下無方伯天下諸侯"。

“□□邑也□邑也其言”。

“□□□爲者也季氏之”。

“□言石霣石記聞聞其”。

右僖公十年至十六年。合今本校讀，首行七十六字，次行七十四字，三、四行均七十三字，五行七十五字，六行七十四字，七行百四十一字，八、九行均七十三字。案：《集拓》本“不知誰氏”。

“□爲使我歸之鞌之戰”。

“子何元年春王正月也”。

“以書録伯姬也·十”。

“天子之三公也王者無”。

“謂之仲嬰齊爲兄後也”。

“仲惠伯傳子赤者”。

“宣公宣公死成公”。

“□君薨家”。

右成公八年至十五年。在前石之陰。合今本校讀，行均七十一字，惟第三、四行各七十字，與前石字數不同。案：《集拓》本“不知誰氏”。

“顏氏”。

右校記。案：《集拓》本“徐”。

《論語》八石，四十字。校記一石，七字。案：除《集拓》本五石外，多四石。

“·子”①，一曰君子懷德。

---

① “子”大字原誤作小字，據羅振玉《漢熹平石經殘字集録》改。

“·子”，一曰參乎。

“志不”，見———從。

右《里仁》。合今本校讀，首行七十二字，次行七十四字。

案：《集拓》本“馬”。

“死子曰”，顔淵———噫。

“□我”，非—也。

右《先進》。合今本校讀，首行七十四字。案：《集拓》本“馬”。

“□三年之”，夫———喪。

“亂小人有”，君子有勇而無義爲————勇而無義爲暴。

“子曰唯女”，————子與小人。

右《陽貨》。合今本校讀，首行七十四字，次行七十七字。

案：羅氏云“柯”。

“□去”，子未可以—乎。

“不朝”，三日——。

“孔子過”，———之。

右《微子》。合今本校讀，首行七十四字，次行、三行七十

三字。案：《集拓》本“徐”。

“方叔”，鼓——入於河。

“隨季”，季——騧。

右《微子》。合今本校讀，首行七十四字[①]。案：羅氏云“陶”。

“□聞”，吾—諸夫子。

“甚也”，不如是之——。

[①] “字”下原衍“次行三行七十三字”八字，據羅振玉《漢熹平石經殘字集錄》刪。

"大者"，賢者識其——。

右《子張》。合今本校讀，首行七十六字，次行七十八字，三行七十三字。案：《集拓》本"徐"。

"繼絕"，——世。

"費勞而"，惠而不———不怨。

"亦泰而"，斯不———不驕乎。

"司·凡"，謂之有——。

右《堯曰》。合今本校讀，首行七十三字，次行七十五字，三行七十四字。案：《集拓》本"徐"。

"有乎孔子"。

右不知何篇。案：羅氏云"不知誰氏"。

"口凡二"。

"言黑·"。

"且在封"。

右校記。疑《季氏》篇之末，"凡二"以上乃經文，此下隔一行書校記，末行"且在封"乃"且有邦域之中矣"之殘字。案：羅氏云"陶"。

不知何經八石，十四字。案：除《集拓》本三石外，多五石。

"大"。

"叔"。

"哇"。

右一。案：《集拓》本"馬"。

"書"。

"門"。

“□公”。

右二。案：羅氏云“不知誰氏”。

“之”。

“□”。

“公”。

右三。案：羅氏云“柯”。

“鬲□”。

“齊”。

“之”。

右四。案：《集拓》本“徐”。

“侯”。

“□及”。

右五。案：《集拓》本“徐”。

“・名”。

“皆”。

右六。案：羅氏云“不知誰氏”。

“尚”。

“□攵”。

右七。案：羅氏云“周”。

“辠”。

“□刂”[①]。

右八。案：羅氏云“柯”。

① “□刂”，原誤作“刂”，據羅振玉《漢熹平石經殘字集録》改。

《序記》十石，三百有四字。案：除《集拓》本七石外，多三石。

"□□□□□□冥乾"。

"□□□□□實則虛僞"。

"□□□□與五經博士"。

"□□□字摩滅解落𥘉脱"。

"□□章言考覆紛紛家殊人"。

"□學猾吏以人事相陰陽或競"。

"舊聞留心稽古汲汲秘觀校序文"。

"□石雜與光禄勳劉寬五官中郎將堂谿"。

"□□□□□□□實無相奪論願下大司"。

右石陽一。案：《集拓》本"研"。

"□□□□□□□□以經本各一通付大常諸"。

"□□□□□□字庇毀所不知書策解難固必"①。

"□□□□□本及傳記論語即詔所校定以爲可"。

"□□□列置講堂以參當試壹勞而久逸暫費而"。

"□屬②張玹司空兼集轉掾③周達屬尹弘雜議"。

"□隱之士勦核聖術説難傳義文指條暢以"。

"恨也巡欲鑿石正書經字立於大學絶"。

"又隆暑炎赫非倉卒所成可須秋涼收"。

右石陽二。案：此北海圖書館新得殘石。

"□𥘉"。

---

① "必"大字，原誤作小字，據羅振玉《漢熹平石經殘字集録》改。
② "屬"小字，原誤作"□屬"大字，據羅振玉《漢熹平石經殘字集録》改。
③ "掾"，原誤作"橡"，據羅振玉《漢熹平石經殘字集録》改。

“不足采紃”①。

右石陽三。案：羅氏云“不知誰氏”。

“□□□子舍人傅彌易梁”。

“□□施氏郎中孫進尚書小夏侯郎中”。

“□雜考合異同各隨家法是正五”。

“患苦賴蒙”。

“藝孜孜匪懂令問不已廬化萬”。

“因緣生姦無以防絶每徵”。

“□學官選守職畏事百石”。

“□□稽古以大學久廢”。

“□□□年六月三府”。

“□□□□士率皆出”。

“□□□□□書策”。

右石陰一。案：此十一行，字小於石陽，殆文多故縮之耶。

案：《集拓》本“研”。

“□□□□□□□孟郁之”。

“□□□夫子删詩書定禮樂欲”。

“由舊章平議餘所施行有益時要者”②。

右石陰二。案：此北海圖書館新得殘石。

“閣於”。

“論”。

---

① “紃”，原誤作“紒”，據羅振玉《漢熹平石經殘字集録》改。
② “者”，原誤作“者”，據羅振玉《漢熹平石經殘字集録》改。

右石陰三。案：《集拓》本"馬"。

"訊訊"。

"大夏"。

"口寺"。

右石陰四。案：《集拓》本"陳"。

"離"。

"弗"。

右石陰五。案：《集拓》本"徐"。

"考"。

"以"。

"口壽"。

右石陰六。此石離爲二，今併之。案：《集拓》本均"徐"。

"陳懿郎"。

右石陰七。案：《集拓》本"徐"。

案：以上共八十八石。

又《漢熹平石經殘字集錄後序》："己巳長夏，予既寫定熹平石經殘字，成《集錄》一卷。削稿甫竟，毗陵陶君祖光寄予新得之《周易》殘字墨本二紙，《春秋經》三紙，《論語》及校記各一紙。復從海甯趙君萬里許得北海圖書館所藏《序記》二紙，亟增入《集錄》中。已而陶君復寄《魯詩》墨本二紙、校記一紙，《禮經》二紙，《公羊傳》二紙。則《集錄》已付手民，遂別寫爲《補遺》。通計先後所著錄，爲殘石九十，得經文及校記八百三十有九言，《序記》三百有五言，總得千一百四十有四言。"

《漢熹平石經殘字集錄補遺》。

《魯詩》二石，七十二字。校記一石，廿六字。

"□能有定"，胡———。

"□虺其靁寪"，虺——雷—言不寐。

"□生挈闊與子"，死—契———成説。

"□令人其二^①爰有寒"，我無————— 泉。

"□君子實勞我心"，展矣—————^②。

"鳴濟盈不濡軌雉"，有鷺雉———————鳴求其牡。

"怒采葑采菲無以"，不宜有———————下體。

"發我笱我今不説"，母————躬—闋。

"生既育比予于毒其□"，既———————。

"歸微君之故胡爲乎"，胡不————————中露。

　　右《邶風·日月》至《式微》八篇。合今本校讀，行七十二字，惟第六行七十一字。

"□用力其□"，執競——。

"賊蚍疾靡有"，螽—螽———夷屆。

"厲之階亂匪"，維—————降自天。

"不淑不"，———祥。

　　右《大雅·桑柔》《瞻卬》。每行均七十字。

"言芾禄·四"。

"□言于緝·"。

"□于南海韓"。

"□正徐國韓"。

___

① "二"，原誤作"□"，據羅振玉《漢熹平石經殘字集録補遺》改。
② "矣"下原脱一"—"，據羅振玉《漢熹平石經殘字集録補遺》補。

"□職兄齊"。

"□□齊皆"。

"□□既有"。

"□□侑而"。

"□韓皆"。

"□^①耆定"。

右校記。文雖殘闕，以今《毛詩》考之，知爲《大雅》至《周頌》校語。

《儀禮》二石，百有七字。

"□左北上主"，衆賓皆入門————人與賓三揖。

"坐奠于匪下盥"，——爵一篚——洗。

"當西序卒盥揖"，——————讓升。

"疑立賓坐左執"，——————爵祭脯醢。

"□北面坐卒爵"，賓西階上————。

"□□爵卒洗揖"，坐取————讓如初升。

"□□□賓禮不"，如———告旨。

"□□□當西序"，賓不辭洗———東面。

"□□□□洗賓"，如獻禮升不拜——西階上立。

"□□□□□主"，立于階西當序東面—人以介揖讓升。

右《鄉飲酒禮》。合今本校讀，首行七十三字，次行七十二字，三行七十六字，四行七十五字，五行七十六字，六行七十三字，七行七十五字，八行七十四字，九行七十二字。案：以上四石，

① "□"，原誤作"一"，據羅振玉《漢熹平石經殘字集録補遺》改。

羅氏云"陶"。

"□□主人主"，受命于———— 人曰請安于賓。

"□卒觶興坐奠觶"，遂飲—————— 遂拜。

"實觶東南授主人"，卒觶不洗——————— 。

"酬受酬者降席司正"，某子受———————— 退立于序端。

"遂拜執觶興賓介席_末"，————————— 答拜皆坐。

"拜送降賓介奠于其所"，退皆——————— 。

"西階上北面僕者降席"，————— 遵——— 席東南面。

"如賓禮眾賓皆"，————— 降説屨。

"□眾賓皆降復初位"，賓介降————— 。

"□如賓□以拜辱·主"，主人—— 服———— 人釋服。

"□□縮□北面鼓"，磬階閒— 霤——— 之。

右《鄉飲酒禮》。石裂爲二，分藏兩家，今合之。合今本校讀，首行七十六字，次行七十五字，三行七十三字，四行七十四字，五行七十五字，六、七、八行均七十三字，九行七十四字。

案："西階如賓禮眾賓如賓"九字，羅氏云"馬"，其餘十三字"陶"。

《公羊傳》二石，五十一字。

"□□爲不於祭_焉"，然則曷————— 。

"□□者何天子之_大"，王子虎————— 夫也。

"□□江也·四年其"，伐楚爲救———— 謂之逆婦姜于齊何。

"□□爲出奔射姑_殺"，則狐射姑曷—————— 也。

"□不説不可使_將"，射姑民衆—————^①。

"□使若它人"，内辭也———— 然。

"_{夫何以}"，大——— 不名。

"_外"，遂在一 也。

右文公二年至八年。合今本校讀，首行七十五字，次行七十三字，三行七十六字，四行七十三字，五行七十一字，六行七十四字，七行七十三字。

"之視"，於稷者唯具是一 。

"來而不"，言叔姬之——— 言高固之來。

"賊曰晋趙"，晋史書———— 盾弑其君夷獳。

"後處乎臺上"，然————— 引彈而彈之。

"視之則赫然死"，趙盾就而—————— 人也。

"焉欲殺之"，靈公心怍———— 。

"入子之閨"，———— 則無人焉。

右宣公三年至六年。在前石之陰。合今本校讀，首行七十二字，次行七十三字，三行七十一字，四行七十六字，五行七十一字，六行七十字。_{案：以上二石，羅氏云"陶"。}

不知何經一石，三字。

"□□爾"。

"□立乎"

"之_攱"。_{案：此羅氏殘石。}

案：以上共七石，併前共九十五石。羅氏《後序》《集録》

---

① "衆"下原脱一"一"，據羅振玉《漢熹平石經殘字集録補遺》補。

並《補遺》爲殘石九十"，似計數略誤。

又《漢熹平石經殘字集録續編序》："予今年夏既撰《漢石經殘字集録》一卷，秋八月又成《補遺》一卷，乃迻書春明求去歲新出諸石之分藏各家者，不可得也。聞洛估有墨本百餘紙，海甯趙君萬里得之，復郵書假觀。不逾月，趙君慨然以藏本付郵使，予乃得編讀之。惜氈墨粗劣，字迹往往不可辨，爰以三日夕之力，將其拓本較明晰者寫定，得五十六石，爲文四百二十有六。以前所見無《尚書》，今得經文及校記各一石，《隋志》所載七經，至是乃備。合計前後兩編，總得石百四十有六，經文及校語爲文千二百五十有七，《序記》三百十有三言。與宋世所出較之，除《周易》五十四字。《春秋經》二百五十字。爲宋人所未見，他若《書》十一字，宋人則百七十二字，《禮經》百七十八字，宋人則四十五字，《公羊傳》百八十七字，宋人則三百七十五字，《論語》七十一字，宋人則九百七十一字。雖諸經存字與天水之世多寡互異，而計其都數，約當宋世三之二以上。趙君書言北海圖書館尚藏有新出漢、魏石經墨本，允代假，安知異日所見不逾於宋人乎？前編之成，陶君爲致墨本十餘紙，此編之成，則趙君力也。"

《漢熹平石經殘字集録續編》。

《周易》一石，三字。

"首出庶物萬"，—————國咸寧。

右《象上傳》。

《尚書》一石，十一字。校記一石，十字。

"不親五"，百姓———品不遜。

"首讓于"，垂拜稽一一一 殳斨暨伯與。

"女秩"，帝曰俞咨伯一 作一 宗。

"曰於"，夔一一 。

"卌徵"，舜生三十一 庸。

右《堯典》。合今本校讀，首行七十一字，次行七十六字，三行七十五字，四行七十三字。

"囗•不昬作"。

"古我先王暨"。

"囗囗世萬"。

右校記。前二行爲《盤庚》之文，後一行爲《君牙》。一在《商書》①，一在《周書》，相距甚遠，且"不昬作勞不"上空格加"•"，故知爲校語。惜以下文字已損，不能知其異同矣。

《魯詩》廿九石，二百五十字。校記七石，卅字。

"三章"，樛木一一 章四句。

"其一桃"，一 之夭夭有蕡其實。

"囗侯"，公一 好仇。

右《周南•螽斯》《桃夭》。合《毛詩》校讀，首行七十三字，次行七十二字。

"囗囗何斯"，在南山之下一一 違斯。

"其謂之其三"，迫一一一一 。

"我以不我"，不一一一一一 以。

"囗囗墍有"，林有樸樕一一 死鹿。

---

① "商書"，原誤作"尚書"，據羅振玉《漢熹平石經殘字集録續編》改。

　　右《召南·殷其靁》至《野有死麕》。合《毛詩》校讀，首行及三行均七十二字，次行七十字。末行"野"上之"㮤"字尚存少半，其文似作"棘"，敦煌唐寫本《毛詩》正作"棘"，惜拓本不緻，俟得精拓證之。

　　"□□□不卒胡□□□報我"，畜我——— 能有定——不述。

　　"□曀曀其陰虺□□□寱言"，————— 虺其雷——不寐。

　　"于林之下其三死"，————— 生契闊。

　　"母氏聖善我無"，————— 令人。

　　"下上其"，——— 音。

　　右《邶風·日月》至《雄雉》。今分二石，兹合并之。合《毛詩》校讀，行均七十二字。又此石與《補遺》所載陶氏藏《邶風》一石前五行上下相連接。

　　"展矣"，—— 君子。

　　右《邶風·雄雉》。此二字與陶氏藏《邶風》第五行上半相接。

　　"飛泄"，雄雉于—— 其羽。

　　"□匏"，— 有苦葉。

　　右《邶風·雄雉》《匏有苦葉》。合《毛詩》校讀，首行七十二字。

　　"其二瞻"，— 彼日月。

　　"鳴求其"，雉——— 牡。

　　"□體德音莫"，無以下————— 違。

"□□□□其三"，遑恤我後。

右《邶風·雄雉》至《谷風》。合《毛詩》校讀，首行及三行均七十二字，次行七十一字。此石與陶氏《邶風》石第四行至七行下半相連接。

"□氵淺則"，深則厲——揭。

"谷風□陰"，習習————以—以雨。

右《邶風·匏有苦葉》《谷風》。合《毛詩》校讀，首行七十一字。

　　案：此與《三編補遺》"貽伊阻則湄"五字一石相連接。

"□逝我梁"，毋———。

"及爾顛覆既"，——————生既育。

"徵式徵胡不"，式—————歸。

右《邶風·谷風》《式微》。合《毛詩》校讀，首二行均七十二字。此石與陶氏藏《邶風》石八行至十行上半相連接。

"旨蓄"，我有——。

"其二式徵"，——二章章四句。

右《邶風·谷風》《式微》。合《毛詩》校讀，首行七十二字。

"飛蓬豈"，首如———無膏沐。

"綏綏在"，有狐———彼淇厲。

右《衛風·伯兮》《有狐》。合《毛詩》校讀，首行七十二字。

"木桃報"，投我以———之以瓊瑤。

"李報"，投我以木——之以瓊玖。

右《邶風·木瓜》。前行三字爲一石，次行爲一石。當在一行中，不能計其行字之數。

"臨其穴惴"，百夫之禦———惴其慄。

"□樂如"，我心靡——何如何。

右《秦風·黃鳥》《晨風》。合《毛詩》校讀，首行七十三字。

"其一"，靡所止居。

"㿥"，皎皎白駒食我場藿。

右《小雅·祈父》《白駒》。合《毛詩》校讀，首行七十一字。

"□如疗監寐"，怒焉—撟假—永歎。

"流不知所屆"，譬彼舟——————。

"之憂矣涕既"，心—————隕之。

"□我後其八小"，遑恤———弁八章章八句。

"□□□遄已"，君子如祉亂庶——。

右《小雅·小弁》。合《毛詩》校讀，行均七十二字。首行前尚有半字一，拓本不可辨。

"□憂"，心之—矣。

"福其五小"，介爾景——明五章。

"□人君"，淑——子其德不猶。

右《小雅·小明》。合《毛詩》校讀，前二行均七十二字。

"章五句·楚"，鼓鍾五章————楚者茨。

"□祝祭于閟"，———祊祀事孔明。

右《小雅·楚茨》。合《毛詩》校讀，首行七十二字。

"翼黍"，疆場翼——稷或彧。

"是烝是礻"，———享。

右《小雅·信南山》。合《毛詩》校讀，首行七十二字。

"且碩曾口是不若其—既"，既庭———孫———方既皁。

"此有滯穗伊寡婦之利_{其三}"，彼有遺秉— — — — — — — —
— —。

"□止□□如□□輵有"，君子至— 福祿— 茨棘— — 奭。

"□□□□□□□睇"。

右《小雅·大田》《瞻彼洛矣》。合《毛詩》校讀，首行七十
一字，次行七十二字，三行不知幾字，第四行之"睇"字，《毛
詩》所無，疑即《湛露》之"匪陽不睇"，《魯詩》作"睇"也。
然以"君子至止"之"至"字起七十二字，當至"瞻彼洛矣三章
章六句"下一"章"字，如以《湛露》接《瞻洛》，則"睇"上
當有十字，此僅有七字，字數不合，箸之俟考。

"□□一朝"，鍾鼓既設— — 右之。

"侯既抗"，大— — —。

右《大雅·彤弓》及《賓之初筵》。案：《彤弓》《毛詩》在
《南有嘉魚之什》，《賓筵》在《甫田之什》，此又《魯》《毛》篇次
之殊也。茲以《彤弓》《賓筵》相接，數其行字，首行七十三字。

"□載譊"，載號— 呶。

"反恥"，不醉— —。

右《小雅·賓之初筵》。合《毛詩》校讀，首行七十二字。

"□言觀"，君子來朝— — 其旂。

"樂旨君"，— 只— 子萬福攸同。

右《小雅·采菽》。合《毛詩》校讀，首行七十二字。

"弟綽綽"，此令兄— — — 有裕。

"雪麃麃"，雨— 瀌瀌。

"不营"，— 尚慝焉。

"◻戈"。

右《小雅·角菀柳》。合《毛詩》校讀，首二行均七十字。依行七十字計之，第三行之末當是"行歸于周"之"歸"字。第四行與前行[①]"不"字齊列者，當爲"于周"之"于"。今與"不"齊列之字存"戈"旁，而《都人士》篇無从"戈"之字，惟有"我不見兮，我心不說"兩"我"字，距"行歸于周"又二十餘字，則四行非《都人士》篇。惜此行僅存半字，不能知爲何篇矣。

"◻有命"，天監在下———既集。

"莘長子"，纘女維———維行。

"商會朝"，肆伐大———清明。

"其二周原"，——膴膴。

右《大雅·大明》《緜》。合《毛詩》校讀，前三行均七十字。

"林矢"，其會如——于牧野。

"民之初生"，緜緜瓜瓞————。

"◻乃慰"，迺—迺止。

"◻鼗"，—鼓弗勝。

右《大雅·大明》《緜》。合《毛詩》校讀，前三行均七十字。

案：此二石當爲一石。"莘長子"行下接"林矢"行，"商會朝"[②]行下接"民之初生"行，"其二周原"行下接"乃慰"行，但中有闕文。

[①] "行"字原脱，據羅振玉《漢熹平石經殘字集録續編》補。
[②] "會朝"，原倒作"朝會"。《詩·大雅·大明》有"肆伐大商，會朝清明"云云。

"實墉實"，———墼。

"□斯原"，于胥——。

右《大雅·韓奕》《公劉》。案：前編載《大雅》殘石，《韓奕》《公劉》二篇相接，此石亦然。今合《毛詩》校讀，首行七十字。

"畛侯主侯"，徂隰徂————伯。

"□爲醴烝畀祖妣"，爲酒——————。

"及簋其□伊黍^①其笠"，載筐—笤—饟————伊糾。

"□其—良耜一章廿三"，人————二十一句。

右《周頌·載芟》《良耜》。合《毛詩》校讀，首行七十字，次行六十九字，三行六十八字。案：《續錄》第四行原作"□□良耜一·章廿三"，茲據精拓本改正。

"磬聲"，依我——。

"及爾斯"，———所。

"予烝嘗"，顧———。

右《商頌·那》《烈祖》。前二行均七十字。

"有虔"，——秉鉞。

"章七句"，四章———。

"□辟設"，天命多——都于禹之績。

右《商頌·長發》《殷武》。合《毛詩》校讀，前二行均七十字。

"陟彼"，——景山。

<hr/>

① "黍"，原誤作"乘"。羅振玉《漢熹平石經殘字集錄續編》雙鉤殘石文字作"黍"，錄文誤作"來"。

“萬九”。

右《商頌·殷武》。次行乃記《詩》字總數之殘字。

“東門”。

右此石僅此二字。《詩》“東門”二字數見，此不知在何篇，姑坿此。

“矣齊韓”。

“有緝御”。

“□里”。

右校記一。

“予言”。

“不堪”。

“□齊韓”。

右校記二。

“章章”。

“□郎中”。

“□無”。

右校記三。

“齊言”。

“爾韓”。

“𬤣”。

右校記四。

“□韓言”。

“韓言”

"韓"。

右校記五。

"韓言"。

右校記六。

"言肇"。

"言陟"。

"□昜"。

右校記七。此不見"齊韓"字，不知爲《魯詩》，抑他經校語，姑坿此。

《儀禮》四石，二十一字。

"爵"，拜送一釋獲者就其薦坐。

"倚"，司射去扑一 于階西。

右《鄉射禮》。合今本校讀，首行七十六字。

"許諾射"，"賓再拜稽首———人反命"。

"入及庭"，賓——— 公降一等揖之。

"□奠"，主人坐一 觚于篚。

右《燕禮》。合今本校讀，首行、次行均七十三字。

"□北降"，交于楹—— 適阼階下。

"□公荅拜媵"，————— 爵者洗象觶。

"□奠觶荅"，公坐——— 拜執觶興。

"告于償"，賓——— 者請旅諸臣。

"□拜"，大夫拜受賓一 送遂就席。

右《大射儀》。合今本校讀，首行七十八字，次行、三行均七十四字，四行七十三字。

"爵荅"，坐奠ーー拜降盥。

"婦不"，主ーー興。

右《有司徹》。合今本校讀，首行七十五字。

《公羊春秋經》一石，四字。

"師冬"，晋侯使荀罃來乞ーー公會單子晋侯。

"滅舒"，楚人ーー庸。

"口妻子"，八月郳ーー來朝。

右成公十七年、十八年。合今本校讀，首行、次行均七十字。

《公羊傳》二石，十四字。

"膰"，熊ー不熟。

"人門"，則無ーー焉者。

右宣公六年。合今本校讀，首行七十四字。

"口口口伏"，於是ー甲於宮中。

"口口口祁"，將進劍ー彌明自下呼之曰。

"口之獒"，君之獒不若臣ーー也。

"而出眾無"，趙盾驅ーーーー留之者。

"而不反"，聞喪徐行ーーー。

"去其"，其言萬入去籥何ーー有聲者。

右宣公六年至八年。合今本校讀，首行七十一字，次行六十九字，三、四、五行均七十三字。

《論語》八石，三十一字。校記一石，四字。

"患不知"，ーーーー人也。

右《學而》。

“里仁”，——爲美。

右《里仁》。

“衣惡”，而恥惡——食者。

“禮讓”，不能以——爲國。

右《里仁》。合今本校讀，首行七十三字。

“道可謂”，三年無改於父之———孝矣。

“　子”，—游曰事君數斯辱矣。

“公”，—冶長第五。

右《里仁》至《公冶長》篇題。合今本校讀，首行七十三字。

“則以懼”，———。

右《里仁》。

“□不行”，道之——。

“身中情”，——清費中權。

“大臣怨”，不使———乎不以。

“第十”，子張——九。

右《微子》。合今本校讀，首行七十一字，次行七十二字。

“子①張曰”，———執德不弘。

“□大賢”，我之——與。

右《子張》。合今本校讀，首行七十三字。

“未也本之”，抑————則無。

“□喪致”，子游曰——乎②哀而止。

---

① “子”大字，原誤作小字，據羅振玉《漢熹平石經殘字集録續編》改。

② “乎”，原誤作“于”，據羅振玉《漢熹平石經殘字集録續編》改。

右《子張》。合今本校讀，首行七十四字。

"益"。

"包言"。

"言静"。

右校記。

《序記》二石，八字。

"萬言以上"。

右石一。

"實"。

"州郡禁"。

右石二。

　　案：以上共五十七石，併前共一百五十二石。羅氏《序》
"《續編》五十六石，又總得石百四十有六"，似計數略誤。

《漢熹平石經殘字續編補遺》。

《尚書》三石，十二字。

"天工"，——人其代之。

右《皋陶謨》。

"迸囗士迸庶民迸"，女則從龜從筮—卿—————。

"時奧若"，曰暘———。

右《洪範》。合今本校讀，首行七十五字。案：《續録補編》無第
二行，兹據精拓本補。

"説二公"，乃得周公所自以爲功代武王之——— 及王。

"囗出郊"，王——。

右《金滕》。合今本校讀，首行七十字。

《魯詩》六石，二十七字。校記一石，七字。

"衛淇隩"，————十篇三十四章二百三句。

"求悠"，謂我何——悠蒼天。

"□日"，雞棲于塒——之夕矣。

右《衛風》《王風》。《三編》"投我四章二國第六"八字殘石與此上下連。

"酌彼康"，———爵。

"載□"，—號載呶。

右《小雅・賓之初筵》。合今本校讀，首行七十字。此石與《續編》"載讟反恥"四殘字正相接。

"醉以"，既——酒。

"時君"，孔惠孔——子有孝子。

右《大雅・既醉》。合《毛詩》校讀，首行七十字。

"毋不"，無—能止。

"惟嶽"，——降神。

"人"，因是謝—。

右《大雅・雲漢》《崧高》。合《毛詩》校讀，首二行均七十字。

"□入于"，既——謝。

"天生烝"，————民。

"□山"，王命仲—甫。

右《大雅・崧高》《烝民》。合《毛詩》校讀，首行七十字，次行六十九字。

"其三加"。

"三句"。

右不知何篇。

"原廿"。

"以鹹"。

"齊皆言"。

"口民"。

右校記。

《公羊春秋經》二石，十五字。

"壬"，六月一子。

"衛甯"，——喜弒其君剽。

右襄公二十五、六年。合今本校讀，首行七十六字。

"良夫率"，衛孫——帥師及齊師戰于新築。

"及國佐"，———盟于袁婁。

"人繒人"，邾婁人薛—鄫—盟于蜀。

"叔孫"，——僑如率師圍棘"。

"鄭伯"，三月壬申——堅卒。

右成公二年至四年。合今本校讀，首行七十字，次行六十九字，三行七十字，四行七十二字。

《公羊傳》一石，三字。

"逐衛侯"，———而立公孫剽。

右襄公二十七年。

《論語》一石，四字。

"□去之"，微子——。

"吾不能"，若季氏則———。

右《微子》。合今本校讀，首行七十三字。

　　案：以上共十三石。

又《漢熹平石經殘字集錄三編序》："予撰《漢石經殘字續編》，遺書南北知好，求《周易》墨本不可得，乃以手稿付印。工甫竟，閩江陳君准生承修自滬江郵寄影本至，予乃據以箸錄。《周易》以外，益以《魯詩》六石，《春秋經》一石，《公羊傳》四石，總得十有三石，為文五百二十五，為《三編》一卷。"

《漢熹平石經殘字集錄三編》。

《周易》二石，四百六十六字。

"悔廬吉婦子嘻嘻終吝[①] 六四富家大吉九五王假有家勿恤吉上九有"。

"□初有終九四暌孤遇元夫交孚廬无咎六五悔亡厥宗噬膚往何咎"。

"□□來譽[②] 六二王臣蹇蹇匪躬之故九三[③] 往蹇來反六四往蹇來連九"。

"□□□□負且乘致寇至貞吝九四解[④] 而拇朋至斯孚六五君子維有"。

"□□□□□无咎酌損之九二利貞征凶弗損益之六三三人行

---

① "吝"，原誤作"吝"，據羅振玉《漢熹平石經殘字集錄三編》改。
② "譽"，原誤作"舉"，據羅振玉《漢熹平石經殘字集錄三編》改。
③ "三"，原誤作"六"，據羅振玉《漢熹平石經殘字集錄三編》改。
④ "解"，原誤作"辭"，據羅振玉《漢熹平石經殘字集錄三編》改。

則損"。

"□□□□□□□益利用攸往利涉大川初九利用爲大作元吉
无咎"。

"□□□□□□□□惠心勿問元吉有孚惠我德上九莫益之或
擊之"。

"□□□□□□□□□子夬夬獨行遇雨若濡有慍无咎九四臀
无膚"。

"□□□□□□□□□□二包有魚无咎不利賓九三臀无膚其
行□"。

"□□□□□□□□□□□終乃亂乃萃若號一握爲芙勿恤
往□"。

"□□□□□□□□□□□□見大人勿恤南征吉初六允升
大□"。

"□□□□□□□□□□□□□入于幽谷三歲不覿九二困
于□"。

"□□□□□□□□□□□□□□困于葛藟于臲卼曰動悔
有□"。

"□□□□□□□□□□□□□□□其福六四井甃无咎
九□"。

"□□□□□□□□□□□□□□□□吉九五大人虎辯
未□"。

"□□□□□□□□□□□□□□□□□虧悔終吉九四
鼎□"。

"□□□□□□□□□□□□□□□□□□□齏九陵勿逐

七□”。

“□□□□□□□□□□□□□□□□□□□□□□□□□六艮其
止□”。

“□□□□□□□□□□□□□□□□□□□□□□□□□咎六
二□”。

“□□□□□□□□□□□□□□□□□□□□□□□□□□
凶□”。

右下經《家人》至《歸妹》十八卦。合今本校讀，惟第九
行、十一行、十六行各七十四字，十四行七十五字，餘行均七十
二字。

“□□□□□□□□□□□□□□□□□□□□□□□也
□□□”。

“□□□□□□□□□□□□□□□□□□□□□人作而
□□□”。

“□□□□□□□□□□□□□□□□□□□也終日乾
□□□”。

“□□□□□□□□□□□□□□□□□乃革飛龍在天
□□”。

“□□□□□□□□□□□□□□□□發揮旁通情也時
□□□”。

“□□□□□□□□□□□□□□□□易曰見龍在田利見
□□□”。

“□□□□□□□□□□□□□咎夫大人者與天地合其德
□□”。

“□□□□□□□□□□□□□亡知得而不知喪其唯聖人
□□□”。

“□□□□□□□□□□□不善之家必有餘殃臣試其君
□□□”。

“□□□□□□□□□□德不孤直方大不習无不利則不疑其
□□”。

“□□□□□□□□□言謹也君子黃中通理正位居體美在中
□□”。

“□□□□□剛柔而生爻和順於道德而理於義窮理盡性以至
□□”。

“□□□畫而成卦分陰分陽迭用柔剛故易六畫而成章也・天
地□”。

“□□艮以止之兌以説之乾以君之坎以臧之帝出乎震齊乎巽
相□”。

“□也者明也萬物皆相見南方之卦也聖人南面而聽天下鄉明
而□”。

“薄也飲者水也正北方之卦也勞卦也萬物之所歸也故曰勞乎
□□”。

右《文言傳》十一行,《説卦傳》五行。合今本校讀,行字
參差殊甚。《文言》首行七十一字,次行七十二字,三行六十九
字,四行、六行、七行、十行均七十三字,八、九行均七十二
字。《説卦》首行七十四字,次行七十五字,三行七十二字,四

行七十八字。

《魯詩》六石，三十五字。

"□投我"，——以木桃。

"四章二百"，三十————三句。

"□國第六"，王———。

右《衛風·木瓜》至《王風》前篇題。合《毛詩》校讀，首行七十二字。

"兔爰"，有—— 爰雉離于罿。

"兄□"，終遠— 弟謂他人母。

右《王風·兔爰》《葛藟》。合《毛詩》校讀，首行七十二字。

"踰我"，無—— 牆。

"·叔"，— 于田巷無居人。

右《鄭風·將仲子》《叔于田》。合《毛詩》校讀，首行七十一字。

"倉庚女執"，有鳴———— 懿筐。

"陽爲公子"，我朱孔———— 裳。

右《豳風·七月》。合《毛詩》校讀，首行七十二字。

"女惟"，纘—— 莘。

"伐大"，肆—— 商。

右《大雅·大明》《緜》。合《毛詩》校讀，首行七十字。

"□其□瑟"，以介景福— 彼柞棫。

"在靈囿麀"，王———— 鹿攸伏。

"任文王之"，思齊大———— 母。

"殄厲瘄不"，肆戎疾不— 烈假— 瑕。

“□獲□唯彼”，其政不－－－四國。

右《大雅·旱麓》《靈臺》《思齊》《皇矣》。今《毛詩》次第爲《旱麓》《思齊》《皇矣》《靈臺》，《魯詩》則《旱麓》之次即爲《靈臺》也。依《毛詩》計其行字，首、二、四行均七十字，惟三行七十四字。

《春秋公羊經》一石，四字。

“彭來”，晋侯使士－－聘。

“人鄭”，衛－－公孫蠆曹人。

“小邾”，薛人杞人－－妻人伐秦。

右襄公十二年至十四年。合今本校讀，首二行均七十字。

《公羊傳》四石，十九字。

“異”，昌爲以－書。

“也何”，躋者何升－－言乎升僖公譏。

“□疾”，三年之恩－矣。

右文公二年。合今本校讀，首行七十一字，次行七十八字。

“□□□稱行”，不－－人而執者。

“□將而來也”，筍－－－－。

“何以書”，此－－－動我也。

右文公十四、五年。合今本校讀，首行七十一字，次行七十二字。

“□趆而出”，趙盾逡巡北面稽首－－－。

“子之大門”，吾入－－－－。

“死靈”，遂刎頸而－－公聞之怒。

右宣公六年。合今本校讀，首行七十字，次行七十一字。此石析爲二，今合之。

"數千里"，南郢之與鄭相去———。

"從不赦"，告———不詳。

右宣公十二年。合今本校讀，首行七十一字。

《漢熹平石經殘字集録三編補遺》。

《尚書》一石，二字。

"□宜"，我國家禮亦一之。

"越爾御"，———事。

右《周書·金縢》《大誥》。次行爲《大誥》篇題。

《魯詩》四石，十二字。

"貽伊阻"，自詒一一。

"則灞"，深一厲。

右《邶風·雄雉》《匏有苦葉》。合《毛詩》校讀，首行七十二字。案：《續編》載"氵淺則"一石，與此乃一石，離爲二。

"□其"，就一深矣。

"亦以御"，———冬。

"□□章"，式微二一章四句。

右《邶風·谷風》。合《毛詩》校讀，首行、次行均七十二字。

"四句"，候人 ① 四章章——。

"忒正"，其儀不——是四國。

---

① "候人"，原誤作"侯人"。《毛詩》之《曹風》收詩四篇，依次爲《蜉蝣》《候人》《鳲鳩》《下泉》。

右《曹風·候人》①《鳲鳩》。合《毛詩》校讀，首行七十二字。

"□翼"，商邑一 翼。

"五句"，二章章七句一章—— 。

右《商頌·殷武》。合《毛詩》校讀，首行七十字。

《春秋公羊經》三石，十二字。

"一年春"，十有————王正月。

"□□有三"，十一——年春。

右莊公十一年至十三年。合今本校讀，首行七十字。

"鄭"，—伐許。

"宋"，仲孫蔑如— 。

"月"，二— 辛巳。

右成公三年至五年。合今本校讀，首二行均七十字。

"公會單子"，————晋侯宋公衛侯。

"庸·十"，楚人滅舒——有八年。

"□來"，邾婁子— 朝。

右成公十七、八年。合今本校讀，首、次行均七十字。

《公羊傳》五石，十七字。

"何以書"，狩不書此——— 。

"□定不"，罪—— 定已可知矣。

右僖公二十八年。合今本校讀，首行七十四字。

"之晋"，則未知其—— 者也。

---

① "候人"，原誤作"侯人"。

"人之"，死則以成————喪治之。

"斷斷"，惟一介——焉無他技。

右文公十一年、十二年。合今本校讀，首行七十三字，次行七十四字。

"□不予文"，實與而文—與—曷爲不與。

"也不稱"，以其事孰———行人而執者。

右文公十四年。合今本校讀，首行七十八字。

"爲義"，爾爲仁——。

"□何"，有人荷畚自閨而出者。

右宣公六年。合今本校讀，首行七十字。

"□面再"，趙盾逡巡北——拜稽首。

"仁人也"，子誠———。

"矣遂剈"，吾亦不可復見吾君———頸而死。

右宣公六年。合今本校讀，首行七十字，次行七十一字。

羅氏又記："《續編》以下，據趙君所假洛估拓本，氈墨至劣，往往不能辨筆畫，雖有可知其經文而不可句撫者，則舍之，茲爲《三編》。復取洛估拓本中稍可撫者，得《尚書》一石，《魯詩》四石，《春秋經》三石，《公羊傳》五石。復得石十有三，爲文四十有三，爲《補遺》。"

案：以上《三編》並《補遺》共二十六石，併前共一百九十一石。

在《集録》本以外者。

《周易》一石，二十六字。

"肱无咎九"，折其右————四豐其蔀。

"□九三旅焚"，————其次喪其童僕。

"□之貞九二"，初六進退利武人————巽在牀下。

"吉九二孚兌"，初九和兌————吉悔亡。

"其羣元吉渙"，六四渙————有丘匪夷所思。

"□節吉往有"，九五甘————尚。

"□咎"，六四月幾望馬匹亡无一。

右《豐》《旅》《巽》《兌》《節》《渙》《中孚》七卦。合今本校讀，首三行及五、六行均七十三字，第四行七十二字。

《魯詩》一石，六字。

"□·□"，一章六句撻彼殷武。

"來辟勿"，歲事————予禍適。

"是斷是"，———遷方斲是虔

右《魯詩·商頌·那》。合《毛詩》校讀，首、次行均七十字。

"復求矢加"，乃————于楅。

"□子西階"，其御於———上北面。

"□司射"，——乃比衆耦辯。

"□□郤"，坐橫弓—手自弓下取一个。

右《儀禮·鄉射禮》。合今本校讀，首行、三行七十四字，次行七十三字。

《公羊傳》一石，三字。

"弗克納"，故君子大其———也。

右文公十四年。

《論語》一石，九字。

"□如之何"，本之則無———其可也。

"而止・子"，喪致乎哀———游曰吾友張也。

"其不改"，———父之臣與父之政。

右《論語・子張》篇。合今本校讀，首、次行均七十四字。

案：以上共四石，羅氏擬編入《四編》，連《集錄》《續編》《三編》並《補遺》，共一百九十五石。前藏石數有分合者，故與此拓本得數少異。

其重刻者，有胡宗愈成都西樓本，注四十九。**洪适會稽蓬萊閣本**，注五十。**石熙明越州本**，注五十一。**靖江王府本**，注五十二。**今俱不存**。注五十三。

【注四十九】

胡宗愈《重刻石經遺文跋》："茲來少城，得墜刻於一二故家，因以鑱之錦官西樓，庶幾補古之缺文云爾。"《四川通志》："成都府西園在府城内轉運司，園亦稱西園，園中有西樓。"案：胡宗愈，晋陵人，神宗時知成都府。胡元質，長洲人，官至敷文閣學士。《經義考》引《姓譜》作"胡元質"，誤。

宇文紹奕又跋："内翰胡公，合諸家所藏，得蔡中郎石經四千二百七十字有奇，以楷書釋之，鑱諸石，永貽不朽。"

《石刻鋪叙》："漢石經今不易得，好古者所藏僅十數葉，蜀中又翻刻入石。"

《隸辨》："宋之翻本有二，洪适本在紹興，胡宗愈本在成都，曾惇《石刻鋪敘》云云，即其本也。"

【注五十】

《隸釋》："本朝一統時，遺經斷石，藏於好事之家，猶崑山片玉，已不多見。今京華鞠爲氈罽之鄉，殘碑日益鮮矣。予既集《隸釋》，因以所有鐫之會稽蓬萊閣。"

又跋："蔡中郎石經在承平時已不多見，今京雒雍鬲，慮其遂泯沒不傳也。予既輯《隸釋》，因以所得《尚書》《儀禮》《公羊》《論語》千九百餘字，鐫之會稽蓬萊閣，凡八石，庶幾見者有趯然之喜。"

《諸道石刻録》："漢石經遺字，在越州治蓬萊閣。"

錢大昕《竹汀日記》："嘉泰《志》'廳之後爲蓬萊閣'，遺趾今不可問。洪文惠嘗模刻漢鴻都石經遺字於蓬萊閣，今世無傳本。閲《府志》，松風閣乃宋汪綱所築鎮越堂之故址，蓬萊更在其上。綱自記云：'由蓬萊閣而下，凡三級，始達廳事。'今松風故址，則大堂後第一級也，其非蓬萊之舊明矣。"

《蘇齋題跋》："宋乾道中，洪适以所得《尚書》《儀禮》《公羊》《論語》千九百餘字，鐫之會稽蓬萊閣，凡八石。或牽連接續鐫之，或每段別自起訖，皆未可知。今《堯曰》篇文，自起一行，前無鄰接之字。而《尚書·盤庚》篇'庚'字、《論語·堯曰》篇'冠'字、'然'字，尚皆微露一二筆，《爲政》篇'女'字尚有全字，而洪皆云闕，則或疑其未必是蓬萊閣重刻本也。然則洪所云闕者，如《禮器碑》'更'字、'國'字之類，今拓本尚有可辨，則或當日偶未細檢者，尚不止此碑。"

【注五十一】

《隸續》：“稽山石邦哲熙明，聚碑頗富，今亡矣。假之其子祖禮，故能成書於越。”

翁方綱《兩漢金石記》：“石氏名熙明，見施武子《會稽志》。其碑目則見於《寶刻叢編》。案：《隸續》云：‘稽山石邦哲熙明，聚碑頗富，今亡矣。假之其子祖禮，故能成書於越。’据此，則石氏所刻石經與洪氏蓬萊閣本，其時當不相遠也。”

方若《校碑隨筆》：“石經《尚書》《論語》殘字，隸書。《尚書·盤庚》篇存五行，行五六七字。《論語》存《爲政》篇八行，六、八字至十三字不等，存《堯曰》篇四行，六字至九字不等。舊在河南洛陽，已佚。越州石氏重摹本，世多以爲原本。”

【注五十二】

黄易《漢石經殘字跋》：“案：重刻石經諸家，有越州石氏本、成都胡氏本、洪氏蓬萊閣本、靖江王府本。”

《蘇齋題跋》：“洪适以所得鑴之會稽蓬萊閣，而重摹漢石經者，復有成都胡元質刻本、越州石氏重刻本、靖江王府重刻本。”

《漢石經考異補正》：“明靖江王府①，在廣西靖江府。”

【注五十三】

吾丘衍《學古編》：“石經遺字碑，會稽蓬萊閣翻本，破缺磨滅，不異真古碑，今無矣。”

---

① “府”上原脱“王”字，據瞿中溶《漢石經考異補正》卷二瞿氏按語補。

案：萬氏《石經考》"《隸釋》云'余既集《隸釋》，因以所有石經遺字鑱之會稽蓬萊閣'，然則遺字碑洪氏所刊也，其翻本不知何人"云云，吾丘衍所言翻本即石經遺字洪氏重刻者，非另有翻本也，玩原文意義自見。

《金石文字記》："胡宗愈重刻漢石經字至四千二百七十有奇，可謂多矣。而成都兵火之後，此石恐亦不存。"並詳魏石經【注四十四】。

《漢石經考異補正》："胡氏所集所翻之本，今皆不傳於世。"

案：此外石熙明、靖江王府刻石未見，想亦不存。

其重刻拓本，元時有《尚書》《論語》三段，鈐蒙古文印，清時歸江都馬曰琯，後由漢軍董元鏡歸錢唐黃易，又歸南匯沈樹鏞，後由漢陽萬航歸滿洲端方。有謂即洪氏本。注五十四。**明時，趙殿撰家有《遺字》三卷，**注五十五。鄒平張氏、北平孫氏有兩拓本。孫氏本歸華亭王鴻緒，後歸陽湖孫星衍，又歸沈樹鏞，後亦由萬航歸端方。有謂即石氏本。注五十六。**丹徒蔡嘉有拓本，歸儀徵阮元，又歸南湖漁者，後亦歸端方。**有謂即洪氏本。注五十七。**今俱歸滿洲衡永。**注五十八。**胡氏本未見拓本。**注五十九。

【注五十四】

江藩《漢石經殘字跋》："熹平石經，一爲吾郡玲瓏山館馬氏藏本，後歸黃君小松。"詳【注五十六】。案：馬曰琯，江都人，乾隆初與弟曰璐並薦鴻博，不就。家有叢書樓，藏書甲東南，其園林曰小玲瓏山館。曰璐刻有《小玲瓏山館叢書》。

黃易《漢石經殘字跋》："乾隆丁酉七月入都。董大理元鏡云：'向得石經三段，宋紙搨本，裝爲一頁，夾書册中，久未寓目。'易堅請弗已，始檢出慨贈。紙墨渾古，非近時所搨。至閣學翁公方綱詩境軒，同客展觀，重爲裝池。或以爲熹平原石，或以爲宋人重摹本。然世傳止此，即同祖石觀矣。《爲政》篇鈐蒙古文印，翁閣學辨曰'通經'，是此搨本爲元人藏本。經文較孫氏本悉合，惟《盤庚》篇一段右邊裁損，少'凶德綏績'四字耳。"

《中州金石記》："熹平石經《尚書》《論語》殘字，光和六年立，蔡邕隸書，拓本。漢石經《尚書》《論語》一百二十餘字，黃通守易得之京邸。或以爲孫侍郎承澤藏本，即何氏焯云越州石邦哲重摹者，或案《隸釋》所載《爲政》篇'由誨汝知之'句多一'女'字，謂是熹平原刻，予不得而定之。"

《兩漢金石記》："今黃司馬所得之三段，其紙墨亦舊，册内有元人蒙古篆字印一，而無北海孫氏之印，既與張、孫諸家所藏文同，自必非漢石原本矣。至如《尚書·盤庚》篇'庚'字、《論語·堯曰》篇'冠'字，尚皆微露一二筆，《爲政》篇'女'字具全，而洪皆云闕，則又知其非洪氏蓬萊閣重刻之本也。"

《寰宇訪碑録》："熹平石經《尚書》《論語》殘字，碑已佚，舊在河南洛陽。此宋拓本。浙江錢塘黃氏藏本。"

《金石萃編》："錢唐黃同知易宋拓本石經殘字，《尚書·盤庚》五行，《論語·爲政》八行，《堯曰》四行，顧氏藹吉①《隸辨序》言於北海孫氏摹得石經殘碑，蓋即所見黃氏本。孫氏硯山齋本，後流傳今户部郎中董君元鏡所，黃君見而借之。會董嫁女貧甚，黃爲置匲具，直白金數十兩，董君無以償，遂舉石經歸之。董，漢軍正黃旗人，工分書，嘗預修《西清古鑑》，先任大理寺評事，爲昶屬官，故道其顛末如此。”

陳宗彝《漢熹平石經殘字跋》：“《尚書·盤庚》篇殘碑釋文都三十字，《論語·爲政》篇殘碑釋文都六十四字，《堯曰》篇釋文都三十字，世所存僅此，在錢塘黃氏小蓬萊閣。或謂熹平原石，或謂洪氏會稽閣摹本。然即摹本，審知原出漢石。”

吴郁生《劉氏蜀石經景本跋》：“小蓬萊閣所藏漢石經《堯曰》篇，後歸沈均初，昔嘗見之。聞歸匋齋制軍，今不知何往矣。”案：沈樹鏞，字均初，號鄭齋，南匯人，咸豐舉人，與趙之謙官中書，同纂《續寰宇訪碑録》。

楊守敬《漢石經殘字跋》：“世傳漢石經舊拓本，有孫退谷硯山齋藏本、黃小松小蓬萊閣藏本。咸豐間，二本皆爲南匯沈樹鏞所得。近日，漢陽萬氏以三千金購之。”

【注五十五】

楊慎云：“蔡邕石經，趙㧑撰家有《遺字》三卷。”《經義考》引。

---

① “藹吉”，原誤作“靄吉”。

【注五十六】

《庚子銷夏記》："宋初開地，唐御史府得石經十餘石。又嘉祐中居民治地，得碎石，洗視，乃石經。此本蓋彼時所搨也。雖所存僅百十餘字，然先正典刑具存，真稀世之珍也。予裝之硯山齋祕笈中。"

《金石文字記》："予兩見此本，一於鄒平張氏，一於京師孫氏。《尚書·盤庚》篇三十餘字，《論語·爲政》篇七十餘字，《堯曰》篇三十餘字，以視洪氏《隸釋》所存，不過什之一而已。"

《經義考》："今漢石經遺字，猶有拓本存者。余嘗見宛平孫氏所藏，雖經文無多，而八分古雅，定爲漢隸無疑也。"

《隸辨》："拓本之存者，僅有《尚書》《論語》百餘字，藏諸北海孫氏，予從而摹得之。"

黃易《漢石經殘字跋》："宋洪氏《隸釋》漢石經殘字數千餘，孫氏硯山齋所藏止《尚書》《論語》一百二十餘字，何焯以爲越州石氏重摹本，向歸華亭王司農，今在給諫顯曾處。《金石文字記》云：'鄒平張氏有石經遺字。'百餘年來，海內當有二本。"

《兩漢金石記》："吾鄉孫退谷硯山齋所藏本，載於《庚子銷夏記》者，退谷謂是宋嘉祐時所搨。而何義門云：'退翁所藏，乃越州石氏摹本，今在華亭王司農家。'然即以亭林所見於張氏、孫氏兩家者，皆同是此二經三段，則焉有東漢元本至千數百年後恰在兩家，同一文者乎？是其爲後人摹本可知矣。今黃司馬所得之三段又與此同，門人吳榷堂孝顯於華亭王氏摹寫孫退谷硯山齋本，來相參校，《盤庚》篇多出半行'凶德綏績'四字，册後有戊戌八月退谷記、朱竹垞二跋、林佶一跋。案：徐壇長《圭美堂集》載此本云：‘宋越州石氏刻帖，首末不載年月、姓名。曾見華亭司農以三十金質之孫北海。此帖內有石經一段，朱錫鬯不察，認爲蔡中郎原本。’”

《蘇齋題跋》：“顧炎武謂‘見於鄒平張氏、京師孫氏家者，《尚書·盤庚》篇三十餘字，《論語·爲政》篇七十餘字，《堯曰》篇三十餘字’，似乎所見即是此本。《庚子銷夏記》則直以爲蔡邕原本，謂‘宋初開地，唐御史府得石經十餘石。又嘉祐中居民治地，得碎石，洗視，乃石經。此本蓋彼時所揚也’。孫氏藏本，裝入硯山齋秘笈者，後爲華亭王鴻緒所得，長洲何焯猶及見之。何云是越州石氏模本，然亦不言所以定爲石氏本之據。要之孫氏所得，即此拓本之字，則灼然無疑者也。”

又云：“吾鄉孫退谷研山齋所藏漢石經殘字，今在松江王周謨侍御處，門人吳權堂進士以楷書寫寄。比予所摹黃秋盦藏本，多‘凶德綏績’四字。”

又《漢石經殘字跋》：“華亭司農購越州石氏帖於孫北海家，內有石經。惜裝背惡劣，每有割裂顛倒處。朱錫鬯不察，誤認爲蔡中郎原石耳。今見此本，有北海孫氏印，又有王氏家藏印，又翦裝前後倒置，義門之言，信有徵矣。蓋北海不知有越州石氏帖，故其所撰《閒者軒帖考》亦不載越州石氏帖之目也。當日洪文惠治越，嘗假碑於石氏最富，則未知洪文惠所重刻於會稽蓬萊閣者，與石氏本同異何如。而亭林所見於鄒平張氏者，亦即此本。予昔年見黃秋盦所藏，亦即此本，惟少‘凶德綏績’四字。”

孫星衍又跋：“家退谷所藏硯山齋熹平石經揚本，《尚書·盤

庚》篇六行，《論語·爲政》篇十二行，後有朱竹垞、林吉人題
跋，顧氏藹吉①取其字入《隸辨》，顧亭林、何義門皆見之，後爲
華亭王鴻緒所得，即是此本。嘉慶丙寅歲，余得於歷下何氏，以
爲越州帖本，退谷則謂是洛陽原石，識者互有異同。余因其搨本
四紙無字處石皆刓缺，似從碎石搨得。若越州重摹本，不應不連
屬其文，以成帖幅。事隔久遠，既無實證，難以定之。此本多出
'凶德綏績'一行，比之黃本，尤爲可貴。"

　　王念孫又跋："淵如觀察得孫氏退谷研山齋所藏漢石經殘字，
《尚書·盤庚》篇凡六行，《論語·爲政》《堯曰》二篇凡十二行。
其《盤庚》篇，比之翁閣學摹刻本多一行，乃'凶德綏績'四
字，左畔殘缺，'績'字則祇存右畔。此即何氏屺瞻所云越州石
氏摹本，洵人間至寶也。"

　　江藩又跋："熹平石經，一爲孫退谷藏本，舊在華亭王氏，
今歸孫伯淵先生。詳【注五十六】。越州石氏刻石，名《博古堂帖》。
退翁《閑者軒帖考》②既載《博古堂帖》矣，而《庚子銷夏記》又
載石經殘字，且於碑尾手記數語，則非石氏帖無疑。退谷精於鑒
賞，豈家有是帖而漫不省耶？"

　　顧廣圻《陳氏漢熹平石經殘字跋》："往者伯淵孫觀察得漢石
經《尚書》殘字宋拓本，爲孫氏北海故物。嘉慶戊寅春，淵翁化
去，聞其家收藏，頗有遭彼時惡客竊去者，厥後又經何人誆借，
失落不少。但淵翁之弟相繼俱歿，無從審石經亦在此數否耳。又

---

① "藹吉"，原誤作"靄吉"。
② "考"上原衍"者"字。孫承澤，字耳北，號退翁，明末清初人，撰有《閑者
　軒帖考》一卷。

七年，道光甲申夏，予重至冶城山館訪舊，見其兩少君，大者僅十七歲。偶詢及之，殊惚恍不自了了，但云今已無此而已。”

潘祖蔭《蜀石經〈左氏傳〉襄公殘本跋》：“丙辰夏，碑估以小蓬萊閣所藏漢石經殘字求售，旋爲大力者負之以趨，至今猶懸心目。咸豐戊午二月。”

葉昌熾《語石》：“今海内祇存殘字兩本，一爲北平研山齋孫氏藏本，一爲錢梅溪所得雙鈎本。同治初，兩本皆歸川沙沈韻初孝廉，今其家售於湖北萬觀察航。然宋時即有兩翻刻，洪文惠刻於會稽蓬萊閣，胡宗愈又鑱於錦官西樓。亦未必果爲漢刻。”

羅振玉云：“萬氏此本，後亦歸端忠愍。”

【注五十七】

江藩《漢石經殘字跋》：“熹平石經，予所見者三本：一爲孫退谷藏本，舊在華亭王氏，今歸孫伯淵先生。一爲吾郡玲瓏山館馬氏藏本，後歸黃君小松。一爲蔡松原所藏，即此本也。考宋時重刻有二本，會稽洪文惠刻於蓬萊閣，石熙明刻於越州。何義門、徐壇長皆云‘朱竹垞見退翁所藏，不察爲石氏刻本，誤爲中郎原石’，此説予以爲不然。今以三本互勘，小松本《盤庚》篇無‘凶德綏績’四字，與孫、蔡本不同，安知非文惠所刻耶？此册與退翁本點畫波磔一一相同，雖非洛陽舊蹟，其爲蓬萊閣本，蓋可知矣。蔡松原，名嘉，丹徒人，能詩善畫，亦玲瓏山館座上之客也。”

阮元《漢石經殘字跋》：“余家《漢石經殘字》此本藏文選樓中。”

阮元又跋："予家琅環僊館舊藏册籍富甲南中，幾經兵火，散佚殆盡，幸此册幅葉完好，展對爲之慨然。子膺司馬世臺耽書嗜古，見賞，即以持贈，聊共清玩。"

南湖漁者又跋："漢陽萬東卿先生謂此帖爲蓬萊底本，非蓬萊搨本，其爲洛陽舊石無疑。此册爲世間孤本，子孫寶之，以俟巨眼考鏡。咸豐丁巳秋八月南湖漁者子膺識。"案：此姓名偶忘失，俟查補。

楊守敬又跋："此本舊藏蔡松原，後歸阮文達，又歸南湖漁者，今藏匋齋制府處。"

【注五十八】

羅振玉云："此漢石經三拓本，今由端忠愍後人歸滿洲衡永。"

> 案：以上黃氏易本爲元人藏本，《尚書·盤庚》五行，《論語·爲政》篇八行，《堯曰》四行。孫氏硯山齋本同，惟多"凶德綏績"四字。江氏藩、陳氏宗彝以黃氏本爲洪刻，王氏昶以爲即孫氏硯山齋本。其實此拓有二本，觀翁氏跋自見。硯山齋本，孫氏以爲原搨本，何氏焯以爲石氏本，江氏藩以爲洪氏本。翁氏以爲石氏本即洪氏之本，則此二本固無大別也。蔡氏本亦有"凶德綏績"四字，江氏以爲與孫氏本點畫波磔一一相同，即洪氏本。此三者爲原石，或爲洪氏本，抑石氏本，無可考斷。茲據諸家所記，從其長焉爾。明時趙崡撰《遺字》今未見，想亦是重刻拓本。

> 又案：錢氏泳有《尚書》《詩》《儀禮》《公羊傳》《論語》

並《論語》末篇識語雙鈎本，合五百餘字，乾隆五十年七月得於舊麓①中，不詳何人所摹，曾摹刻於會稽郡學。翁氏合黃易本摹刻於南昌縣學。錢氏又得墨本，云是原石搨本。一裱裝爲卷，後歸合肥劉氏體乾，日本博文堂景印，即其本也。一裱裝爲册。均前有錢氏畫像，後有諸家題跋。此兩本上虞羅氏曾均見之。羅氏後又得墨本，與此兩本同，但無畫像題跋。計《尚書·盤庚》篇五行、黃氏本有之。《洪範》篇十行、《君奭》篇二行，第二行不辨。《詩·魏風》八行、《唐風》四行，《儀禮·大射禮》七行、《聘禮》六行，《公羊傳》三行，《論語·爲政》篇八行、黃氏本有之。《微子》篇八行、《堯曰》篇四行，黃氏本有之。《論語》篇末識語三行。考錢氏所得，不知其所從來。《公羊》十八字爲洪氏所未有，其他亦無著述及之者，數百年後，安得有此？且果係原搨，何以同一時發見，又同在錢氏之家？作僞之拙，可以概見。嘗假其墨本校之。其字畫，如《尚書·盤庚》篇“爾先”，“爾”字內四小“乂”，黃氏本作“乂”，此本一作“乂”，三作“丶”。《洪範》篇“淫朋”，“朋”字，《隸釋》作“刏”，此本泐損，不似“刏”。“使羞”，“羞”字泐損，不似“羞”。《論語·爲政》篇“毋違”，“毋”字雖泐損，黃本尚可辨其外廓，此本兩旁無“丿”。《微子》篇“擾不輟”，“擾”右旁泐損，左作“忄”。《堯曰》篇“不費”，“費”字上半泐損，不似“弗”。“因民”，“因”字泐損外廓，不似“因”。其行款，

---

① “麓”，原誤作“麓”，據文意改。

如《詩·魏風》"維是"，"維"字，合今本以每行七十四字校讀，當與以次各行"曲"字、"之"字、"兮"字、"猶"字、"稼"字、"子"字、"歲"字齊，此本"曲"字、"之"字、"兮"字、"猶"字低一字，"稼"字低二字，"子"字低三字，"歲"字低四字。《唐風》"蟋蟀"，"蟋"字，當與以次各行"句"字、"食"字、"君"字齊，此本"食"字低一字，"君"字低二字。詳第二編《漢石經〈魯詩〉碑圖》。然猶可曰《魯》《毛詩》字有增減，每行或不盡七十四字。新出土《詩·小雅》以前大都七十二字，即以七十二字計算，每行均下遞推二字，排列更屬不合。若《論語·微子》篇"不可與同"，"同"字，當與以次各行"雞"字、"義"字、"居"字、"親"字齊，此本"雞"字、"義"字高一字，"居"字、"親"字高二字。現今出土石經"義"字以次四行上段，有"不行""身中情""大臣怨""第十"殘字。若依此本，則"第十"上無從排入"子張"二字。詳第二編《漢石經〈論語〉碑圖》。可知《隸釋》所存《論語》殘字，大抵末一字皆齊也。又新出土石經《詩》，"章若干句"下加點，《論語》每章下加點，此本無點，然亦猶可曰氈墨不能辨皙。若《詩》，則每章下新出土石經均旁注"其一""其二""其三"等，占一字。此本"是以爲刺"下當有"其一"，"蓋亦勿思"下當有"其二"，"猶來無死"下當有"其三"，"不素食兮"下當有"其二"，"云何其憂"下當有"其二"，乃均無之，想錢氏當日尚不解此。至其字之結構，爲黃氏本所有者，皆不盡同，亦遠不如新出土字之遒古。近質之羅氏，亦以爲錢氏贋作也。錢氏又有《學而》篇三十八字，亦得之敝簏^①故紙中，有徐樹丕印。徐字武子，明長洲人。翁氏以爲漢石摹得，余未得見。然錢氏既能僞此，其《學而》篇同在敝簏^②，亦可想像得之。明人工於作僞，或者非出自錢氏與？乾隆之季，黄氏本出，爲一時所推重，故錢氏此本，鑒賞者亦風靡，而惜未詳其究竟也，兹故不録。

【注五十九】

《金石文字記》："胡宗愈重刻漢石經，亦未見拓本。"

其自拓本摹刻者，有如皋姜任脩本，即孫氏硯山齋本。注六十。**北平翁方綱小蓬萊閣本，**即黄易本並孫氏本"凶德綏績"四字。注六十一。**南昌縣學本，**即黄易本並錢泳雙鉤本。注六十二。**錢唐黄易會稽蓬萊閣本，**即鈐蒙古印本。注六十三。**海鹽張燕昌石鼓亭本，**即黄易本。注六十四。**漢軍李亨特紹興府學本，**即翁氏南昌縣學本。注六十五。**陝西申兆定關中碑林本，**即黄易本。注六十六。**南皮張之洞武昌重刻本。**注六十七。

【注六十】

《兩漢金石記》："如皋姜氏重摹退谷研山齋本，《盤庚》篇第六行僅存一'德'字，蓋摹勒偶有詳略之不同也。"

又《漢石經殘字跋》："白蒲姜退耕摹刻孫氏本。"

---

① "簏"，原誤作"麓"。
② "簏"，原誤作"麓"。

　　冒廣生《龍游河櫂歌》詩注："姜退耕任脩以翰林官縣令，罷歸，嘗從寒山趙氏摹孫北海所藏石經殘碑，得中郎筆意。"

【注六十一】

　　《兩漢金石記》："乾隆丁酉秋八月，黃司馬易購得漢石經殘字，《尚書·盤庚》篇五行，《論語·爲政》篇八行，《堯曰》篇四行。方綱手摹，屬海鹽張芑堂燕昌勒之石。"

　　又《漢石經殘字考》："宋鄱陽洪文惠以所得《尚書》《魯詩》《儀禮》《公羊》《論語》千九百餘字，鑱之會稽蓬萊閣。今獲見此殘字三段，敬摹重勒，亦名其齋曰'小蓬萊閣'。其後始聞吾鄉孫退谷所藏，今在華亭王氏，即此本《盤庚》篇多'凶德綏績'四字者，門人吳樞堂進士以楷書寫寄。比予所摹黃秋盦藏本，多'凶德綏績'四字。又見白蒲姜退耕摹刻北海孫氏本，止多'德'字右半而已。今此半字据姜所刻者，用隸書摹，其三字据吳所錄者，用楷書摹。'德'字與'乃'字平，故併摹'乃家'二字，以定其位置。"

【注六十二】

　　《兩漢金石記》："黃司馬易購漢石經殘字，方綱手摹勒之石。後金匱錢氏所藏石經殘字凡十[①]段，以合於前之三段，而《論語·堯曰》篇一段正與前段上下接筍，珠聯璧合，於是摹爲一十二段。時方綱校士江西，乃勒石於南昌學宫。凡爲方石四塊，共

---

① "十"下原衍"六"字，據翁方綱《兩漢金石記》卷三"漢石經殘字"條删。

得六百七十五字。"

又《漢石經殘字跋》："從金匱錢梅谿泳摹得《尚書·洪範》篇十二行、《君奭》篇二行，《詩·魏風》八行、《唐風》四行，《儀禮·大射儀》七行、《聘禮》六行，《公羊傳》三行，又《論語·爲政》篇八行、《微子》篇八行、《堯曰》篇四行，又《論語》篇末識語三行，因摹刻於江西南昌縣學舍之壁。"

《金石萃編》："錢唐黃易出示宋拓本石經殘字，後金匱錢君泳貽重摹雙鉤本，翁鴻臚方綱又合兩家所藏，彙摹其文，刻於南昌官舍。石經殘字，存者止此。"

唐仲冕《陳氏漢熹平石經殘字跋》："翁覃谿宮詹既刻於北平，又合錢罧溪所藏《尚書》《毛詩》《儀禮》《論語》《公羊》等，共成十二段，鑱而嵌於南昌學舍。"

汪燡又跋："漢熹平石經殘碑一百廿四字，翁覃谿先生取黃小松司馬易所購北海孫氏本，重摹以刻於南昌者也。"

《校碑隨筆》："《金石文字記》'鄒平張氏藏一本，京師孫氏藏一本'，迨後翁氏又見錢唐黃氏藏一本。孫本多'凶德綏績'四字，何義門焯以爲即越州石氏重刻者也，尚非原石[①]，翁氏辨之最詳，且合以金匱錢氏本[②]摹刻於南昌學宮。爲方石四塊，凡十二段，得六百七十五字。"

案：《史學雜誌》："漢蔡邕隸刻石經，清代金石家翁方綱搜得石經殘字數百，重在南昌摹刻，置於南昌縣府學内。

---

① "原石"，原誤作"原名"，據方若《校碑隨筆》"石經《尚書》《論語》殘字"條改。
② "本"字原脱，據方若《校碑隨筆》"石經《尚書》《論語》殘字"條補。

惟因年代久遠，流落民間，遂致湮没。日前，鄧某在高橋新
建舊學宫址竈煙塵壁上，發現漢蔡邕書石經殘字碑一塊，古
色斑斕，字亦多污蝕莫辨。現省立圖書館已將此碑移至館内
保存陳列。"第一卷第二期。

又案：錢氏本未録，翁氏本係合黄、錢二氏本，故附
及之。

【注六十三】

翁氏《漢石經殘字跋》："黄秋盦聞錢君有會稽之刻，亦屬錢
君摹勒此《盤庚》《論語》三段於會稽蓬萊，重踐洪景伯之舊盟。
以視前此予初從秋盦本屬芑堂勒於吾齋壁者，芑堂雖經研旬日之
久，然其上石，則仍出工匠之手，不若錢君手自鐫刻，是蓬萊會
稽鐫刻重勒之本，勝於吾齋遠矣。"

《漢石經考異補正》："曩黄小松司馬獲《尚書·盤庚》篇三
十餘字、《論語·爲政》篇七十餘字、《堯曰》篇三十餘字於燕
臺，以其文摹於《小蓬萊閣①金石文字》翻刻諸漢碑中，以刻本
見寄，予始知之。其原本，則未之見也。"

【注六十四】

《漢石經考異補正》："張芑堂徵君亦嘗以小松本摹刻於其家
之石鼓亭，今此書尚存案頭，時常展玩，猶可得漢石經之遺蹟於
彷彿間耳。"

---

① "閣"字原脱，據瞿中溶《漢石經考異補正》卷二補。

【注六十五】

黃易《漢石經殘字跋》："翁閣學先合金匱錢泳所獲石經遺字，摹刻於南昌縣學，知紹興府李公亨特又摹刻於府學。"案：李亨特，見《癸巳類稿》卷十二《總河近事考》。

【注六十六】

唐仲冕《陳氏漢熹平石經殘字跋》："漢石經殘碑拓本，《尚書》一，《論語》二，向在孫退谷硯山齋者，何義門謂即宋越州石氏所橅。黃小松司馬得之，申大令鐵蟾橅置關中碑林。"案：申鐵蟾，名兆定，陝西人，官白水知縣，著《涵真閣漢碑文字跋》。

【注六十七】

楊守敬《漢石經殘字跋》："南皮張相國以孫、黃二本合刻于湖北存古學堂，復借蔡本刻之。按：石經重刻本，以金匱錢泳所得雙鈎本存字最多。李亨特又刻之紹興府學。然皆無前人題識，不知所本。今存古學堂所刻，題跋俱全，固可信也。"

案：此本題"漢石經殘字"錢唐黃易珍藏，大興翁方綱題籤。"熹平石經遺字"乾隆壬子夏六月，金匱錢泳爲小松司馬題。"漢石經殘字"，小蓬萊閣黃氏舊藏，同治二年均初得于都下，捣叔題記。又"蓬萊宿約"四大字，後悉載諸家題跋，最末段有"光緒二十八年壬寅三月既望麻城吳兆泰、花縣湯金銘、義州李葆恂、長沙余肇康、天門周樹模同觀於陶齋尚書節署"云云。

魏石經考提綱

魏石經，於魏廢帝正始中刊立。注一。曰正始石經，注二。又曰三字三體。石經。注三。

經數爲《尚書》《春秋》《左氏傳》注四。莊公中葉止。注五。

諸經古文，出自壁中本，或其三寫、四寫之本。《尚書》用馬、王、鄭三家注本，《春秋》《左氏傳》用賈逵三家注本，皆當時學官所立。注六。

石數三十五枚。注七。品字式，每石約二十五六行，行七十四字。三字直下式，每石三十四行，或三十二行，行六十字。注八。表裏刻字，每石皆倍其數。注九。《尚書》一萬八千六百五十字，《春秋》一萬六千五百七十二字，《左氏傳》隱、桓二公傳九千三百三十九字，又莊公中葉止，　　字。每字三體，都計曰十四萬七千字。注十。

書石者爲衛覬，敬侯。一云邯鄲淳，一云嵇康，今無可考，蓋非一人所書。注十一。

字體爲三字，古、篆、隸書。注十二。今可考者，《尚書》首二碑品字式，第三碑以後爲三字直下式。注十三。

經石在洛陽城南開陽門外太學講堂前，樹於堂西，南北行。注十四。碑長八尺，寬四尺，廣三十丈。注十五。

晋永嘉時，悉多崩敗。注十六。迨北魏馮熙、常伯夫相繼爲洛州刺史，廢毀分用。注十七。東魏武定四年，自洛陽徙鄴，值河陽岸崩，多沒於水。注十八。北齊天保、皇建間，施列學館。注十九。北周大象元年，復自鄴徙洛陽。注二十。隋開皇六年，又自洛陽徙長安，因亂廢爲柱礎。注二十一。

唐貞觀初，魏徵收集石經，十不存一。三字石經，凡十數段，置九成宮祕書監內，後武后移於著作院。注二十二。宋時高紳得殘石，後歸趙竦。注二十三。清光緒時，洛陽黄占鼇得《尚書·君奭》篇殘石，歸黄縣丁樹楨，後歸建德周進。注二十四。近年，洛陽得《尚書·無逸》《君奭》篇與《春秋》僖公、文公，又《尚書·多士》篇與《春秋》文公表裏書殘石，現置開封圖書館。注二十五。徐鴻寶得五十五石，馬衡得七十三石，吳寶煒得一石，柯昌泗得二石，陳承修得二石，黄立猷得十石，共殘石一百四十三塊。注二十六。又周進有二塊，注二十七。洛陽又新出殘石若干塊。注二十八。

其拓本，唐初傳拓之本，猶在祕府。注二十九。中、睿以後，頗已散佚。注三十。竇蒙見打本四紙。注三十一。開元時，得《春秋》十三紙，有"開元"字印、"翰林"字印。其真本在馬胤孫家，注三十二。後在王文康家。宋皇祐時，蘇望有王文康《左氏傳》摹本，夏竦亦有摹本。注三十三。元祐時，趙竦有斷石摹本。注三十四。胡宗愈有成都故家拓本。即鏤成都西樓底本，有云即蘇氏本。注三十五。洪适有三體數十字本。即鏤會稽蓬萊閣底本。注三十六。清光緒時，丁樹楨有《尚書》殘石拓本。注三十七。近洛陽出土殘石，有《尚書》《春秋》表裏書拓本，注三十八。徐鴻寶諸家集拓本，注三十九。周進《尚書》殘石拓本。注四十。

　　其重刻者，有蘇望洛陽本、即王文康本。注四十一。胡宗愈成都西樓本、注四十二。洪适會稽蓬萊閣本，注四十三。今俱不存，亦未見拓本。注四十四。

魏石經考

蒲圻張國淦編

魏石經，於魏廢帝正始中刊立。注一。曰正始石經，注二。又曰三字三體。石經。注三。

【注一】

《晉書・衛恒傳》："至魏正始中，立三字石經。"詳【注十一】。

《後魏書・江式傳》："又建三字石經於漢碑之西。"同上。

《水經・穀水注》："魏正始中，又立古、篆、隸三字石經。"詳漢石經【注九】。

《隋書・經籍志》："魏正始中，又立一字石經，相承以爲七經正字。"《經義考》："'一字'當屬'三字'之譌。"桂氏《歷代石經略》："蓋傳寫誤也。"

【注二】

《丹鉛總録》："魏正始中，又立古、篆、隸三體石經。古文用鳥跡科斗體，篆效史籀、李斯、胡母敬體，隸用程邈體。"

《石墨鐫華》："魏正始立古、篆、隸三體石經，古文用科斗鳥跡體，篆用史籀、李斯、胡母敬體，隸用程邈體。此三刻也。"

案：此承"漢石經光和初刻，熹平再刻"言，故云"第三刻"，蓋誤。

　　案：魏石經因其刊立在正始中，故通稱爲正始石經，但無刊始及工竣年月。

【注三】

章炳麟云："《晋書》衛恒《四體書勢》稱'至正始中，立三字石經，轉失淳法，因科斗之名，遂效其形'，諸書言三字石經緣起者始此。"《與于右任論三體石經書》。

　　案：石經三體書法，始於《後漢·儒林傳序》，以爲漢熹平年立。《晋·衛恒傳》三字石經以爲魏正始中立。《水經注》亦以爲魏立。《隋志》先叙一字，後叙三字，而又以一字爲魏立。並詳漢石經【注十九】。

經數爲《尚書》《春秋》《左氏傳》注四。莊公中葉止。注五。

【注四】

《西征記》："《春秋經》《尚書》二部。"詳漢石經【注七】。

《洛陽伽藍記》："《春秋》《尚書》二部。"同上。

《隋書·經籍志》："三字石經《尚書》九卷，梁有十三卷。三字石經《尚書》五卷，三字石經《春秋》三卷。梁有十二卷。"

《舊唐書·經籍志》①："三字石經《尚書》古篆三卷，三字石經《左傳》古篆書十三卷。"

《唐書·藝文志》："三字石經《尚書》古篆三卷，三字石經《左傳》古篆書十二卷。"

《通志·藝文略》："三字石經《尚書》古篆三卷，三字石經《尚書》九卷，三字石經《左傳》古篆書十二卷。"

萬氏《石經考》："《舊志》有'今字石經《易》篆三卷，今字石經《尚書》古篆三卷，今字石經《左傳》古篆書十三卷'，此不可解。既言'今字'，即今之楷書也，何以又言'易篆''古篆'？觀《新志》，乃言'三字石經《尚書》古篆三卷，三字石經《左傳》古篆書十三卷'，始知《舊志》'今字'當改'三字'，而《新志》'今字石經《易》篆三卷'亦當改爲'三字'也。"案：《舊志》"《尚書》《左傳》"，乾隆刊本"今字"俱係"三字"。

孫星衍《魏三體石經遺字考叙》："邯鄲淳既得見古文，所書當有他經。而獨存《尚書》《春秋》者，《御覽》引《西征記》'《春秋經》《尚書》二部，大篆、隸、科斗三種字'，是時止見二種。魏、齊先後徙洛陽石經於鄴都，多没於水。隋開皇時，又徙於長安，以亂廢爲柱礎，但有傳拓之本存於祕府。故《隋志》載三字石經唯《尚書》九卷、五卷，《春秋》三卷，比之《七録》所有卷數，且失大半。"

劉氏《漢魏石經考》："言魏石經者，莫詳於衛恒、江式、酈道元三家，而皆不言所刻何經。考《隋》《唐志》載三字石經傳拓

_____

① "經籍志"，原誤作"藝文志"。《舊唐書》有《經籍志》而無《藝文志》。

之本，止《尚書》《春秋》，《唐志》則云《左傳》，以《集古録目》與《隸續》殘碑證之，知《隋志》所稱《春秋》爲《左傳》無疑。與《伽藍記》所言三字石經合。又《隸續》殘碑，洪氏以爲止《左傳》字者，實雜有《尚書》字。而不見有他經字，則魏正始止此二部無疑。衛恒、江式、酈道元①所以但云三字石經，不言五經。魏所以止書此二經者，當以其時兩書傳有定本可據故耳。蓋漢立石經，在正經文，魏立石經，在存字體，所以一用隸書，一備三體，一必備列五經，一止《尚書》《左傳》也。"《魏石經止〈尚書〉〈春秋左氏傳〉説》。

又云："三字石經《尚書》九卷、五卷，此即一書而分卷有多寡耳。"

《觀堂集林》："其經數，則《尚書》《春秋》外，《左傳》本未刊成，故六朝及唐初人紀載均未之及。唐宋以後，蒐求殘石及遺拓始及之。而《新》《舊》二志'十二卷'或'十三卷'之數，殆兼《春秋經》言之，且未必遽爲全卷。"《魏石經考》二。

又云："《隋志》載梁有三字石經《尚書》十三卷，三字石經《春秋》十二卷，此蓋魏石經二經足本。十三卷者，後來僞孔傳之卷數，與馬融、王肅注本之十一卷、鄭玄注本之九卷，分卷略同，而與歐陽、大、小夏侯之二十九卷或三十一卷及壁中書之五十八篇爲四十六卷者絶異，乃漢魏閒分卷之法。其《春秋》十二卷，則猶是《漢志》'《春秋》古經'之篇數，亦即賈逵三家經本訓詁之卷數，與《漢志》公、穀二家經各十一卷者不同。蓋漢魏以前，左氏所傳《春秋經》皆如是也。"《魏石經考》三。

---

① "酈道元"，原誤作"經道元"，據劉傳瑩《漢魏石經考》下篇"魏石經止《尚書》《春秋左氏傳》説"條改。

又云："《隋志》所録魏石經拓本，爲《尚書》九卷，又五卷，即九卷中之複本。《舊唐志》有三字石經《尚書》古篆三卷，三字石經《左傳》古篆書十三卷。《新志》"十二卷"。既云三字石經，復云古篆書，疑唐人就三字拓本中專録其古、篆二體。"《魏石經考》四。

章炳麟云："《隋·經籍志》稱梁《七録》所載三字石經卷本，《尚書》十三卷，《春秋經》十二卷，隋則《尚書》九卷，《春秋》三卷，視梁時①傳本已不及半，唐世則存石十餘段耳。《唐志》'尚書'三卷，《左傳》十二卷'，又與隋世多寡互殊。其多出者，蓋相傅臨摹之本，不皆搨之於石也。"《新出三體石經考》。

又云："洪氏録殘石《公羊傳》，而不見《春秋經》，蓋經傳別行也。正始石經《春秋》雖有傳，亦不與經文混合。《漢志》'春秋'古經十二篇，《左氏傅》三十卷'，本自分別，篇則竹簡，卷則縑素②，其品物有殊。正始所刻，亦仍其舊貫也。"同上。

案：此經數附《漢石經經數表》説。詳漢石經【注七】。

【注五】

《觀堂集林》："《隸續》録洛陽蘇望所刊魏石經遺字，除《尚書》《春秋》外，有桓七年傳九字、桓十七年傳二十六字。所刊《左氏》，當③至莊公中葉而止。"《魏石經考》二。詳【注十】。

章炳麟云："《左傳正義》舉'魯夫人'石經古文'魯'作

---

① "梁時"，原誤作"梁氏"，據章炳麟《新出三體石經考》改。
② "素"下原衍"月"字，據章炳麟《新出三體石經考》删。
③ "當"下原衍"莊"字，據王國維《觀堂集林》卷二十《魏石經考》二"删。

‘衺’，‘虞’石經古文作‘众’，是石經有《左傳》明甚。皇祐蘇望所摹者，《春秋》桓公亦有傳文。"《新出三體石經考》。

又云："樸安以《水經注》四十八碑之説疑其相差過巨，因謂傳文刻至桓公爲止。此則不然。按：唐叔手文曰‘虞’，見《左氏·昭公傳》。而傳首孔疏引此石經‘众’字。則知唐時尚見石經《昭公傳》也。"《與于右任論三體石經書》。

案：此王氏謂至莊公中葉止，胡氏謂至桓公止，章氏謂見《昭公傳》並有全《傳》，詳【注十】。茲從王氏。

諸經古文，出自壁中本，或其三寫、四寫之本。《尚書》用馬、王、鄭三家注本，《春秋》《左氏傳》用賈逵三家注本，皆當時學官所立。注六。

【注六】

《觀堂集林》："自後漢以來，民間古文學漸盛，至與官學抗行。逮魏初復立大學，暨於正始，古文諸經，蓋已盡立於學官。所立諸經，已爲賈、馬、鄭、王之學。其時博士可考者，亦多古文家，且或爲鄭氏[①]弟子也。當時學官所立者既爲古學，而太學舊立石經，猶是漢代今文之學，故刊古文經傳以補之。其《春秋》十二卷，則猶是《漢志》‘《春秋》古經’之篇數，亦即賈逵

---

① "氏"下原衍"子"字，據王國維《觀堂集林》卷二十《魏石經考》三"刪。

三家經本訓詁之卷數，賈以《左氏經》①爲底本。與《漢志》公、穀二家經十一卷者不同。詳【注四】。《尚書》既爲馬、王、鄭三家，則石經亦當用三家之本。三家雖同爲《古文尚書》，然其本已改今字。而此具古、篆、隸三體者，壁中本《古文尚書》後漢時尚在祕府，許慎見之，鄭玄亦見之。中更董卓之亂，雖未必存，然當時未必無傳寫之本。《隋志》謂'晋世祕府所存，有《古文尚書》經文'，雖未必爲壁中原書，亦當自壁中本出矣。且漢魏閒除祕府本外，尚有民閒傳寫之本。衛恒《四體書勢》謂其祖'敬侯②即衛覬。嘗寫邯鄲淳《尚書》以示淳，而淳不別'，是淳蓋亦傳《古文尚書》而爲《書》博士者，其本宜有所受之。是魏時《尚書》古文固有祕府本及民閒本矣。至古文《春秋經》及《左氏傳》，至魏時尚存否雖不可考，然《周禮·小宗伯》注引古文《春秋經》'公即位'爲'公即立'，是鄭君猶及見之。正始距鄭君之卒，不過數十年，或當時尚有傳寫之本矣。且漢魏之閒，字指之學大興，魏之石經古文，果壁中本，若其子本，抑用當時字指學家自定之本，均不可知。然即令出于字指學家之手，而字指學家之所據，亦不外壁中古文，因漢時除壁中書及張蒼所傳《春秋》《左氏傳》外，別無古文故也。今就魏石經遺字中古文觀之，多與《説文》所載壁中古文及篆文合，且有與殷周古文合，而爲許書所未載者。然則謂魏石經古文出於壁中本，或其三寫、四寫之本，當無大誤。即謂出於當時字指學家之手，然雖非壁中之

---

① "左氏經"，原誤作 "左氏傳"，據王國維《觀堂集林》卷二十《魏石經考》三"改。
② "敬侯"，原誤作 "敬候"，據《三國志》卷二十一《劉劭傳》裴松之注引《四體書勢》改。

本，猶當用壁中之字，固不能以杜撰譏之矣。要之，漢、魏石經皆取立於學官者刊之。漢博上所授者皆今文，故刊今文經。魏學官所立《尚書》爲馬、鄭、王三家，故但刊三家所注之三十四篇。其逸篇絕無師説，又不立學官，且當時亦未必存，故不復刊，亦猶《尚書》《逸禮》《春秋》《左氏傳》同爲古文，《逸禮》絕無師説，又不立學官，故僅刊《古文尚書》及《春秋》《左氏傳》也。其刊此三經者，以漢世所未刊，其不刊《逸書》及《逸禮》者，以學官所不立。至《費氏易》《毛詩》《周官》《禮記》《穀梁春秋》，魏時亦已立學官，而石經無之者，蓋《禮記》《穀梁傳》均爲今學，《費易》《毛詩》雖爲古學，或已無古文之本，而魏石經必具三體，故未之及，或欲刊而未果，與《左傳》之未畢工者同。然則漢、魏石經皆刊當時立於學官之經，爲最顯著之事實矣。"《魏石經考》三。

石數三十五枚。注七。品字式，每石約二十五六行，行七十四字。三字直下式，每石三十四行，或三十二行，行六十字。注八。表裏刻字，每石皆倍其數。注九。《尚書》一萬八千六百五十字，《春秋》一萬六千五百七十二字，《左氏傳》隱、桓二公傳九千三百三十九字，又莊公中葉止，　字。每字三體，都計曰十四萬七千字。注十。

【注七】

《西征記》："國子堂前有刻碑，南北行，三十五版，大篆①、隸、科斗三種字。"詳漢石經【注九】。

《水經·穀水注》："魏正始中，又立古、篆、隸三字石經，碑石四十八枚。"

《洛陽伽藍記》："開陽門外有漢國子學堂，堂前有三種字石經二十五碑，作篆、科斗、隸三種字，漢中郎將蔡邕筆之遺迹也。"案：楊氏以三字屬漢，故云三種字爲蔡邕遺迹。並詳同上。

　案：此石數王氏《考》以《西征記》爲確，兹從王氏。

詳【注十】，並詳漢石經【注九】。

【注八】

王國維云："三字石經品字式，皆每行七十四字，與漢石經行款同。每碑約二十五六行。又一種，每碑三十餘行，每行六十字。此二種行款雖異，而碑之高、廣則同，因品字式者字較小故也。"《與陳氏論新出土魏石經殘字書》。詳【注十三】。

又《魏正始石經殘石考》："此次所出魏石經，'帝言'以下諸石，皆一格之中上列古文，而以篆、隸二體並列於下，成品字形。《高宗肜日》諸石，則古文、篆、隸三體直下，與《隸釋》所録者同。其三字直下者，每行六十字，每碑三十四行或三十二行。而品字式者，每行七十四字。七十四字者，漢石經每行之字數也。此二種款式雖異，石之高、廣必同。品字式者，每行中

---

① "大篆"，原誤作"古篆"，據《太平御覽》卷五百八十九引《西征記》改。

篆、隸二體並列，故橫處較寬，以比例計之，每碑當得二十六七行。"案：此《考》在《與陳氏書》後，故從此。

羅振玉云："石表裏刻之，一面刻《尚書·無逸》及《君奭》，計三十四行，行存二十三及三十四字不等，他面刻《春秋》僖公、文公，計三十二行，前後二行無字，行存字二十一至三十二，依每行存字驗其起訖，知每行二十字，合三體得六十字。往者王靜安徵君作《魏石經考》，根據宋人所錄及黃縣丁氏所藏《君奭》篇殘石，定爲每行六十字，今實驗果不謬。"《新出土魏正始石經殘字陳氏景本跋》。

章炳麟云："以今所見驗之，碑石中斷，每行或存三十餘字，或二十七八字。以本經讎對，補其斷爛，知每行當六十字，每面三十三行，爲一千九百八十字。表裏合之，爲三千九百六十字。以三體相除，一碑所錄經文一千三百二十字。"《新出三體石經考》。

【注九】

《西征記》："刻碑三十五版，表裏書，大篆①、隸、科斗三種字。"詳漢石經【注九】。

《洛陽伽藍記》："三種字石經，表裏刻之，作篆、科斗、隸三種字。"同上。

【注十】

劉氏《漢魏石經考》："據《隋》《唐志》《隸續》殘碑，三體

_____

① "大篆"，原誤作"古篆"。

書係《尚書》《左傳》二部，共有二十一二萬字，三體書三倍之，則六十六萬餘字。以漢碑表裏書，每碑容三千餘字計之，須二百碑。即其小於漢石經之半，亦須百碑。《水經注》‘四十八枚’，恐是除毀壞不計耳。”

又云：“三字《春秋》，證以《隋》《唐志》，知爲《左傳》。《左傳》凡十九萬餘字，合《尚書》二萬餘字，共二十一萬餘字，三體三倍之，約六十六萬字。”姚晋圻云：“《唐國子石經跋》及歐陽文忠所説《尚書》《左傳》二十二萬餘字，此不同者，彼兼《僞古文尚書》數之，爲魏時所無也，故約略少之。”

《觀堂集林》：“魏石經石數，據《水經注·穀水》篇則四十八碑，據《西征記》則三十五碑，據《洛陽伽藍記》則二十五碑。而無論二十五碑、三十五碑、四十八碑，均不足以容《尚書》《春秋》《左傳》三書字數。考唐石經，《尚書》二萬七千一百三十四字，《春秋左氏傳》十九萬八千九百四十五字，共得二十二萬六千又七十九字。除僞古文二十五篇并孔安國序八千四百八十四字、杜預序一千六百又七字，共一萬又九十一字，計得二十一萬五千九百八十八字。每字三體，當得六十四萬七千九百六十四字。而魏石經每石字數僅四千有奇，就黃縣丁氏所藏魏石經殘石，以經文排比之，則每行得六十字。更以此行款排比《隸續》所録魏石經《尚書》《春秋》殘字，亦無一不合，知每石皆每行六十字。又量其字之長短，則每八字當漢建初尺一尺弱，六十字當得建初尺七尺有半。碑之上下當有餘地，則與《西征記》及《水經注》所云石長八尺者合矣。《水經注》復云：‘石長八尺，廣四尺。’八尺之長，除上下餘地，得六十字，則四尺之廣不止容三十字，以各石相接，故左右不須有空處。當得三十四五字。今以每碑三十五行、行六十字計之，則每碑得二千一百字，加以表裏刻字，則得四千二百字。故《尚書》《春秋》《左傳》三經字數，須一百五十五石乃能容之。此不獨與古書所記石數無一相合，亦恐非正始數年中所能辦。且考之隋以前紀載，未嘗及《左傳》，核之石數，又不能容三經，疑當時所刊《左傳》，實未得全書十之二三。《隸續》所錄《左傳》文，乃桓公末年事。案：《左氏》隱、桓二公傳，共九千三百三十九字，加以《尚書》一萬八千六百五十字、《春秋》一萬六千五百七十二字，篇題字未計。共四萬四千五百六十一字。每字三體，得十有三萬三千六百八十三字。今依《西征記》‘三十五碑’字數計之，得十有四萬七千字，蓋所刊《左氏》當至莊公中葉而止。若如《洛陽伽藍記》所云二十五碑，則尚不足容《春秋》《尚書》二經字數。如上所計，以二十五碑字數校二經字數之三倍，尚不足六百六十六字。而《水經注》之‘四十八碑’，實爲漢石經石數。故魏石經石數，當以《西征記》爲最確也。”《魏石經考》二。

章炳麟云：“《御覽》‘碑部’引戴延之《西征記》稱‘三字石經碑三十五枚，表裏書，《春秋經》《尚書》二部，今有十八枚存，餘皆崩’，酈道元《水經注》稱‘三字石經碑[①]四十八枚’。案：以今所見驗之，一碑所錄經文一千三百二十字。《春秋》十二經，《尚書》二十九篇，無慮四萬字，刻以三十五碑則有餘。然依《唐·藝文志》，有三字石經《左傳》古篆書十二卷。《左氏》全

---

① “碑”字原脱，據章炳麟《新出三體石經考》補。

傳十七萬餘言，合之《春秋經》《尚書》，幾二十一萬字。三體重複，則四十八碑猶不贍。蓋一百六十餘碑，而後足容古文、篆、隸六十三萬字。以校戴、酈所見，三四倍有餘。意者中經八王、劉石之亂，大學蕪廢，其石多散逸不存。是故戴氏在東晉已不獲見全石。其後魏、齊二代，此與漢石經並徙鄴都，周、隋、唐復徙關中者，則又其緒餘也。"《新出三體石經考》。

　　案：此劉氏以《尚書》《春秋》二部須百餘碑，王氏以三十五碑容《尚書》《春秋》《左氏傳》莊公止，章氏以百六十餘碑容《尚書》《春秋》經傳，故行數、字數均不同，茲從王氏。

書石者爲衞覬，<small>敬侯。</small>**一云邯鄲淳，一云嵇康，今無可考，蓋非一人所書。**<small>注十一。</small>

【注十一】

《晉書・衞恒傳》："漢武時，魯恭王壞孔子宅，得《尚書》《春秋》《孝經》，時人以不復知有古文，謂之科斗書。漢世祕藏，希得見之。魏初傳古文者，出於邯鄲淳。恒祖敬叔寫淳《尚書》，後以示淳，而淳不別。至正始中，立三字石經，轉失淳法，因科斗之名，遂效其形。"《金石文字記》："據所言，則三字石經非邯鄲淳書。"

《水經・穀水注》："魏初傳古文，出邯鄲淳。石經古文，轉失淳法。"劉氏《石經考》："此用衞恒說。"

馮氏《石經考異》："魏始具三體，據《衞恒傳》，亦非邯鄲淳，乃敬侯也。衛恒《書勢》亦不言淳書，當得其實。則《隋志》《魏書》，不足信耳。”

　　案：此云非邯鄲淳書，乃衛覬書。

《隸續》：“此碑以正始年中立。《漢書》：‘元嘉元年，度尚命邯鄲淳作《曹娥碑》，時淳已弱冠。’自元嘉至正始，亦九十餘年，謂淳所書，非也。”

胡三省《資治通鑑注》：“此碑以正始年中立。《漢書》：‘元嘉元年，度尚命邯鄲淳作《曹娥碑》①，時淳已弱冠。’自元嘉至正始，亦九十餘年，或以三字爲魏碑則是，謂之邯鄲淳所書，非也。”

《金石文字記》：“《魏書·江式傳》謂‘魏三字石經立於漢碑之西，爲邯鄲淳書’，則不考衛恒之言而失之者也。”

《經義考》：“世傳經爲邯鄲淳所書，而《晉書·衛恒傳》謂‘正始中，立三字石經，轉失淳法’，其非淳所書明矣。”

劉氏《漢魏石經考》：“江式身在洛陽，目驗石經，其碑上必有古人姓名，何以妄語？想因《古文尚書》出自邯鄲淳，故以意推之，而不覺其非也。”

周貞亮云：“漢代壁經，皆科斗文，藏於祕府，世不經見，亡於晉永嘉之亂。魏初邯鄲淳猶目覩其迹，手摹其文，故世謂三體石經即出淳書，《魏書·江式傳》詳載之，不知淳傳古文之人，非書石經之人也。觀衛恒《四體書勢》稱‘魏初傳古文者，出邯鄲淳。至正始中，立三體石經，轉失淳法，因科斗之名，遂效其

____
① “曹娥碑”，原誤作“漕娥碑”，據《資治通鑑》卷五十七《孝靈皇帝紀》胡三省注改。

形’，酈氏《水經注》亦同此説。夫曰立經而轉失淳法，則書經之不出於淳可知，曰因名而遂效其形，則並不以經字作科斗形爲是可知。考洪氏《隸續》言‘魏碑以正始中立。《漢書》言元嘉元年，度尚命邯鄲淳作《曹娥碑》①，時淳已弱冠。自元嘉至正始，閱九十餘年’，則經非淳書，可以斷定。”《魏三體石經殘石拓本跋》。

案：以上云非邯鄲淳書。

《魏書·江式傳》：“延昌三年，式上疏云：‘魏陳留邯鄲淳特善《倉》《雅》，許氏字指，八體六書，精究閒理，以書教諸皇子。又建三字石經於漢碑之西，其文炳蔚，三體復宣，校之《説文》，篆、隸大同，而古字少異。’”《北史》傳同。

《尚書古文疏證》：“魏邵陵厲公正始中，邯鄲淳書石經，立於大學。”詳【注十二】。

姚晉圻云：“魏石經爲邯鄲淳書，《隸續》之説，又可勿力崇矣。考《搜神記》言：‘火浣布，魏文著之《典論》，明其不然之事。及明帝立，詔三公曰：先帝昔著《典論》，不朽之格言，其刊石廟門外及大學，與石經並示來世。至景初三年，西域獻火浣布，於是刊滅此《論》。’今將干寶斯言準之，景初三年，是爲正始元年，《典論》夙已刊成矣，上距太和明帝下詔之日多及十年，下詔即云與石經並示②來世，則石經託始在先可知也。魚豢謂‘黃初元年後，新主乃始掃除大學之灰炭，補舊碑之闕壞’，是刻石經當始黃初，淳時正爲博士耳。景初、正始閒，刊滅《典論》

①　“曹娥碑”，原誤作“漕娥碑”。
②　“並示”，原誤作“永示”，據上文引魏明帝詔“與石經並示來世”云云可知。劉傳瑩《漢魏石經考》載姚晉圻序言即誤作“永示”。

一碑，諸碑或有更置，故衛恒据以爲言，而所謂'轉失淳法，因科斗之名，遂效其形'者，正言鐫刻之疏，不爲寫官説也。《穀水注》又本衛恒，不足證執矣。《劉氏〈石經考〉序》。

案：以上云邯鄲淳書。

《鮚埼亭集外篇》："衛恒《四體書勢》謂'魏初傳古文者，皆出於淳，正始所立，轉失淳法'，則淳於補正熹平隸字之外，別用壁中書寫一本，爲正始之祖。然則邯鄲石經之上接熹平者，是《隋志》以一字爲魏刻之誤所自也。楊衒之、江式所言，大抵皆因此而錯。"《杭氏〈石經考異〉序》。

杭氏《石經考異》："魚豢《魏略》以董遇、賈洪、邯鄲淳、薛夏、隗禧、蘇林、樂祥等七人爲《儒宗傳》，其序曰：'黃初元年之後，新主乃復始掃除太學之灰炭，補舊石碑之缺壞。'又《邯鄲淳傳》云：'黃初初，以淳爲博士給事中。淳作《投壺賦》千餘言，奏之，文帝以爲工，賜帛千疋。'度淳在當時未必甚老，或寫於黃初，而刻於正始，亦未可定。不然，熹平立石，蔡邕、馬日磾之名照灼若此，而魏世重刊，竟不言書者姓氏，是一闕也。"劉氏《石經考》："合《衛恒》《趙至傳》及《隸續》語證之，魏石經決非淳書。杭大宗以爲淳書於黃初而刻於正始，殊爲臆決。"

《魏三體石經遺字考叙》："孔子壁中書，有《禮記》《尚書》《春秋》《論語》《孝經》，皆科斗古文，漢世藏於祕府，亡於晋永嘉之亂，魏初邯鄲淳猶得目覿而手摹之，故衛恒《四體書勢》稱淳爲傳古文，又謂正始立石失淳法，則淳書實孔壁古文也。"

劉氏《漢魏石經考》："《衛恒傳》'恒祖敬叔寫淳《尚書》'，是淳於《尚書》有古文定本，正始石經《尚書》必祖是書，此江式所以誤。"

　　章炳麟云："《魏志》'潁川邯鄲淳'附《王粲傳》，注引《魏略》：'淳，一名竺，字子叔。《後漢書》注引《會稽典録》云："淳，字子禮。"善《倉》《雅》、蟲篆，許氏字指。'《四體書勢》又稱：'建初中，扶風曹喜篆書，少異李斯，而亦稱善，邯鄲淳師焉，略究其妙，韋誕師淳而不及也。蔡邕亦採斯、喜之法，爲古今雜形，然精密閑理不如淳。'"建初"爲章帝年號，淳與邕皆不逮事曹喜，言淳師喜者，師其筆迹爾。此則淳書獨步漢魏，嘗寫壁經，而弟子逐以入石。其筆法淵茂，弟子所不能至，故云轉失淳法，非謂字體有失也。邕在漢立一字石經，淳從後開三字石經，然淳與邕年次則相若，何以明之？《後漢書·列女傳》及注所引《會稽典録》言：元嘉元年，上虞長度尚爲曹娥立碑。尚弟子邯鄲淳，時甫弱冠，操筆而成。其後蔡邕題'黃絹幼婦，外孫齏臼'八字。《後漢書·度尚傳》注引《續漢書》'尚通《京氏易》《古文尚書》'，然則淳傳《古文尚書》，實受之於尚也。元嘉爲桓帝年號，邕之入吳題碑，在其被罪以後，則去元嘉初元，且三十年也。邕與董卓同死，年六十一。自元嘉元年，至初平三年董卓誅死之歲，首尾四十二年。計淳元嘉元年弱冠，至初平三年亦六十一歲。是淳與邕篆法同師，而年亦相若也。《魏略》稱'淳初平時，從三輔客荆州，荆州內附，太祖召與相見，甚敬異之'，尋魏武定荆州，在建安十三年，計斯時淳已七十七歲。又稱'黃初初，文帝以淳爲博士給事中'，則年幾九十矣。石經古文，本淳所寫，及正始中立石，又在黃初後二十餘年，淳宜已前卒，雖在，亦老耄不能書丹可知也。然去博士授經之時未遠，其弟子見淳寫經，親承指畫者尚衆，因以逐書上石。《隋·經籍志》：“晋世祕府所存，有《古文尚書》經文，今無有傳者。”案：漢東都典籍，董卓之亂，悉已泯絶。晋世祕府《古文尚書》，必非漢世所遺，蓋即淳之所書，亦或衛覬與其弟子所迻寫也。故元魏江式直稱淳建三字石經於漢碑西，以故書本出淳手，而立碑亦淳遺意也。且以漢世石經造端熹平四年，成於光和六年，時蔡邕竄徙已五歲，不盡爲邕書，然後人猶以歸邕者，以邕有其規畫，且嘗自書丹故。夫以正始石經歸淳者，其説亦如此矣。淳、邕同時有聲氣。邕立一字石經，《詩》舉魯，《尚書》舉伏生，《春秋》舉公羊，皆當時學官所用今文經傳。盧植已心非之，上書請刊正碑文，且言‘古文科斗，近於爲實，厭抑流俗，降在小學’，其與邕立異如此。淳之寫古文經以待摹刻，其亦與植同旨而近規邕之失歟？”《新出三體石經考》。

又云：“石經非邯鄲原筆，《書勢》已有其文。然既云轉失淳法，則明其追本于淳，若絶不相系者，又何失法之有？《書勢》之作，所以窮究篆法，而非辨章六書。篆書用筆不如淳，則以爲‘轉失淳法’，故其下言① ‘因科斗之名，遂效其形’，言筆勢微傷於鋭也，豈謂形體點畫之間有所謡誤乎？觀《魏·江式傳》可知。淳之年壽，吾嘗以《魏略》考之，黄初初爲博士。據《藝文類聚》録所作《受命述》及《上受命述②表》，是淳存於黄初時甚明，其年且九十矣。下逮正始之中，亦财二十餘年，其弟子逮事淳者，是時尚衆，得據所寫古文經典，因以迻書上石。漢魏間無鈎摹之術，刻石必先書丹，故真本雖在，不能直以上石也。是故江式直稱石經爲淳所

① “下言”，原誤作“不言”，據章炳麟《與于右任論三體石經書》改。
② “述”字原脱，據章炳麟《與于右任論三體石經書》補。

建，明文字指授所自也。樸安據胡氏《通鑑注》謂淳不得至正始，誠不近理。然胡氏徒以《會稽典録》知淳弱冠之年，而不審淳至黄初尚在。樸安因疑淳去正始年代隔絶，竟似石經與淳絶不相涉者，斯又失衛氏《書勢》之義矣。"《與于右任論三體石經書》。

案：以上云邯鄲淳寫古文，爲正始之祖。

《晋書·趙至傳》："至年十四，詣洛陽，遊太學，遇嵇康於學寫石經，徘徊視之不能去，而請問姓名。康曰：'年少何以問耶？'曰：'視君風器非常，所以問耳。'康異而告之。"《世説·言語》篇注："嵇紹《叙》曰：'先君在太學寫石經古文。'"

《經義考》："《趙至傳》云：'年十四，詣洛陽，遊太學，遇嵇康於學寫石經，徘徊視之不能去。'嵇紹亦曰：'至入太學，覩先君在學寫石經古文。'然則正始石經，實康等所書也。"

《鮚埼亭集外編》："正始石經亦出於淳，而嵇康等祖之。《晋書·趙至傳》曰：'詣洛陽，游太學，遇嵇康寫石經。'嵇紹亦曰：'先君在太學寫石經古文。'是即正始間事。"《杭氏〈石經考異〉序》。

劉氏《漢魏石經考》："《晋書·趙至傳》'嵇康寫石經'，此書正始石經也，亦石經非邯鄲淳書一證。"

周貞亮云："《晋書·趙至傳》言'年十四，詣洛陽，游太學，遇嵇康於學寫石經，徘徊視之'，嵇紹亦言'至入太學，覩先君在太學寫石經古文'，由是以觀，則魏之石經爲嵇康所書，實有可據。"《魏三體石經殘石拓本跋》。

案：以上云嵇康書。

姚晋圻云："《世説》注'寫石經古文'，是乃如《范史》'摹寫'之'寫'，與書石經不同。不然，一碑之體，康何以獨書古文?"劉氏《石經考》注。

田明昶云："《石季龍載紀》'遣國子博士詣洛陽寫石經'，據此，則嵇康於學寫石經，正是摹寫耳。"同上。

案：以上云非嵇康書。

《魏正始石經殘石考》："此二種非一人所書。品字式者，古文、篆、隸三體，似出一手。直下式者，則三體似由三人分別書之。而書品字式古文與書直下式古文者，亦非一手。不獨書人不同，即文字亦不畫一。此事雖細，然可知《尚書》《春秋》在魏時雖或有古文原本，而上石時，決非一一照原本摹寫，則可斷也。"

案：正始書經，有衛覬、邯鄲淳、嵇康三人之不同。原石未見書丹者姓名，爲衛覬，爲邯鄲淳，爲嵇康，今亦無從斷定。如王氏説，非一人所書，蓋可知也。

字體爲三字，古、篆、隸書。注十二。**今可考者，《尚書》首二碑品字式，第三碑以後爲三字直下式。**注十三。

【注十二】

《後漢書·儒林傳序》："熹平四年，靈帝乃詔諸儒正定五經，刊于石碑，爲古文、篆、隸三體書法。"

《西征記》："國子堂前有刻碑，大篆、隸、科斗三種字。"

《洛陽伽藍記》：“堂有三種字^①石經，作篆、科斗、隸三種字，漢右中郎將^②蔡邕筆之遺跡也。”

《北史·劉芳傳》：“漢世造三字石經於太學。”

《隋書·經籍志》：“魏正始中，又立一字石經。”又《隋志》三字石經若干卷，《舊》《新唐志》三字石經若干卷，《通志略》三字石經若干卷。俱詳【注四】。

案：以上云三字爲漢，一字爲魏。並詳漢石經【注十九】。

《晋書·衛恒傳》：“魏正始中，立三字石經。”

《魏書·江式傳》：“又建三字石經於漢碑之西。”

《水經·穀水注》：“魏正始中，又立古、篆、隸三字石經。”

宇文紹奕《重刻石經遺文跋》：“三體石經，以《儒林傳》考之，則其書已出於東漢時，《水經》乃云刻之魏正始中，意者魏刻殆以補漢刻之遺亡耳。”桂氏《歷代石經略》：“紹奕曾見胡元質所得一字石經，信其出於邕筆。又惑《儒林傳》之言，不能以《水經注》折之，乃疑魏刻三字補漢遺亡，是自蔽其聰明而爲臆説矣。”

盛時泰《河南志》：“太學正始中立篆、隸、古文三字石經。”

《尚書古文疏證》：“魏邵陵厲公正始中，邯鄲淳書石經，立於大學，此所謂三字石經也。”

《樊榭山房集》：“《左傳》隱元年傳‘仲子手文爲魯夫人’，孔穎達《正義》云：‘唐叔亦有文在手曰虞。隸書起於秦末，手文必非隸書。石經古文魯作𠂝，虞作𫖯，手文容或似之。’案：《晋書·衛恒傳》言‘魏正始中，立古、篆、隸三字石經’，《唐

---

① “字”字原脱，據楊衒之《洛陽伽藍記》卷三“城南”補。
② “將”字原脱，據楊衒之《洛陽伽藍記》卷三“城南”補。

書·藝文志》有三字石經《左傳》古篆書十二卷,《正義》所引,
是古文一體,此正始石經之佐證也。"《杭氏〈石經考異〉序》。

《觀堂集林》:"宋初校刊《説文》,篆書當出徐鉉手,古、籀
二體當出句中正與王維恭二人之手。今溯此體之源,當自三字石
經始矣。衛恒《四體書勢》謂:'魏初傳古文者,出於邯鄲淳。
至正始中,立三字石經,轉失淳法,因科斗之名,遂效其形。'
然則魏石經殘字之豐中鋭末或豐上鋭下者,乃依傍科斗之名而爲
之,前無此也。自此以後,所謂古文者,殆專用此體。郭忠恕輩
之所集,決非其所自創,而當爲六朝以來相傳之舊體也。自宋以
後,句中正用以書《説文》古文,吕大臨輩用以摹古彝器。至
國朝《西清古鑑》等書所摹古款識猶用是體,蓋行於世者幾二千
年,源其體勢,不得不以魏石經爲濫觴矣。"《魏石經考》五。

章炳麟云:"《晋書》衛恒《四體書勢》稱:'魏初傳古文者,
出於邯鄲淳。恒祖敬侯寫淳《尚書》以示淳,而淳不别。至正始
中,立三字石經,轉失淳法,因科斗之名,遂效其形。'恒家既
與淳有舊,歿時去正始纔五十^①年,而范曄去正始幾二百年,以
三體歸之蔡邕,傳聞之與目覩,虚實易辨,不須博徵也。"《新出三
體石經考》。

又云:"正始石經古文瑰異,元魏江式稱'三字石經,校之
《説文》,篆、隸大同,而古字少異',蓋壁中、河閒《尚書》《春
秋》古經與張蒼所獻《左氏傳》古文浩博,雖《説文》猶不能盡
録,而見之於是碑。然其同者十之六七,異者三四而已。既以三

---

① "五十",原倒作"十五",據章炳麟《新出三體石經考》乙正。

體相檢，其字有定，不容立異，非如釋銅器款識者，人人可以用其私也。”同上。

周貞亮云：“三體石經立於魏正始中，《魏志》不載其事，其詳著《晉書·衛恒傳》《魏書·江式傳》、酈道元《水經注》，記載甚明，與熹平石經截然兩事。自《范書·儒林傳》稱‘熹平四年，靈帝詔諸儒正定五經，刻於石碑，爲古文、篆、隸三體書法’，於是以三字爲漢熹平所立，蔡邕等所書，楊衒之《洛陽伽藍記》《北史·劉芳傳》、韋述《西京新記》、歐陽棐《集古録目》、董逌《廣川書跋》、姚寬《西谿叢語》，以及唐竇蒙、宋蘇望、方匋諸家之說，皆仍其誤。而《隋書·經籍志》至謂‘後漢鐫刻七經，皆蔡邕書，魏正始中，又立一字石經’，直以三體屬漢，一字屬魏，前後顛倒，迷誤尤甚。惟趙明誠《金石録》謂‘邕所書乃八分，三體石經乃魏時所建’，洪适《隸釋》以三體爲魏人所刻，謂‘遺經字畫之妙，非中郎董不能爲，以黃初後來碑刻比之，相去不啻霄壤’，《隸續》又謂‘范蔚宗時，三體石經與熹平所鐫並列學宮[①]，故史筆誤書其事’，其說皆有所見，足以正《隋志》之非。至朱氏《經義考》辨正其事，謂‘《隋志》稱魏正始中，又立一字石經者，一字當爲三字之訛，舉史家體例，以時代爲前後，《隋志》列一字石經於前，次爲文帝《典論》，然後叙三字石經於後，是一字爲漢，而三字屬魏，不待辭說始明’，其說尤爲至確。全紹衣序杭氏《石經考異》，不見朱氏之說，徒欲爲《漢》《隋》二史解紛，非定論也。”《魏三體石經殘石拓本跋》。

---

① “學宮”，原誤作“學官”，據洪适《隸續》卷四“魏三體石經《左傳》遺字”條改。

案：以上云三字爲魏。並詳漢石經【注十九】。

【注十三】

王國維云："三字石經，其行款有二種。一《尚書》首數碑作品字式，現所出已有六七塊，皆《皋陶謨》之文。而又有'女''說'二字並列一石，則非品字式，與《多士》《無逸》《君奭》二碑同式。'女''說'二字或釋爲'予違女弼'及'庶頑讒說'之'女''說'二字，以行款校之恰合。如'女''說'二字果係此經，則以字數計之，《尚書》首二碑爲品字式，第三碑以後即改爲三字直下式。"《與陳氏論魏石經殘字書》。

馬氏《集拓漢魏石經殘字序》："魏石經《尚書》之前數碑，不爲三字直列式，而爲品字式，尤爲前人所未及知也。"

經石在洛陽城南開陽門外太學講堂前，樹於堂西，南北行。注十四。碑長八尺，寬四尺，廣三十丈。注十五。

【注十四】

《魏書·江式傳》："又建三字石經於漢碑之西。"

《西征記》："国子堂前有刻碑，南北行，大篆、隸、科斗三種字。"

《水經·穀水注》："古、篆、隸三字石經，樹之於堂西。"

《洛陽伽藍記》："開陽門外御道東有漢國子學堂，堂前有三種字石經。"

杭氏《石經考異》：“《水經注》言‘碑石四十八枚，廣三十丈，魏文帝又刊《典論》六碑，附於其次’，此所謂‘樹之於堂西’者也，是魏碑。”

【注十五】

《西征記》：“碑長八尺。”

《水經·穀水注》：“石長八尺，廣四尺，列石於其下，碑石四十八枚，廣三十丈。”劉氏《石經考》：“廣三十丈當是二十丈。”

晋永嘉時，悉多崩敗。注十六。**追北魏馮熙、常伯夫相繼爲洛州刺史，廢毀分用。**注十七。**東魏武定四年，自洛陽徙鄴，值河陽岸崩，多没於水。**注十八。**北齊天保、皇建閒，施列學館。**注十九。**北周大象元年，復自鄴徙洛陽。**注二十。**隋開皇六年，又自洛陽徙長安，因亂廢爲柱礎。**注二十一。

【注十六】

《西征記》：“國子堂前有刻碑三十五版，寫《尚書》《春秋》二部，今有十八版存，餘皆崩。”

案：此言魏石崩數，是魏石在晋永嘉時與漢石同已崩敗。並詳漢石經【注二十四】。

【注十七】

《石季龍載記》："遣國子博士詣洛陽寫石經。"

《魏書·太宗紀》："泰常八年四月，帝至洛陽，觀石經。"

　　案：以下以時代先後爲次，與漢石經同。

又《馮熙傳》："洛陽雖經破亂，而舊三字經宛然猶在，至馮熙與常伯夫相繼爲州，廢毀分用，大至頹落。"

又《高祖紀》："太和十七年九月，幸太學，觀石經。"

又《鄭道昭傳》："昭表：'漢、魏石經，丘墟殘毀，求重敕門下考論營制之模。'不從。"

又《崔光傳》："神龜元年，光表：'經石彌減，文字增缺，求遣國子博士料閱碑牒所失次第，量厥補綴於後。'靈太后廢，遂寢。"《北史》傳同，文略。

《資治通鑑》："初，洛陽有漢所立三字石經，雖屢經喪亂，而初無損失。及魏馮熙、常伯夫相繼爲洛州刺史，毀取以建浮圖精舍，遂大致頹落。所存者委于榛莽，道俗隨意取之。侍中領國子祭酒崔光請遣官守視，命國子博士李郁等補其殘缺。胡太后許之。會元乂、劉騰作亂，事遂寢。"

《水經·穀水注》："魏正始中，又立古、篆、隸三字石經。世代不同，物不停故，石經淪缺，存半毀幾。"

【注十八】

《魏書·孝靜帝紀》："武定四年八月，移洛陽漢石經於鄴。"

《洛陽伽藍記》："三種字石經二十五碑，猶有十八碑，餘皆殘毀。"

又云："武定四年，大將軍遷石經於鄴。"

《隋書·經籍志》："後魏之末，齊神武執政，自洛陽徙於鄴都，行至河陽^①，值岸崩，遂没於水。其得至鄴者，不盈大半。"

【注十九】

《北齊書·文宣帝紀》："天保元年八月，詔往者文襄皇帝所運蔡邕石經五十二枚，移置學館，依次修立。"

又《孝昭帝紀》："皇建元年八月，詔文襄帝所運石經，即施列於學館。"

【注二十】

《北周書·宣帝紀》："大象元年二月，詔徙鄴城石經於洛陽。"

【注二十一】

《隋書·經籍志》："隋開皇六年，又自鄴京載入長安，置於祕書内省，議欲補緝，立於國學。尋屬隋亂，事遂寢廢，營造之司，因用爲柱礎。"

又《儒林劉焯傳》："六年，運洛陽石經至京師，文字磨滅，莫能知者，奉敕與劉炫等考定。"

案：以上多不分漢、魏，已録入漢石經内，兹並記之，餘不複載。並詳漢石經【注二十五】至【二十九】。

---

① "河陽"，原誤作"洛陽"。

　　唐貞觀初，魏徵收集石經，十不存一。三字石經，凡十數段，置九成宮祕書監內，後武后移於著作院。_{注二十二。}宋時高紳得殘石，後歸趙竦。_{注二十三。}清光緒時，洛陽黃占鼇得《尚書·君奭》篇殘石，歸黃縣丁樹楨，後歸建德周進。_{注二十四。}近年，洛陽得《尚書·無逸》《君奭》篇與《春秋》僖公、文公，又《尚書·多士》篇與《春秋》文公表裏書殘石，現置開封圖書館。_{注二十五。}徐鴻寶得五十五石，馬衡得七十三石，吳寶煒得一石，柯昌泗得二石，陳承修得二石，黃立猷得十石，共殘石一百四十三塊。_{注二十六。}又周進有二塊，_{注二十七。}洛陽又新出殘石若干塊。_{注二十八。}

【注二十二】

　　《隋書·經籍志》："貞觀初，祕書監臣魏徵始收集之，十不存一。"

　　　　案：此併一字、三字言。

　　《西京新記》："貞觀中，祕書監魏徵參詳考驗蔡邕三字石經，凡十數段，請於九成宮秘書監內置之，後天后移於著作院。"《汗簡》引作"《南京記》"。

　　　　案：此以三字爲漢，所云蔡邕三字即魏石經。

　　《西谿叢語》："唐祕書省內有蔡邕石經數十段。後魏末，自洛陽徙至東宮，又移將作內坊。貞觀四年，魏徵奏於京師祕書內省置。武后復徙於秘書省。未知其一字與三字也。”

案：此魏徵奏置，當即《西京新記》之“三字”。

《魏三體石經遺字考叙》：“唐貞觀中，魏徵請置三字石經十數段於九成宮秘書監。武后時，移於著作院。或鄴都、長安之餘。”

【注二十三】

《集古録目》：“高紳爲湖北轉運使，道中聞砧聲清遠，因得此本於其覆，而已斷裂矣。遂載以歸，完理綴輯，櫝藏之。碑以大曆十四年七月立。”案：《寰宇訪碑録》“陝西華陰”有“高紳《謁祠記》，咸平四年閏十二月”，是紳宋真宗時人，但宋無大曆十四年。

《金石録》：“石本舊藏高紳學士家。《集古録》云‘紳死，其子弟以石質錢於富人。而富人家失火，遂焚其石’，非也。元祐間，余侍親官徐州，時故郎中趙竦被旨開呂梁洪，挈此石隨行。已斷裂，用木爲匣貯之。竦殁，今遂不知所歸。”

【注二十四】

《觀堂集林》：“黄縣丁氏所藏魏石經殘石，光緒閒出洛陽，濰縣估人范某得之洛陽某村路傍茶肆，其面已遭椎擊。范估見其似有字迹而不存筆畫，摸索石背，則字迹顯然，乃以五千錢購歸，售諸黄縣丁氏。此范估親爲羅叔言參事言者。”《魏石經考》二。

羅振玉云：“正始石經《尚書·君奭》篇殘字百二十二言，全字百有十，半字十有二，光緒中葉出洛陽，尋歸黄縣丁氏，三體石經之傳人閒者僅此。正始石經，一毀於馮、常之爲州，再毀于齊、隋之轉徙。有唐初紀，將已蕩盡。此石今尚得之洛陽，知徙鄴時實已霝落，未盡徙也。"《吉石盦叢書》三集。

章炳麟云："《隋·經籍志》稱梁《七録》所載三字石經卷本，《尚書》十三卷，《春秋經》十二卷，隋則《尚書》九卷，《春秋》三卷，視梁時[①]傳本已不及半，唐世則存石十餘段耳。由是觀之，魏、齊未徙以前，其石散在洛陽，或供次舍、橋梁之用，或藏弄民家者，實過大學見存之數。今乃復自洛陽得之，宜矣。丁氏是石，傳在清光緒二十年出洛陽龍虎灘。黃氏嘗以繫牛[②]，印師劉克明始識之云。"《新出三體石經考》。

新安王廣慶云："光緒乙未三月初七日，洛陽白馬寺劉克明爲村南龍虎灘黃占鼇刻名章，携有《六書通》。黃披視，謂'字形奇古，余牛舍瓦礫中有殘石一角，刻文與此相類'，偕劉往質。劉知石爲異物，取黃子耀坤習字紙以淡墨摹之，粗識者以爲蔡中郎遺迹也。龍虎灘在今洛陽城東二十里，位伊、洛會流處之北岸。洛水未北徙以前，當係古開陽門附近地，去漢時大學故址不遠，此石必先自殘佚、魏齊未及移徙者。由是拓本流傳，邑人知有三體石經矣。惟黃氏不自矜惜，未幾，即以四十金售之古玩商党廉聞。党係山東黃縣丁樹楨資遣來收古物者，歸遺丁。丁色然喜，向所與八百金，不復與校。越數年，石又歸他人，今傳爲建德周季木所有也。_{案：周季木，名進。}趙漢臣謂石之始出，係黃耀坤之父雨後見自厠牏壁上，經某廣文審爲漢物。石雖售出，摹本尚可得，則《尚書·君奭》篇遺文。原石背文應尚有《春秋》經

---

① "梁時"，原誤作"梁氏"。
② "繫牛"，原誤作"擊牛"，據章炳麟《新出三體石經考》改。

文，但石缺半面，不復可見矣。"《洛陽先後出土正始三體石經記》。

《校碑隨筆》："三體石經，古、篆、隸書，每字作三體，存十一行，行一二三四字不等，歸黃縣丁氏。石河南洛陽出土，其年有云光緒二十二年丙申。此石四周殘。"

【注二十五】

羅振玉云："此石以壬戌秋出於距洛陽城東三十里之大郊東朱家古墩，乃全石之上截，廣約建初尺四尺一寸強，高不及五尺，乃農家耕地得之，以售於賈人。賈欲密運入城，而石重大，懼爲人所知，乃中剖爲二，以便轉携，致損字一行。石表裏刻之，一面刻《尚書·無逸》及《君奭》，計三十四行，他面刻《春秋》僖公、文公、計三十二行。"《魏正始石經殘字陳氏景本跋》。

又云："《尚書·多士》殘石，存十一行，《春秋》文公存十行，與《無逸》《君奭》及《春秋》僖公、文公一石同時出土，亦表裏刻之，上下皆有闕損。"

又云："此石既中剖，前半僖公十五行，《尚書》十六行，歸張某，他半石歸洛陽縣署。"

又云"昨有人自洛歸，言此石及中剖之大石已運致開封圖書館，不知又有損壞否也。"並同上。

章炳麟云："新安張鈁曰：'民國十一年十二月二日，洛陽東南碑樓莊民朱氏剮藥，得石經於土中。爲巨石一，其文表裏刻之。以其重，斷爲二。他碎石亦一散於公私。'"《新出三體石經考》。

王廣慶云："洛陽碑賈郭玉堂言石經出土事，傳係十一年十二月，鄉人朱姓等取蔓根製藥，掘地四五尺，得巨石，修、廣約三尺許，又一小石則尺許，表裏刻《尚書》《春秋》文，驚爲異物。聞者走相告，爲土豪黃某所知，諷朱等以五百金爲壽，不者將加禍。朱等恐，釀資與之。經石發見地，在碑樓莊朱家圪塔大橋之閒，北臨洛水，與龍虎灘隔岸二三里，亦古洛陽附郭地。時石尚未斷也。未幾，爲城內謝榮章購去，石重，不便祕載，且以分售之可居奇也，令石工白姓乘夜鑿爲二。事聞於省大吏，檄洛令并委員提取，而其石自謝榮章處移出，分置洛陽縣署及余家街新安官鑛局。"《洛陽先後出土正始三體石經記》。

馬氏《集拓新出漢魏石經殘字序》："漢、魏石經，其所立之地，同在太學，其立之之時，前後相距不過七十年，是以後世之發見此殘石也，二者亦同時同地。第一次之發見在北宋時，其地爲洛陽御史臺中，有漢石經二千一百餘字，魏石經八百餘字。第二次之發見在清光緒末年，其地爲洛陽故城中之龍虎灘，僅有魏石經《尚書》百餘字。第三次之發見在中華民國十一年之冬，其地爲洛陽故城南之朱圪塔墻村，有殘碑半截及一小塊，皆爲魏石經，一面《尚書》，一面《春秋》，約千九百餘字。"

【注二十六】

又《集拓新出漢魏石經殘字序》："洛中碎石，約得二百塊，與徐君分購之。"詳漢石經【注三十三】。

案：《集拓新出漢魏石經殘字目》："其屬於魏石經者，以某氏藏某石計之。徐，《尚書》十四石，品字式。又九石，《春秋》十六石，不知何經九石，古文一體者一石，篆文一體者三石，隸書一體者三石，共五十五石。馬氏，《尚書》

十四石，品字式。又二十一石，《春秋》十九石，不知何經十七石，古文一體者一石，共七十三石。吳氏，《尚書》一石。品字式。柯氏，《尚書》一石，古文一體者一石，共二石。陳氏，《春秋》一石，不知何經一石，共二石。黃氏，《尚書》一石，《春秋》七石，古文一體者一石，古、篆二體者一石，共十石。以上共一百四十三石。"詳【注三十九】。

羅振玉云："《春秋》莊公三十年殘字二行，案：即"姬遇"四字。廠肆古貞㝐①主人張月嚴得之，不知歸何人。"《魏正始石經殘字陳氏景本跋》。案：此歸黃氏。

【注二十七】

王國維《魏正始石經②殘石考》："皖中周氏藏'都帝予'③一石，'女説'一石。"

羅振玉云：《尚書·益稷》篇殘字三行，藏建德周季木許。"《魏正始石經殘字陳氏景本跋》。

案：以上《集拓》本未收。

【注二十八】

《大公報·文學副刊》："去冬，中州新出魏三字石經一殘石，共六十餘字，現尚居奇待售。"第六十一期。

陳恒恪云："近年洛中發見殘石，以漢石爲多，魏石則不多

---

① "㝐"，原誤作"宦"，據陳乃乾輯印《魏正始石經殘字》羅振玉跋語改。
② "正始石經"，原倒作"石經正始"。引文出王國維《魏正始石經殘石考序》。
③ "予"，原誤作"曰"，據王國維《魏正始石經殘石考序》改。

見。其陸續出土，在《集拓》本外，衹數十小塊，不知藏誰氏，未見拓本。所云數十字一石，亦未見有拓本。"

其拓本，唐初傳拓之本，猶在祕府。注二十九。中、睿以後，頗已散佚。注三十。竇蒙見打本四紙。注三十一。開元時，得《春秋》十三紙，有"開元"字印、"翰林"字印。其真本在馬胤孫家，注三十二。後在王文康家。宋皇祐時，蘇望有王文康《左氏傳》摹本，夏竦亦有摹本。注三十三。元祐時，趙竦有斷石摹本。注三十四。胡宗愈有成都故家拓本。即鐫成都西樓底本，有云即蘇氏本。注三十五。洪适有三體數十字本。即鐫會稽蓬萊閣底本。注三十六。清光緒時，丁樹楨有《尚書》殘石拓本。注三十七。近洛陽出土殘石，有《尚書》《春秋》表裏書拓本，注三十八。徐鴻寶諸家集拓本，注三十九。周進《尚書》殘石拓本。注四十。

【注二十九】

《隋書·經籍志》："貞觀初，祕書監臣魏徵始收聚之，十不存一。其相承傳拓之本，猶在祕府。《封氏聞見記》同。三字石經《尚書》九卷，梁有十三卷。三字石經《尚書》五卷，三字石經《春秋》三卷。梁有二卷。"

《泊宅編》："唐時鄭公收集所餘，十不獲一，而傳拓之本，猶在祕府。當時一字石經存者猶數十卷，而三字石經衹數卷而已，由是知漢石經之亡久矣，不能若此之多也。"

案：此以三字爲漢，所云漢石經即魏石經。

《觀堂集林》："《隋志》注載梁有一字石經、三字石經，其爲拓本或寫本，蓋無可考。惟《隋志》著録之二種石經確爲拓本，《志》與《封氏聞見記》均明言之。觀其所存卷數，梁時所有魏石經《尚書》《春秋》均係完帙，當是後魏初年之物。唐初所藏，則爲遷鄴前後之物矣。《隋志》所録魏石經拓本，爲《尚書》九卷，又五卷，即九卷中之複本。《春秋》三卷。《舊唐書·經籍志》又有三字石經《尚書》古篆三卷，三字石經《左傳》古篆書十三卷。《新志》作"十二卷"。既云三字石經，復云古篆書，疑唐人就三字石經拓本中專録其古、篆二體，未必即是拓本。且《左傳》有十三卷之多，非六朝人所記魏石經碑數所能容，其中當有《春秋》而誤視爲《左傳》者，猶宋蘇望所刊《尚書》《春秋》殘字，自臧氏琳以前均謂之《左傳》遺字也。又唐初《春秋》拓本僅存三卷，不應中葉以後并《春秋》《左傳》乃得十三卷。然則《唐志》所録，殆不能視爲拓本也。"《魏石經考》四。

【注三十】

《觀堂集林》："唐初修《隋志》時現存之拓本，至中、睿以後頗已散佚。徐浩《古跡記》載：'中宗時，以内府真跡賜安樂公主、太平公主，下至宰相、駙馬等。自此内庫真跡散入諸家。'《隋志》所録石經拓本之散佚，亦當在此時。"《魏石經考》四。

【注三十一】

竇蒙《述書賦注》：“蔡邕書，今見打本三體石經四紙。石既尋毀，其本最希。”

【注三十二】

《汗簡·略敘目録》云：“唐開元五年，得三字石經《春秋》，臣儀縫石經面，題云‘臣鍾紹京一十三紙’。又有‘開元’字印、‘翰林’字印。尾有許公蘇頲、梁公姚崇、昭文學士馬懷素、崇文學士褚无量列名，左金吾長史魏哲、左驍衛兵曹陸元悌、左司禦録事劉懷信、直祕書監王昭逸、陪戎副尉張善裝。至建中二年，知書樓直官①賀幽奇、劉逸己等檢校，内侍伯宋游瓌②、掖庭令茹蘭芳跋狀尾焉。其真本即太子賓客致仕馬胤孫家藏之。周顯德中，嗣太子借其本傳寫在焉。”

朱長文《墨池編》：“句中正《三字孝經序》：‘永泰中，相國馬胤孫藏得搨本數紙，今所書文字悉準之。’”

《觀堂集林》：“開元時僅得十三紙，郭忠恕《汗簡·略敘目録》云云，句中正《三字孝經序》所記略同。竇臮《述書賦》注云：‘今見三字石經打本四紙，石既③尋毀，其本最希。’唐中葉後，魏石經拓本見於紀載者，惟此而已。”

---

① “直官”，原誤作“直宦”，據郭忠恕《汗簡》卷七《略敘目録》改。
② “宋游瓌”，原誤作“宋游環”，據郭忠恕《汗簡》卷七《略敘目録》改。
③ “既”，原誤作“即”，據竇臮《述書賦》卷上竇蒙注文改。

【注三十三】

《集古録目》："古文、篆、隸三體，凡八百二十九字，皇祐中有蘇望者，得模本《左傳》於故相王文康家。"劉氏《石經考》："據《隸續》，此'二十九字'當作'一十九字'。"

《隸續》："蘇君有言曰：'近於故相王文康家得《左氏傳》搨本數紙。'①詳【注四十一】。慶曆中，夏文莊公集《古文四聲韻》，所載石經數十字，蓋有此碑所無者，而碑中古文亦有《韻》所未收者，則淪落之餘，兩家所得自不同耳。"

《金石林時地考》："陝西，魏三體石經《左傳》遺字。"

> 案：此祇記《左傳》遺字，似即據王文康、蘇望或胡宗愈《左傳》遺字之拓本及其重刻本而載入"陝西"耳，非原石或其他拓本。

《觀堂集林》："宋皇祐癸巳，洛陽蘇望得搨本於故相王文康家，刊以行世。歐陽棐《集古録目》謂其莫辨真偽，余疑其即開元内府之十三紙，何則？《隸續》所録蘇氏刊本，今詳加分析，則《尚書》六段，《春秋》七段，《左傳》一段，共十四段，與開元之十三紙止差一紙，其中當有兩段在一紙上者。且開元十三紙，後周時尚在馬胤孫家，至宋初尚存，郭忠恕見之，句中正見之。王文康家之本當即馬本，蘇氏刊之而遺其跋尾，遂使人昧其所出耳。然則魏石經拓本，自開元以後，訖於有宋之初，除寶鼎所見四紙外，只此十三紙。"《魏石經考》四。

---

① "搨本數紙"，原倒作"搨紙數本"，據洪适《隸續》卷四"魏三體石經《左傳》遺字"條乙正。

【注三十四】

《金石録》："故郎中趙竦被旨開吕梁洪，挈此石隨行。竦尤珍惜，親友有求墨本者，必手摹以遺之。"詳【注[①]二十三】。

【注三十五】

宇文紹奕《重刻石經遺字跋》："内翰胡公又得古文、篆、隸三體石經遺字八百一十九。"

案：此亦係得之成都故家，王氏《魏石經考》謂胡氏據蘇氏本。詳【注四十二】，并詳漢石經【注四十二】。

【注三十六】

《隸續》："會稽所鐫《隸纂》[②]，亦存三體數十字。"詳【注四十三】。

案：此當亦有底本。並詳漢石經【注四十一】。

【注三十七】

羅振玉云："丁氏得石後，矜惜不輕拓墨，捐兼金不能得一紙，以故傳流至少。予往於東估得墨本，乃洛陽所拓。"《正始石經景本跋》。

---

① "注"字原脱，據文意補。
② "隸纂"，原誤作"篆纂"，據洪适《隸續》卷四"魏三體石經《左傳》遺字"條改。

【注三十八】

又云："此石一面刻《尚書·無逸》及《君奭》，他面刻《春秋》僖公、文公。丁氏殘本，持與此勘合，正相銜接。"《魏石經殘字陳氏景本跋》。

又云："《無逸》篇文已完，而《君奭》篇題正在土人剖石時鑿損之處。友人游洛歸，得未剖石拓本，即'君奭'二字。張氏藏石，近日拓本甚難得，現在洛中不但未剖本不可得，即初剖時'齊酆'二字不損本，懸百金購之，亦不可得矣。"同上。"張氏殘石"詳【注二十五】。

《魏正始石經殘石考》："鄞縣馬君兩至洛陽，得《無逸》《君奭》未剖時拓本，中閒《君奭》篇篇題一行與《春秋》僖公卅一年'取濟西田'一行具存，餘亦較剖後拓本多十餘字，此石與丁氏殘石正相銜接。總今日所有殘石，凡得二千零二十七字，除磨滅不可見者，尚近二千字，視五代、宋初人所見拓本，字已逾倍。"

章炳麟云："石經拓本六紙，上下不完。此表刻《無逸》《君奭》者爲上段，丁氏所得《君奭》石乃其下段不全者，其裏則《春秋》僖公經也。本以一石解析爲二，表裏分摹，故爲四紙。其碎石所拓二紙，爲《多士》篇一，文公經一。以是六紙與丁本并，古文、篆、隸幾二千字，視《隸續》十倍而羨。"《新出三體石經考》。

【注三十九】

馬氏《集拓新出漢魏石經殘字目》。

魏石經

《尚書》六十一石。

"予隸。擊古。"二字。《堯典》。徐。

"天篆、隸。"二字。《堯典》。徐。

"畏隸。/ 柔篆、隸。而三體。/"六字。《咎繇謨》。徐。

"丂古、隸。/ 立篆。/"三字。同上。徐。

"立篆、隸。愿古 / 家篆、隸。其古、篆。/"七字。同上。徐。

"夜隸。/ 五篆。/"二字。同上。馬。

"明隸。/ 庶篆。/"二字。同上。馬。

"百篆。"字。同上。馬。

"日隸。工篆。惟古。/"三字。同上。馬。

"于篆、隸。五三體。辰三體。庶古、隸。/ 五篆。典三體。五古、篆。/ 五篆。/"十七字。同上。馬。

"績篆、隸。"二字。同上。吳。

"禹古、篆。/ 四篆。載古。/"四字。同上。徐。

"木古、隸。泉古、隸。/ 萬篆。/"五字。同上。馬。

"日隸。/ 鮮篆。/"二字。同上。馬。

"亡 / 惟並古。/"二字。同上。馬。

"鯀篆。曰古、隸。"三字。同上。馬。

"應隸。/ 欲古。/"二字。同上。馬。

"左篆、隸。右古。/ 黼篆、隸。黻古。/ 女篆、隸。弼古。/"九字。同上。徐。

"米古。"字。同上。馬。

"絺三體。"三字。同上。徐。

"予隸。／介篆、隸。／退篆、隸。／"五字。同上。徐。

"智隸。以古。／記篆、隸。之古。／"五字。同上。柯。

"弻篆、隸。／以篆。納古。／"四字。同上。徐。

"哉古。／黎篆、隸。獻古。／"四字。同上。徐。

"蒼古。"字。同上。徐。

"伷古、隸。"二字。徐。

"曰篆。"字。馬。

"曰隸。"字。馬。

"□篆、隸。"二字。徐。

"□古。"字。此殘字上从"日"，似"昌"字之上半。馬。

以上爲品字式者。

"宗／雊／惟並篆。／"三字。《高宗肜日》。徐。

"雊／惟並古。／"二字。同上。馬。

"小隸。恒隸。獲三體。／"五字。《微子》。徐。

"金／王並古。／"二字。《金縢》[1]。馬。

"肆隸。往古。／啓隸。／"三字。《梓材》。徐。

"王古。天古、篆。／"三字。《多士》。徐。

"逸隸。先古。"二字。《無逸》。馬。

"饗隸。國古。／作隸。其古。／"四字。同上。馬。

"逸／厥並篆、隸。／"四字。同上。馬。

"自／惠／文並隸。／"三字。同上。徐。

"民古、篆。／命三體。／則隸。／"六字。同上。馬。

---

① "金縢"，原誤作"金滕"。《尚書》有《金縢》篇。

"正篆、隸。／虔篆、隸。／惟／時並古。／"六字。同上。馬。

"小隸。／烏／人／訾並篆、隸。／或隸。／"八字。同上。馬。

"裴篆。／我古、篆。／郵篆。／光篆。／"五字。《君奭》。徐。

"惟篆、隸。家隸。／"三字。同上。馬。

"若隸。毆隸。嗣古。／"三字。同上。馬。

"閎篆、隸。天古。／往篆、隸。來古。／迪隸。知古。／"八字。同上。徐。

"裕古、篆。／民古。／"三字。同上。馬。

"民／祇並古、篆。／"四字。同上。馬。

"王篆、隸。至古、篆。／毆篆、隸。疾古。／命隸。／"八字。《多方》。此與《君奭》"民祇"四字爲一石。馬。

"顯隸。休古。／方隸。之古、篆。／保隸。享古、篆。／湯篆。／"九字。同上。馬。

"克／伯並篆。／"二字。《立政》。徐。

"庶／文並篆。／王篆、隸。／"四字。同上。馬。

"王／罔並篆、隸。／"四字。同上。馬。

"陟篆。／之三體。／立篆、隸。／"六字。同上。黃。

"伯篆。／虔審並篆、隸。／不隸。／"六字。《顧命》。馬。

"毆篆。"字。不知篇名。馬。

"烏／至並篆。／"二字。同上。馬。

"亦篆。"字。同上。馬。

"命隸。／亦篆。／"二字。同上。馬。

"□／□並古、篆。／"二字。同上。右一字似"遠"字。徐。

《春秋》四十三石。

"年隸。春古、篆。／績隸。夏古。／鄭隸。冬古。／春隸。新古。／"
九字。莊二十八、二十九年。徐。

"姬篆。／遇三體。／"四字。莊三十年。黃。

"及隸。齊古。／于隸。郎古、篆。／"五字。莊三十年、三十一年。馬。

"臺篆、隸。／捷篆、隸。秋古。／"五字。莊三十一年。徐。

"次篆、隸。于古。／城隸。荆古。鄭古①。／"六字。僖元年。馬。

"救篆、隸。／月篆、隸。／公三體。／于篆。／"八字。僖元年。徐。

"邾篆、隸。／之三體。／"五字。僖十九年。徐。

"午古、篆。／宋篆。／"三字。僖二十八年。徐。

"得隸。臣古。／矢隸。鄭古。／"四字。僖二十八年。徐。

"勸篆。／公三體。／河隸。陽三體。王古、篆。／元篆、隸。亘三體。
自古、篆。／遂篆、隸。會三體。諸古、篆。／許篆、隸。夏三體。六古、篆。
／于篆、隸。狄三體。泉古。／侵篆、隸。齊三體。秋古。／晋篆、隸。人
三體。秦古、篆。／子隸。遂三體。遂。如隸。／"五十七字。僖二十八
年。馬。

"子篆。／晋篆、隸。／矢篆、隸。／"五字。僖二十八年。馬。

"公／復並篆。／"二字。僖二十八年。馬。

"介古、篆。如古、篆。／"四字。僖三十年。馬。

"人隸。侵古。／晋隸。／"三字。僖三十年。馬。

"如古、篆。／晋古、篆。／"四字。僖三十年、三十一年。馬。

"月三體。冬篆。／卅三體。／狄篆、隸。秋古。／有古。／"十一字。
僖三十一年至三十三年。黃。

---

① "鄭古"二字原脱，據馬衡《集拓新出漢魏石經殘字目》補。

“杞／有並古、篆。／”四字。僖三十一年、三十二年。陳。

“冬三體。／月三體。／及三體。／取隸。妻三體。／如隸。齊古、篆。／草篆、隸。／”十八字。僖三十二年、三十三年。此與《尚書·無逸》“小烏”等字一石爲表裏。馬。

“取／如並篆。／”二字。僖三十三年。馬。

“箕篆、隸。／小篆、隸。／”四字。僖三十三年。馬。

“十隸。月古。／隕隸。霜古。／”四字。馬。

“公／不並篆。／”二字。僖三十三年。徐。

“葬隸。我古。／得隸。／”三字。文元年。徐。

“僖篆。”字。文元年。徐。

“十篆、隸。／年篆、隸。／春古。／”五字。文元年、二年。馬。

“春隸。／丑篆、隸。作古。／”四字。文二年。黄。

“不隸。雨古。／晋篆、隸。人古。／春隸。／”六字。文二年、三年。馬。

“趙／敖並古、篆。／宋古。／”五字。文八年。徐。

“鄭／予／十並篆。／”三字。文九年。徐。

“父隸。會古。／師隸。滅古。／”四字。宣十五年。黄。

“使／孫並篆。／”二字。成十一年。馬。

“大古。／晋古、篆。／”三字。襄二年、三年。徐。

“氏隸。／陳隸。人古。／”三字。襄四年。黄。

“邾古、篆。／人古。／”三字。不知篇名。黄。

“路隸。寢古。”二字。不知篇名。徐。

“遇隸。于古。”二字。不知篇名。徐。

“齊篆、隸。”二字。不知篇名。馬。

"滅隸。"字。不知篇名。馬。

"年篆、隸。"二字。不知篇名。馬。

"徐隸。"字。不知篇名。馬。

"月篆、隸。／苩篆。／"三字。不知篇名。黄。

"遇篆。"字。不知篇名。徐。

"夏古。"字。不知篇名。徐。

不知何經二十七石。

"家篆。"字。徐。

"則隸。"字。徐。

"王篆。"字。陳。

"于隸。"字。馬。

"來篆、隸。／乙篆。／"三字。馬。

"至古、篆。"二字。馬。

"有古、篆。"二字。馬。

"長篆。"字。馬。

"戎古。"字。馬。

"于古。"字。馬。

"若古。"字。馬。

"業古。"字。馬。

"有篆。"字。馬。

"天篆。"字。馬。

"圖篆。"字。馬。

"囗古、篆。"二字。徐。

"肜唯／曰並古。／"三字。馬。

"□"字。不可辨。徐。

"□"字。不可辨。徐。

"□"字。不可辨。徐。

"□"字。不可辨。徐。

"□"字。不可辨。徐。

"□"字。不可辨。徐。

"□"字。不可辨。馬。

"□"字。不可辨。馬。

"□"字。右似从"耳"。馬。

"□"字。不可辨。馬。

古文一體者四石。

"介來 / 永永 /"四字。柯。

"來尔"二字。此與上一石相合。徐。

"子□"二字。馬。

"衛□ / 齊師□ /"五字。黃。

古、篆二體者一石。

"迋古、篆。/ 格古、篆。/ 克篆。明古、篆。/ □□古、篆。/"九字。黃。

篆文一體者四石。

"稽"字。徐。

"發"字。馬。

"若"字。徐。

"寶"字。徐。

隸書一體者三石。

“之救”二字。此有界格，非漢石經。徐。

“□秦”二字。上一字似“晋”字。此字較小，且有界格，不知是何刻石。徐。

“留一株”三字。此字特小，不知是何刻石。徐。

【注四十】

周季木《尚書·益稷》篇有拓本，并見陳氏《魏正始石經殘字》景印本。

其重刻者，有蘇望洛陽本、即王文康本。注四十一。胡宗愈成都西樓本、注四十二。洪适會稽蓬萊閣本，注四十三。今俱不存，亦未見拓本。注四十四。

【注四十一】

《集古録目》：“皇祐中，有蘇望者，得摹本《左傳》於故相王文康家，取其完者而刻之，莫辨其真偽也。在洛陽蘇氏家。”田明昶云：“三長物齋刻本無此，而《寶刻類篇》載之。”

《隸續》：“魏三體石經《左傳》遺字，古文三百七，篆文二百十七，隸書二百九十五，有一字而三體不具者。皇祐癸巳年，洛陽蘇望氏所刻。蘇君有言曰：‘今石不存，本亦罕見收者，近於故相王文康家得《左氏傳》搨本數紙，其石斷剥，字多亡缺，取其存者摹刻之，凡八百一十九，題曰《左傳》遺字。’即小歐陽《集古録目》中所有者。”

《漢隸字原》："魏三體石經《左傳》遺字，皇祐癸巳蘇望所刻。"

《寶刻類編》："蔡邕三體石經遺字。古文、篆、隸三體，八百二十九字，熹平中立。"

案：此即蘇氏刻遺字。小字八分書遺字，既作蔡邕熹平四年立，詳漢石經注。此又作蔡邕熹平中立，蓋誤。

《魏三體石經遺字考叙》："《隸續》所載三體石經，蓋魏正始中立石。宋皇祐時，蘇望得搨本摹刻於洛陽，古文三百七，篆文二百十七，隸書二百九十五，凡八百一十九，爲《尚書·大誥》《呂刑》《文侯之命》，《春秋左氏》桓、莊、宣、襄四公經文，亦有傳。"

【注四十二】

宇文紹奕《重刻石經遺文跋》："内翰胡公又得古文、篆、隸三體石經遺字八百一十九，鑱諸石。"

劉氏《漢魏石經考》："字數與《集古録目》《隸續》皆合，當即此本。"《宇文紹奕跋内翰胡公石經遺字》注。

又云："胡宗愈曾重刻於成都，《隸續》所載，亦即此本。"《集古録目》"在洛陽蘇氏家"注。

《觀堂集林》："胡宗愈復據蘇氏刊之錦官西樓。"《魏石經考》四。

【注四十三】

《隸續》："會稽所鐫《隸纂》，亦存三體數十字，使來者亦有取信焉。”

　　案：此外，郭忠恕《汗簡》字、夏竦《古文四聲韻》字、洪适《隸續》字、孫星衍《魏三體石經遺字》、鄭珍《漢簡箋正》字俱木刻，故未録。

【注四十四】

　　《金石文字記》：“胡宗愈重刻三體石經遺字八百一十九，而成都兵火之後，此石恐已不存，亦未見拓本。”並詳漢石經【注①五十一】。

　　《魏三體石經遺字考叙》：“宋金之亂，中原淪喪，經石既失，隋、唐②故府本暨北宋摹刻俱不存焉。”

　　《觀堂集林》：“今蘇、胡、洪三刻皆不可見。”《魏石經考》四。

---

① “注”字原脱，據文意補。
② “隋唐”，原誤作“隋書”，據孫星衍《魏三體石經遺字考叙》改。

魏石經考附

魏正始石經《大學》偽本

許孚遠云："余觀石經《大學》編次，殊不可曉。二千餘年忽有此本，多出好事者為之也。"

毛奇齡云："大學石經，今世所行，係唐開成間所鏤石。雖非漢熹平蔡邕舊迹，然與鄭注《禮記》原文並無異同。至明嘉靖間，忽有魏正始本石經出於甬東豐考功坊家。其文但有變篡，不分章節，增'顏淵問仁'二十二字，删'此謂知本，此謂知之至也''此謂修身在正其心'一十八字。其時海鹽鄭端簡曉，從同邑許黃門相卿宅得其書，極為表章，其言曰：'魏政和①中，詔諸儒虞松等為正五經，衛覬、邯鄲淳、鍾會等以小篆、八分刻之於石，始行《禮記》，而《大學》《中庸》傳焉。'考《魏史》，正始中，諸儒虞松等校過石經，魏邯鄲淳、鍾會以古文、小篆、八分書之於石，豎在漢碑之西，則魏正始中原有五經書石之事。其云'政和'，則宋徽宗年號，係'正始'筆誤。第是時無'衛覬'

---

① "政和"，原誤作"正和"，據朱彝尊《經義考》卷二百九十一"魏正始石經《大學》偽本"條引毛氏語改。

名。衛覬者，衛瓘之父，《經典稽疑》據傳謂覬當以大和三年死，死時虞松五十五，鍾會方五歲，斷不能同時作書。且鍾會母張氏傳稱‘會十三，頌《周禮》《禮記》’，則《禮記》之行，斷不俟會之書而始傳於世。其言之紕漏，不辨自明。至萬曆甲申，南户曹唐氏伯元得其書於吉安鄭氏，遽疏請頒布學官。會其疏以別事與中貴忤，遂駁奏不行。然其疏詞則有云：‘石經《大學》，魏虞松受之賈逵，逵父徽與其師杜子春俱受業劉歆。當漢武時，《周禮》出巖屋閒，歸祕府，五家之儒，皆不可得見。至成帝朝，歆始表而出之。其後逵官中祕，又注《禮記》傳義詁及論難百萬餘言，爲學者所宗。於時友人鄭衆與逵各有解，而馬融推逵獨精，故逵解獨行於世，衆解不行。’考《漢史·賈逵傳》，逵但受《春秋》，爲《春秋五家説》并《周官傳》，並不受《禮記》，爲《禮記》[1]傳義，此皆借《逵傳》舊文影射立説。如《周禮》出巖屋閒，即《周官》也。五家之儒，即《春秋》五家也。其爲傳義詁，即《春秋》之傳義也。唐氏不明五家爲何家，《周禮》何禮，謬加‘禮記’二字於‘傳義’之上，固屬可笑。且當時有兩賈逵，一在熹平閒受《春秋》者，一在政始與虞松等同校石經。若前賈逵，則去松等遠，不及授受，而在後賈逵，則又焉得有馬融相推、逵解獨行之事？此真囈語也。又其言曰：‘若注疏《大學》，則東漢鄭玄受之摯恂、馬融而傳自小戴聖，聖出自后蒼、孟卿、蕭奮，奮本之高堂生，是爲高堂古文。當時以非祕府藏，不得與録。’夫《禮記》出自高堂，固自可據，然並無高堂、劉

---

[1] “爲禮記”三字原脱，據朱彝尊《經義考》卷二百九十一“魏正始石經《大學》僞本”條引毛氏語補。

歆兩本兼行之事，且慶、戴三家皆立博士，而小戴所傳，當時已著爲經，其曰非祕府不錄，何以稱焉？"

毛先舒云："石經《大學》，出於嘉靖時豐道生，自謂家藏魏政和中石揭古文，云其本傳自賈逵，復有虞松述賈逵之言曰：'孔伋窮居於宋，懼先聖之學不明，而帝王之道墜，故作《大學》以經之，《中庸》以緯之，此本是也。'方石經《大學》[①]本出，一時諸公尊信之者，管登之著其八不可易，唐伯元奏請欲以易天下學者所習朱子《章句》本。王元美則謂其不可信。楊時喬刻《大學》[②]三書以駁其僞。周從龍亦著《遵古編》謂《大學》當復注疏古本，以王文成守仁之論爲歸，考魏無'政和'[③]年號，斷石經爲妄，且謂其有四大拙，以攻管説。第石經本'食而不知其味'下有'顏淵問仁'二十二字，則從龍更從之，謂舊原有之，爲唐玄宗削去者，今自應補入。又以'誠意'章有'曾子曰'，則從賈逵定以爲是子思之書。道生并有石經《中庸》，'民鮮能久矣'句後便接'道其不行矣夫'，通爲一章，'辟如行遠'章在'費隱'章後，'鬼神爲德'章在'達孝'章後，則從龍又盡宗其本，且自謂幸得聞之，若寐而醒，蓋未免自相矛盾焉。豐道生，初名坊，字存禮，嘗官考功，後廢，人故目爲狂生者也。"

---

① "大學"，原誤作"太學"，據朱彝尊《經義考》卷二百九十一"魏正始石經《大學》僞本"條引毛氏語改。
② "大學"，原誤作"太學"。
③ "政和"，原誤作"正和"。

唐石經考提綱

唐石經，刊始於唐文宗大和七年，成於開成二年。注一。曰開成石經，注二。又曰雍石經。注三。

經數爲《周易》《尚書》《毛詩》《周禮》《儀禮》《禮記》《春秋左氏傳》《公羊傳》《穀梁傳》，曰九經。又《孝經》《論語》《爾雅》，曰十二經。又《五經文字》《九經字樣》。注四。

諸經正文無注，標題次行書某某注，即其所據之本。《周易》上、下經用王弼注本，《繫辭》《説卦》用韓康伯注本。《尚書》用孔氏傳本。《毛詩》用鄭氏箋本。《周禮》《儀禮》《禮記》用鄭氏注本，《禮記》首《月令》篇用李林甫等奉敕注本。《春秋左氏傳》用杜氏集解本。《公羊傳》用何休學本。《穀梁傳》用范寧集解本。《孝經》用唐明皇注本。《論語》用何晏集解本。《爾雅》用郭璞注本。注五。

石數，《周易》九石，《尚書》十石，《毛詩》十五石，《周禮》十八石，《儀禮》二十石，《禮記》三十三石，《春秋左氏傳》六十九石，《公羊傳》十七石，《穀梁傳》十六石，《孝經》一石，《論語》七石，《爾雅》四石，共二百十七石。又《五經文字》八石，《九經字樣》一石，共九石。又年月、銜名、敕狀一石。都共二百二十七石。注六。每石行數不等，行八列，列十字，或九字、十一字，閒有空列、空字。注七。《周易》九卷，二萬四千四百二十七字。《尚書》十三卷，二萬七千一百三十四字。《毛詩》二十卷，四萬八百四十八字。《周禮》十二卷，四萬九千五百十六字。《儀禮》十七卷，五萬七千一百十一字。《禮記》二十卷，九萬八千九百九十四字。《春秋左氏傳》三十卷，十九萬八千九百四十五字。《公羊傳》十一卷，四萬四千七百四十八字。《穀梁傳》十二卷，四萬二千八十五字。《孝經》一卷，二千　百　十三字。《論語》十卷，一萬六千五百九字。《爾雅》三卷，一萬七百九十一字。注八。共一百五十九卷，六十一萬三千一百三十五字。注九。又《五經文字》三卷，三千二百三十五字。《新加九經字樣》一卷，四百二十二字。注十。都計六十五萬二百五十二字。注十一。

　　書石者爲艾居晦、陳玠、□□□□、段絳，校勘兼看書上石者爲柏嵩、陳莊士，覆定字體者爲唐玄度，校勘官兼專知都勘定經書檢校刊勒上石者爲章師道、楊敬之，都勘校者爲鄭覃。注十二。又校定文字者爲周墀、崔球、張次宗、孔温業，刊定者爲高重，詳定者爲韓泉，碑末俱未載。注十三。又《五經文字》，詳定者爲張參，讎者爲顏傳經。注十四。《新加九經字樣》，覆定者爲唐玄度。注十五。

　　字體爲真書。每經標題隸書。字數一行，綴各經後，隸書。又《五經文字》《九經字樣》，真書，每標題隸書。《九經字樣》，牒結銜行草。注十六。

　　經石立長安務本坊國子監太學講論堂兩廊。注十七。每石高六尺五寸，橫廣二尺四寸六分至三寸八分不等。注十八。

　　天祐中，韓建築新城，委棄於野。朱梁時，尹玉羽請輦入城，置尚書舊省西隅。宋元祐五年，呂大忠徙置府學北牖。注十九。

其經字，在大和時已有改刻。注二十。乾符時，有修改。注二十一。朱梁時，有補刻。注二十二。北宋時，有旁改添注。注二十三。明嘉靖時地震，石經倒損。萬曆閒，王堯典等案舊文集其缺字，別刻小石，立於碑傍。注二十四。今在府學碑林，完好未殘毀。注二十五。

其拓本，明時東文豸家有嘉靖乙卯搨本。注二十六。今可得者，乾隆以前未裝册摹本。近日摹本，字較乾隆時有泐損。注二十七。

唐石經考

蒲圻張國淦編

唐石經，刊始於唐文宗大和七年，成於開成二年。_{注一}。曰開成石經，_{注二}。又曰雍石經。_{注三}。

【注一】

《舊唐書·文宗紀》："開成二年冬十月癸卯，宰臣判國子祭酒鄭覃進石壁九經一百六十卷。時上好文，鄭覃以經義啟導，稍折文章之士，遂奏置五經博士，依後漢蔡伯喈刊碑列於太學，創立石壁九經，諸儒校正訛謬。上又令翰林勒字官唐玄度復校字體，又乖師法，故石經立後數十年，名儒皆不窺之，以爲蕪累甚矣。"

又《鄭覃傳》："文宗即位四年，拜工部侍郎。覃長於經學，稽古守正，帝尤重之。覃從容奏曰：'經籍訛謬，博士相沿，難爲改正。請詔宿儒奧學，校定六經，準後漢故事，勒石於太學，永代作則，以正其闕。'從之。覃以宰相兼判國子祭酒，又進石壁九經一百六十卷。"

《新唐書·鄭覃傳》："始覃以經籍刓繆，博士淺陋不能正，建言：'願與鉅學鴻生共力讎刊，準漢舊事，鐫石太學，示萬世法。'詔可。"

又《儒學傳序》："禄山之禍，兩京所藏，一爲炎埃，官膦私楮，喪脱幾盡，於是嗣帝區區救亂未之得，安暇語貞觀、開元事哉？自楊綰、鄭餘慶、鄭覃等以大儒輔政，議優學科，先經誼，黜進士，後文辭，亦弗能克也。文宗定五經，鐫之石，張參等是正訛文，寥寥一二可紀。"《困學紀聞》："案：劉禹錫《新修五經壁記》云云。《序》以參爲文宗時人，誤矣。參所定乃書於壁，非鐫石也。"

王溥《唐會要》："大和七年二月五日，勑①唐玄度覆定石經字體。十二月，敕於國子監講論堂兩廊創立石九經，并《孝經》《論語》《爾雅》，共一百五十九卷，《字樣》四十卷。開成二年八月，國子監奏覆定五經字體官翰林待詔唐玄度狀：'准大和七年二月五日敕覆定九經字體。今所詳覆，多因司業張參《五經字》爲準，其舊字樣，歲月將久，點畫參差，傳寫相承，微致訛誤，今依樣參詳改正。諸經別有疑闕，舊字樣未載者，古今體異，雖篆隸不同，總據《説文》，即古體驚俗，近代文字，或傳寫乖訛。今與校勘官取其適中，纂録爲《新加九經字樣》一卷，附於《五經字樣》之末。'從之。"桂氏《歷代石經考》："《五經文字》三卷，《九經字樣》一卷，作'四十卷'，誤。"

《資治通鑑》："開成二年冬十月，國子監石經成。"

鄭覃《進石經狀》："國子監，准大和七年十二月五日敕於國子監缺。九經並《孝經》《論語》《爾雅》共壹伯伍拾缺。《字樣》肆

---

① "勑"，原誤作"勒"，據王溥《唐會要》卷六十六"東都國子監"條改。

卷,《石經圖》壹軸。右伏准敕旨創缺。鐫刻已畢缺。年十月十三日,臣覃狀進。"詳【注十二】。陸耀遹《金石續編》:"石經之刻,始於大和七年十二月,成於開成二年九月,越四年而竣。即以其年十月奏進,'年'上缺字當即'開成二年'也。"

《封氏聞見録》:"天寶十年,有司言經典不正,取舍無準,詔儒官校定經本,送尚書省並國子司業張參共相改驗,參遂撰《五經字樣》,書於太學講堂之壁。"

劉禹錫《國學新修五經壁記》:"大曆中,名儒張參爲國子司業,始詳定五經,書於講論堂東西廂之壁。積六十載,崩剥汙巘,泯然不鮮。今天子尚文章,尊典籍,時祭酒齊皞、博士公肅再新壁書。懲前土塗不克以壽,乃析堅木負塘而比之。製如板牘,平如粉澤。申命國子能通書法者,分章揆日,□其業而繕寫焉。"朱彝尊《五經文字跋》:"祭酒齊皞、司業韋公肅。"詳【注十四】。

《金石文字記》:"其末有年月一行,曰:'開元二年丁巳歲月次於玄日惟丁亥。'"《唐國子學石經》。

又云:"《五經文字》三卷。劉禹錫《新修國學五經壁記》云云,此文當作於大和年間。自土塗而木版,自木版而石壁,凡三易矣,乃今石刻,其末曰:'乾符三年,孫《毛詩》博士自牧以家本重校勘定,七月十八日書。刻字人魚宗會。'其字別體與朱梁所刻相類,而本文不然,當是開成中所刻。"

萬斯同《羣書疑辨》:"唐張參撰《五經字樣》三卷,其石刻至今猶存,末書'乾符三年,《毛詩》博士孫自牧以家書重校勘定',則此刻在僖宗朝明矣。乃宋陳振孫《書録解題》謂代宗大曆中所刻,予嘗疑之。今考唐封演《聞見録》云云,是大曆未嘗刻石之一證也。又考劉禹錫《國學新修五經壁記》云云，是大曆未嘗刻石之又一證也。不知振孫何據而云然。然此經之書壁在大曆十一年，上距天寶十年已二十六年矣。參即博證廣搜，何須若是之久？意參校定在天寶，而書壁則在大曆，以中更安史之亂也。"

《四庫全書總目提要》："劉禹錫《國學新修五經壁記》云云，可以知《五經文字》初書於屋壁，其後易以木版①，至開成間，乃易以石刻也。"

又云："《唐會要》稱：'大和七年二月，敕唐玄度覆定石經字體。十二月，敕於國子監講論堂兩廊創立石九經。'玄度《字樣》蓋作於是時，依倣《五經文字》。蓋二書相輔而行，當時即列石壁九經之後。"

《金石萃編》："參《序》作於大曆十一年，而文云'□□□書猶□□□□□□蕩而無□□十年夏六月，有司以職事之病，上言其狀，詔委國子儒官校經本，送尚書省。參幸承詔旨，得與②二三儒者分經鈎考而共決之'云云，此'十年'爲天寶十載也。封演《聞見錄》'天寶十年'云云，政與碑合。石本'十年'之上'矣'字已泐其半，而明人補字乃於'無'下缺處改爲'貞觀'，《經義考》遂謂石刻'十年'之上增'貞觀'二字，疑石本非唐人之舊，蓋亦誤讀補字與石經連綴之本耳。不然，參於大曆中爲國子監司業，距貞觀十年已及一百四十年，安得有'幸承詔

---

① "木版"，原誤作"本版"，據《四庫全書總目》卷四十一《五經文字》提要改。
② "得與"，原誤作"得於"，據張參《五經文字序例》改。王昶《金石萃編》卷一百十二"石刻十二經跋三"條引文即誤作"於"字。

旨'之語？且當時看書上石，屢易儒臣，豈有書石之人於國家紀元詔旨顛倒錯繆如此，而無一人能爲審定者？是又不待辨而知之者也。其書成於大曆中，而開成以前並未聞有刻石之事。驗石本筆迹，與《九經字樣》無殊，當亦與石經同時所刻。末有乾符三年參孫自牧並刻字人題名四行云云，亦非刻於乾符中也。"

　　案：《唐石經校文》："《九經字樣》奏狀内'大和漆年'，'大'不作'太'，今史鑑作'太'，誤也。京師憫忠寺有景福元年石刻云'大唐文宗皇帝大和八年丙寅'，《玉海》改元亦作'大和'，此其證。丁氏溶曰：《宣室志》卷九有云：'一人八千口，謂大和也。'"是"大和""大"字當作"大"，其作"太"者誤。

【注二】

　　《丹鉛總録》："唐天寶中，刻九經於長安，《禮記》以《月令》爲首，從李林甫請也。"案：明皇僅注《孝經》[①]刻石，所謂《石臺孝經》也，此言天寶刻九經，誤。

　　《石墨鐫華》："唐天寶中，刻九經於長安，《禮記》以《月令》爲首，從李林甫之請。此第五刻也。文宗時，鄭覃以經籍刓謬，建言讎刊，準漢故事，大和七年，敕唐玄度覆定石經字體，於國子監立石九經並《論語》《孝經》《爾雅》共一百五十九卷，《字樣》四十卷，開成二年告成。此第六刻也。"

　　《金石萃編》："劉禹錫《新修五經壁記》'大曆中，名儒張參

---

① "孝經"，原誤作"孝縣"，據文意改。

始詳定五經，書於講論堂東西廂之壁'，是書經之事，昉於張參。
覃因木本難於久遠，故奏請刻石，創議於大和四年，始事於九
年，至開成元年方拓成而進之也。"

　　案：此曰開成石經，自其刊成時言之。

【注三】

李應祥云："雍石經。"詳【注十七】。

經數爲《周易》《尚書》《毛詩》《周禮》《儀禮》《禮
記》《春秋左氏傳》《公羊傳》《穀梁傳》，曰九經。又
《孝經》《論語》《爾雅》，曰十二經。又《五經文字》
《九經字樣》。注四。

【注四】

《舊唐書·文宗紀》："宰臣判國子祭酒鄭覃進石壁九經。"詳
【注一】。

又《鄭覃傳》："進石壁九經。"

《唐會要》："敕於國子監講論堂創立石九經，並《孝經》《論
語》《爾雅》《字樣》。"

鄭覃《進石經狀》："敕於國子監缺。九經並《孝經》《論語》
《爾雅》《字樣》。"並詳同上。

黎持《京兆府學石經記》："《唐史》載鄭覃以宰相兼祭酒進
石壁九經，即今之石經是已。"

《金石文字記》："唐國子學石經，《周易》《尚書》《毛詩》《周禮》《儀禮》《禮記》^①《春秋左氏傳》《公羊傳》《穀梁傳》《孝經》《論語》《爾雅》《五經文字》《九經字樣》。"詳【注八】。

又云："九經並《孝經》《論語》《爾雅》《字樣》等。"詳【注十一】。

朱彝尊《曝書亭集》："唐國子學石刻九經，《易》《書》《詩》《周官禮》《儀禮》《小戴禮記》《春秋左氏傳》《公羊氏傳》《穀梁氏傳》《孝經》《論語》《爾雅》。"詳【注八】。

　　案：以上云九經。

萬氏《石經考》："《舊唐書·文宗本紀》及《鄭覃傳》皆言石壁九經，即黎持之《記》亦然。其實九經之外，更有《孝經》《論語》《爾雅》，凡十二經，不止九經也。較今之十三經，但少《孟子》。其時《孟子》尚雜諸子中，未與《大學》《中庸》共列爲四書也。然此十二經之外，張參之《五經文字》、唐玄度之《九經字樣》與之並行。"

《關中金石記》："石刻十二經及《五經文字》《九經字樣》。"《寰宇訪碑録》同。詳【注十六】。

嚴可均《唐石經校文》："九經，實是十二經。"詳【注九】。

《金石萃編》："紀傳皆言九經，惟驗石刻，實十二經，與九經之名不合。《關中金石記》以爲作史者總成數言之，是也。或謂《字樣》成於覆定字體之時，亦僅稱九經，似當時所刊止此，其餘皆後來續刻，故史文云爾。然案《字樣》中所引《易》《書》

①"禮記"二字原脱，據顧炎武《金石文字記》卷五"唐國子學石經"條補。

《詩》等以證文義之異，實不止於九經。即張參《文字》號稱五經，而引證各書，亦十二經並見。則所謂五經、九經者，亦括大旨而言。況參《自序》謂'經典之文六十餘萬'，而石經末都計總數云'六十五萬二百五十二字'，則張氏實包十二經爲言。使參所書果止五經，安得有六十餘萬字之多乎？是又足證《字樣》標目不可拘泥，而十二經爲同時所刻，無可疑矣。大抵古人作書，多舉最凡爲定，不必一一指實，猶熹平石經《後漢書》止稱五經、六經，而唐宋人所見拓本乃有溢於六經之外者。史氏載筆之體如是，非如後世著書之鑿也。"

案：以上云十二經。

　　諸經正文無注，標題次行書某某注，即其所據之本。《周易》上、下經用王弼注本，《繫辭》《説卦》用韓康伯注本。《尚書》用孔氏傳本。《毛詩》用鄭氏箋本。《周禮》《儀禮》《禮記》用鄭氏注本，《禮記》首《月令》篇用李林甫等奉敕注本。《春秋左氏傳》用杜氏集解本。《公羊傳》用何休學本。《穀梁傳》用范寧集解本。《孝經》用唐明皇注本。《論語》用何晏集解本。《爾雅》用郭璞注本。注五。

【注五】

　　《唐石經校文》："《周易》，題'王弼注'。《周易·説卦第九》，'韓康伯注'。《周易略例》，'王弼'。其題'王弼注'而實有經無注者，明此用王注本，故標王以別衆家。他經放此。《尚書》，題'孔氏傳'。《毛詩》，題'鄭氏箋'。《周禮》，題'鄭氏箋'。《儀禮》，題'鄭氏注'。《禮記》，《御删定禮記月令第一》題'集賢院學士尚書左僕射兼右相吏部尚書修國史上柱國晋國公臣□□□□□敕注'，'臣'下磨去五字，改刻'林甫等奉'四字。《曲禮第二》題'鄭氏注'，每第放此。《春秋左氏傳》，題'杜氏'。《公羊傳》，題'何休學'。《穀梁傳》，題'范寧集解'。《孝經》，題'御製序並注'，卷尾題'御注孝經'。《論語》，題'何晏集解'。《爾雅》，題'郭璞注'。"

《金石萃編》："每經之首，或刻序文，并載傳注姓氏，如《易》稱'王弼''韓康伯注'、《書》稱'孔氏傳'之類，各經皆同。惟《禮記·月令》前題'御删定禮記月令'，'集賢院學士尚書左僕射兼右相吏部尚書修國史上柱國晋國公臣林甫注'，並表一篇，具列林甫、陳希烈等姓名，與《新書·藝文志》所載悉合。玄宗喜增改故書，至於《月令》，點竄尤多，爲臣子者所宜諫止，而林甫等表至稱'唐堯、虞舜、夏后、周公'，以之獻媚，其時詔佞①之態，概可想見。文宗刻石時因循未改，故至今猶存竄亂之迹焉。"

石數，《周易》九石，《尚書》十石，《毛詩》十五石，《周禮》十八石，《儀禮》二十石，《禮記》三十三

---

① "詔佞"，原誤作"詔佞"，據王昶《金石萃編》卷一百十"石刻十二經跋一"條改。

石，《春秋左氏傳》六十九石，《公羊傳》十七石，《穀梁傳》十六石，《孝經》一石，《論語》七石，《爾雅》四石，共二百十七石。又《五經文字》八石，《九經字樣》一石，共九石。又年月、銜名、敕狀一石。都共二百二十七石。_{注六。}每石行數不等，行八列，列十字，或九字、十一字，閒有空列、空字。_{注七。}《周易》九卷，二萬四千四百二十七字。《尚書》十三卷，二萬七千一百三十四字。《毛詩》二十卷，四萬八百四十八字。《周禮》十二卷，四萬九千五百十六字。《儀禮》十七卷，五萬七千一百十一字。《禮記》二十卷，九萬八千九百九十四字。《春秋左氏傳》三十卷，十九萬八千九百四十五字。《公羊傳》十一卷，四萬四千七百四十八字。《穀梁傳》十二卷，四萬二千八十五字。《孝經》一卷，二千 百 十三字。《論語》十卷，一萬六千五百九字。《爾雅》三卷，一萬七百九十一字。_{注八。}共一百五十九卷，六十一萬三千一百三十五字。_{注九。}又《五經文字》三卷，三千二百三十五字。《新加九經字樣》一卷，四百二十二字。_{注十。}都計六十五萬二百五十二字。_{注十一。}

【注六】

《金石林時地考》：“陝西，唐石經。《周易》一碑，_{案：此“一”字似刊誤。}《尚書》十一碑，《毛詩》十五碑，《禮記》三十三碑，《儀禮》二十碑，《周禮》十七碑，《春秋左氏傳》六十六碑，

《公羊傳》十七碑，《穀梁傳》十五碑，《孝經》一碑，《爾雅》四碑，《論語》，案：此未載碑數。《孟子》，未刻。《九經字樣》二碑，唐玄度。《五經文字》一碑。張參。國朝補十三經闕文。"

案：寒山堂原本以此石經爲孟蜀所刊宋續完者，於各經下各州附以孫逢吉、周德貞、張紹文、孫明古等所書之名，不知實唐開成本也。粵雅堂本已校正。

《關中金石記》："石刻十二經，《易》共九石，《書》共十石，《詩》共十六石，《周禮》共十七石，《儀禮》共二十石，《禮記》共三十三石，《春秋左氏傳》共六十七石，《公羊氏傳》共十七石，《穀梁氏傳》共十六石，《孝經》共一石，《論語》共七石，《爾雅》共五石，《五經文字》《九經字樣》共十石。"

《唐石經校文》："《周易》凡九石，其第九石與《尚書》合。《尚書》凡十一石，其第一石與《周易》合，末石與《毛詩》合。《毛詩》凡十六石，其第一石與《尚書》合，末石與《周禮》合。《周禮》凡十九石，其第一石與《毛詩》合，末石與《儀禮》合。《儀禮》凡廿一石，第一石與《周禮》合，末石與《禮記》合。《禮記》凡卅四石，其第一石與《儀禮》合，末石與《左傳》合。《左氏傳》凡六十八石，其第一石與《禮記》合。《公羊》凡十七石，末石與《穀梁》合。《穀梁》凡十七石，第一石與《公羊》合。《孝經》一石，與《論語》合。《論語》凡八石，其第一石與《孝經》合，末石與《爾雅》合。《爾雅》凡五石，其第一石與《論語》合。《五經文字》凡九石，其末石與《九經字樣》合。《九經字樣》凡二石，其第一石與《五經文字》合。"

《金石萃編》："《易》九石，《書》十石，《詩》十六石，《周禮》十七石，《儀禮》二十石，《禮記》三十三石，《春秋左氏傳》六十七石，《公羊傳》十七石，《穀梁傳》十六石，《孝經》一石，《論語》七石，《爾雅》五石，《五經文字》《九經字樣》共十石。"

《西安府志》："唐刻之見存者，《周易》十九方，《尚書》十方，《毛詩》十六方，《周禮》十七方，《儀禮》二十方，《禮記》三十三方，《春秋左氏傳》六十七方，《公羊傳》十七方，《穀梁傳》十六方，《孝經》一方，《論語》七方，《爾雅》五方，餘皆王氏所補。"

魏錫曾《唐開成石經圖考》："《萃編》云云。案：今十二經常行本，共二百十八紙，案：當作"二十八"，刊遺"二"字。與《萃編》合。惟止經文後無前人所紀字數、年月、銜名。丙寅秋，侯官家子安秀仁見視足本，則於字數、銜名之外，增多最後敕狀，嘉慶以前未見著録。其各經字數，雖以零楮摹拓，而前後經文明白可辨。始知《周易》尾石即《尚書》首石，《毛詩》承《書》，三《禮》承《詩》。蓋書石時每以一卷均分八列，石之廣不容列者，併後石跨書。既於後石前段書畢上列，復於前石後段接書下列。列盡卷盡，界線提寫。經之承經，猶卷之承卷，蟬聯而下，不可離析。工人於兩經聯合之石分摹二紙，取便題弄，經後字數，適在其間，餘墨膠漬，遂至失拓。或又零拓而彙裝之，沿譌滋久。今既得兩經聯石確據，復就各紙石理諦審分合，依次爲圖，以訂王氏之誤，庶存古制，無誤後來。然迄未見石，所據者墨本也，故以紙紀焉。《禮記》後接寫《五經文字》《九經字樣》而止，凡百十四石。自《左傳》起，下接《公》《穀》《孝經》《論語》《爾雅》，至後年月、銜名、敕狀而止，凡百十三石。此疑當時石分東西，配令均平，故以張、唐之書附東列之末，非橫真《左傳》前也。然東西分列，並無確證，故今《圖》紀數，列《左傳》於《九經字樣》之後，而著録全文次序則否。据今審定，拓本二百十七紙。案：當作"二十七"，刊遺"二"字。"

第一紙，第一列，起"周易上經乾傳第一"。案：原《考》列表，兹節録直寫，後放此。

第九紙，前段第八列，訖"周易卷第十"。案：據拓本，訖"周易略例"。後段第一列，起"尚書序"。

第十九紙，中段第八列，訖"尚書卷第十三"。後段第一列，起"毛詩卷第一"。

第卅四紙，中段第八列，訖"毛詩卷第廿"。後段第一列，起"周禮卷第一"。

第五十二紙，前段第八列，起"周禮卷第十二"。案："起"當作"訖"，刊誤。後段第一列，起"儀禮卷第一"。

第七十二紙，前段第八列，訖"儀禮卷第十七"。後段第一列，起"禮記卷第一"。

第百五紙，前段第八列，訖"禮記卷第廿"。後段第一列，起"五經文字序例"。

第百十三紙，前段第八列，全空。案：此訖"五經文字"。後段第一列，起"新加九經字樣"。

第百十四紙，第八列失拓。案：此訖"新加九經字樣"。

第百十五紙，第一列，起"春秋左氏傳序"。

第百八十二紙，前段第八列，全空。案：此訖"春秋經傳集解哀下第卅"。後段第一列，起"漢司空掾任城樊何休序"。

第百九十八紙，前段第八列，訖"春秋公羊卷十二"。"二"磨改作"一"。後段第一列，起"春秋穀梁傳序"。

第二百十四紙，前段第八列，訖"春秋穀梁卷第十二"。後段第一列，起"孝經序"。

第二百十五紙，前段第八列，訖"御注孝經一卷"。後段第一列，起"論語序"。

第二百廿二紙，前段第八列，次行標寫卷第。案：此訖"論語卷第十"。後段第一列，起"爾雅序"。

第二百廿六紙，前半第八列，訖"爾雅卷下"，後半題字數一行，又題九經、《孝經》《論語》《爾雅》《字樣》都計字數一行，又書號年月日一行、書石學生艾居晦等銜名三行。

第二百廿七紙，石裂爲四，右下段諸臣銜名七行，中上段前存鄭銜上半，後存敕狀九行，左上段存狀三行，右下段存狀三行。

案：唐石前經書畢，跨書後經。《周易》，第一石至第九石，跨書《尚書》，共九石。《尚書》，第十石至第十九石，跨書《毛詩》，共十石。《毛詩》，第二十石至第三十四石，跨書《周禮》，共十五石。《周禮》，第三十五石至五十二石，跨書《儀禮》，共十八石。《儀禮》，第五十三石至七十二石，跨書《禮記》，共二十石。《禮記》，第七十三石至一百五石，跨書《五經文字序例》，共三十三石。《五經文字序例》，第一百六石至一百十三石，跨書《九經字樣》，共八石。《九經字樣》，第一百十四石，共一石。《春秋左氏傳》，第一百十五石至一百八十三石，跨書《公羊傳》，共六十九石。《公羊

傳》，第一百八十四石至一百九十八石，跨書《穀梁傳》，共
十五石。《穀梁傳》，第一百九十九石至第二百十四石，跨書
《孝經》，共十六石。《孝經》，第二百十五石，跨書《論語》，
共一石。《論語》，第二百十六石至第二百二十二石，跨書
《爾雅》，共七石。《爾雅》，第二百二十三石至二百二十六
石，跨書字數、年月、銜名，共四石。又銜名、敕狀一石。
都共二百二十七石。據魏氏《圖考》，原《考》以紙計，此以石計。
是以前經末石與跨書後經者屬前經，則後經首石銜接前經
者少一石，《萃編》《尚書》《儀禮》《禮記》《春秋穀梁傳》《孝
經》《論語》《爾雅》亦如是。惟《毛詩》多一石，《周禮》少
一石，《春秋左氏傳》少二石，《公羊傳》多二石，尚是前後
經計算之差。而《論語》七石，則《爾雅》只四石，《萃編》
《爾雅》有五石，多一石。《五經文字序例》《九經字樣》只
九石，《萃編》十石，若併銜名、敕狀一石計之，乃合十石
之數。《萃編》於《爾雅》多一石，故訛爲二百二十八石也。
《校文》《禮記》末石與《左傳》合，與魏氏《圖考》不同。

【注七】

《金石萃編》：“每石七八層。”《唐開成石經圖考》：“《萃編》云：‘每
石七八層。’案：經文無七層者，石之前段第八列閒或無字，由一卷跨書兩石，
前石第八列書經文已畢，留空於後，此空幾行，非少一列。”

《唐開成石經圖考》：“經文皆橫分八列，每紙行數不等，行
十字，或九字、十一字。”案：此指每列字數，非每行字數。

【注八】

《舊唐書·文宗紀》：“宰臣判國子祭酒鄭覃進石壁九經一百六十卷。”詳【注一】。

《唐會要》：“敕於國子監創立石壁九經并《孝經》《論語》《爾雅》，共一百五十九卷。”案：李應祥、趙崡①云“一百五十九卷”，皆本此。

鄭覃《進石經狀》：“敕於國子監缺。九經並《孝經》《論語》《爾雅》，共壹佰伍拾缺。《字樣》肆卷。”《金石續編》：“‘壹佰伍拾’下當是‘捌卷’二字。”並詳【注一】。

《金石林時地考》：“唐石經，《周易》九卷，《尚書》十三卷，《毛詩》十九卷，《禮記》二十卷，《儀禮》十七卷，《周禮》十二卷，《春秋左氏傳》三十卷，《公羊傳》十二卷，《穀梁傳》十二卷，《孝經》一卷，《爾雅》三卷，《論語》，《孟子》，案：此未載卷數。《九經字樣》一卷，《五經文字》三卷。”

《金石文字記》：“《周易》二萬四千四百三十七字，《尚書》二萬七千一百三十四字，《毛詩》四萬八百四十八字，《周禮》四萬九千五百一十六字，《儀禮》五萬七千一百一十一字，《禮記》九萬八千九百九十四字，《春秋左氏傳》一十九萬八千九百四十五字，《公羊傳》四萬四千七百四十八字，《穀梁傳》四萬二千八十九字，《孝經》二千□百□十三字，《論語》一萬六千五百九字，《爾雅》一萬七百九十一字。”

《曝書亭集》：“《易》九卷，二萬四千四百三十七字。《書》十三卷，二萬七千一百三十四字。《詩》二十卷，四萬八百四十

---

① “趙崡”，原誤作“趙涵”。“一百五十九卷”云云見趙崡《石墨鐫華》卷二“唐刻石經考”條。

八字。《周官禮》十卷，四萬九千五百十六字。《儀禮》十七卷，
五萬七千一百十一字。《禮小戴記》二十卷，九萬八千九百九十
四字。《春秋左氏傳》三十卷，十九萬八千九百四十五字。《公
羊氏傳》十卷，四萬四千七百四十八字。《穀梁氏傳》十卷，四
萬二千八十九字。《孝經》一卷，二千□百□十三字。《論語》十
卷，一萬六千五百九字。《爾雅》二卷，一萬七百九十一字。"《唐
國子學石經跋》。案：《經義考》卷數與此同。

《關中金石記》："《易》九卷，《書》十三卷，《詩》二十卷，
《周禮》十卷，《儀禮》十七卷，《禮記》二十卷，《春秋左氏傳》
三十卷，《公羊氏傳》十卷，《穀梁氏傳》十卷，《孝經》一卷，
《論語》十卷，《爾雅》二卷，《五經文字》三卷，《九經字樣》
一卷。"

《唐石經校文》："《周易》九卷，《略例》一卷。《周易·上
經·乾傳第一》至《周易·說卦第九》《周易略例》，而《周
易·序卦第十》《周易·雜卦第十一》附於第九之內。《尚書》十
三卷。其卷分十三者，《序》至《稾飫》一，《大禹謨》至《益
稷》二，《禹貢》至《汝方》三，《湯誓》至《祖乙》四，《盤庚
上》至《微子》五，《泰誓上》至《武成》六，《洪範》至《嘉
禾》七，《康誥》至《召誥》八，《洛誥》至《無逸》九，《君奭》
至《立政》十，《周官》至《康王之誥》十一，《畢命》至《呂
刑》十二，《文侯之命》至《秦誓》十三。《毛詩》二十卷。《周
禮》十二卷。《經義考》誤作"十卷"。詳【注二十】。《儀禮》十七卷。
其卷分十七者，篇各爲卷。《禮記》廿卷。卷第一題'御刪定禮
記月令第一'，但鄭注本以《月令》爲第六，而石經此第一者，

明皇時陳希烈重加删定，因冠《曲禮》之前，而退《曲禮》爲第二。至南宋不行其分二十卷者，與單鄭注各本同，唯卷第一《月令》，卷第二《曲禮》，《曲禮》下卷第三《檀弓》、卷第四《檀弓下》、卷第五《王制》爲異。《春秋左氏傳》卅卷。每卷之首，無‘卷第一’等字樣，與《易》《公羊》《穀梁》同。其分爲卅卷者，隱第一，桓第二，莊第三，閔第四，僖上第五。盡十五年。僖中第六，盡廿六年。僖下第七，盡卅三年。文上第八，盡十年。文中第九，盡十八年。宣上第十，盡十一年。宣下第十一，盡十八年。成上第十二，盡十年。成下第十三，盡十八年。襄元第十四，盡九年。襄二第十五，盡十八年。襄三第十六，盡廿二年。襄四第十七，盡廿五年。襄五第十八，盡廿八年。襄六第十九，盡卅年。昭元第廿，盡三年。昭二第廿一，盡七年。昭三第廿二，盡十二年。昭四第廿三，盡十七年。昭五第廿四，盡廿二年。昭六第廿五，盡廿六年。昭七第廿六，盡卅二年。定上第廿七，盡七年。定下第廿八。盡十五年。哀上第廿九，盡十三年。哀下第卅。盡廿七年。《公羊傳》十二卷。《經義考》誤作“十卷”。當石經初刻時，《公羊》分十二卷，後併閔公於莊公卷，而《公羊》僅十一卷。閔公第四標題下增刻雙行小注云：“附莊公卷。”僖公至哀公標題下增刻“卷四”至“卷十一”，而卷尾標題亦皆磨改作“第四”至“第十一”。案：《漢·藝文志》‘《春秋經》十一卷，《公羊傳》十一卷’，是併改不爲無據。但《漢志》經傳別行，《隸釋》載漢石經有傳無經，《詩》疏於‘鄭氏箋’下謂[1]石經《公羊傳》無經文，今此既散傳附經，則卷數雖能復古，而體例已非。然漢用嚴彭

---

① “謂”，原誤作“爲”，據嚴可均《唐石經校文》卷七改。

祖、顔安樂本，故經傳別行，此用何休本，故散傳附經。觀《釋文》標題及疏所釋標題皆云‘經傳解詁’，是六朝舊本已然。而何休於經有注者，傳即無注，明是散傳附經出何休手，非由後人改編也。《穀梁傳》十二卷。《經義考》誤作“十卷”。其分十二卷者，每公爲卷。《孝經》一卷。其分十八章，與注疏本同。《論語》十卷。《爾雅》三卷。《經義考》誤作“二卷”。”

《金石萃編》：“《周易》九卷，《尚書》十三卷，《毛詩》二十卷，《儀禮》十七卷，《禮記》二十卷，《春秋左氏傳》三十卷，《公羊傳》十二卷，《穀梁傳》十二卷，《孝經》一卷，《論語》十卷，《爾雅》三卷。”

案：此卷數、字數俱據石刻本，《公羊傳》十一卷，《孝經》缺字，並仍其舊。

【注九】

《關中金石記》：“《舊唐書》云：‘文宗開成二年，宰臣判國子祭酒鄭覃進石壁九經一百六十卷。’案：實共一百五十卷，外《文字》《字樣》又四卷，《舊書》總成數言之，故不符耳。”

《唐石經校文》：“當石經初刻時，《公羊》分十二卷，故《舊唐書》云‘開成二年，宰臣判國子監祭酒鄭覃進石壁九經一百六十卷’。九經實是十二經。《易》九《略例》一，《書》十三，《詩》廿，《周禮》十二，《儀禮》十七，《禮記》廿，《左傳》卅，《公羊》十二，《穀梁》十二，《孝經》一，《論語》十，《爾雅》三，凡百六十卷。後併閔公於莊公卷，而《公羊》僅十一卷，故王溥《唐會要》作‘一百五十九卷’。”並詳【注八】。

《金石萃編》："紀傳皆言九經凡一百六十卷，今以諸經卷數合《周易略例》計之，適得百六之數。原刻《公羊》經傳本十二卷，後人從《漢書·藝文志》磨改，併閔公與莊公同卷，卷止十一。王溥《唐會要》云"開成二年，進石壁九經一百五十九卷"，蓋據磨改本。《經義考》誤《周禮》十二卷、《公羊》《穀梁》十二卷皆爲十卷，則又缺六卷，益與原數不合矣。"並詳【注四】。

【注十】

《唐會要》："《字樣》四十卷，《新加九經字樣》一卷，附於《五經字樣》之末。"詳【注一】。案：李應祥、趙崡①云四十卷，皆本此。《唐石經校文》："《唐會要》作'《字樣》四十卷'，李應祥、趙崡②等皆踵其誤，實則《字樣》一卷，合《五經文字》亦但四卷，無四十卷也。"

案：《唐書·藝文志》："張參《五經文字》三卷，唐玄度《九經字樣》一卷。"顧氏《石經考》引。此二書後周廣順中田敏刻板。《志》當據木刻，非石刻，故未錄。

張參《五經文字序例》："凡一百六十部，三千二百三十五字，分爲三卷。"詳【注十四】。

唐玄度《新加九經字樣序》："撰成一卷，凡七十六部，四百二十一文。"詳【注十五】。

《金石文字記》："《五經文字》三卷，凡一百六十部，三千二百三十五字。《九經字樣》一卷，凡七十六部，四百二十一字。"案：此據張參《序例》、唐玄度《序》。

---

① "趙崡"，原誤作"趙涵"。
② "趙崡"，原誤作"趙涵"。

《唐石經校文》："《五經文字》三卷，凡百六十部，三千二百卅五字。其卷首皆總載部目，卷上凡卅六部，卷中凡五十八部①，卷下凡六十六部。《九經字樣》一卷，其序內'凡六十七部，四百廿二文'，'六'當作'七'，'七'當作'六'，'二'當作'一'，因磨去改刻，作'七'，作'六'，作'一'。又題'凡漆拾陸部，肆佰貳拾壹字，內壹佰叁拾伍字重文'。"

【注十一】

《金石文字記》："九經並《孝經》《論語》《爾雅》《字樣》等，都計六十五萬二百五十二字。"

書石者爲艾居晦、陳玠、□□□□、段絳，校勘兼看書上石者爲柏嵩、陳莊士，覆定字體者爲唐玄度，校勘官兼專知都勘定經書檢校刊勒上石者爲章師道、楊敬之，都勘校者爲鄭覃。注十二。又校定文字者爲周墀、崔球、張次宗、孔溫業，刊定者爲高重，詳定者爲韓泉②，碑末俱未載。注十三。又《五經文字》，詳定者爲張參，譔者爲顏傳經。注十四。《新加九經字樣》，覆定者爲唐玄度。注十五。

---

① "卷中凡五十八部"七字原脱，據嚴可均《唐石經校文》卷十補。
② "韓泉"，原誤作"韓泉"。詳見下唐石經【注十三】。

【注十二】

鄭覃《進石經狀》：“臣亻缺。忝司成，詳觀不朽之功，實賀無疆缺。本并圖一軸，謹差專知官朝缺。守國子《毛詩》博士上柱國章師道隨缺。本進謹進缺。年十月十三日，銀青光禄大夫守尚書右僕射兼門下侍郎國子祭酒同中缺。事太清宮使監修國史上柱國榮陽郡開國公食邑二千户①臣覃狀進。”《金石續編》：“此刻於石經後書石、校勘諸臣題名之左，‘專知官朝’下當是‘議郎’二字，‘同中’下當是‘書門下平章’五字。”

《金石文字記》：“其末有題名十行，曰：‘書石學生前四門館明經臣艾居晦，書石學生前四門館明經臣陳玠，書石學生前文學館明經臣□□□□，書石官將仕郎守潤州句容縣尉臣段絳，校勘兼看書上石官將仕郎守祕書省正字臣柏嵩，校勘兼看書上石官將仕郎守四門助教臣陳莊士，覆定字體官翰林待詔朝議郎權知沔王友上柱國賜緋魚袋臣唐玄度，校勘官兼專知都勘定經書檢校刊勒上石朝議郎守國子《毛詩》博士上柱國臣章師道，朝散大夫守國子司業騎都尉賜緋魚袋臣楊敬之，都檢校官銀青光禄大夫②□□□□□□□□□國子祭酒同中書門下平章事太清宮使監修國史上柱國榮陽郡開國公食邑二千户臣覃。’官銜缺十字，《九經字樣》云“右僕射兼門下侍郎國子③祭酒平章事④覃”。案：鄭覃《進石經狀》，當是“守尚書右僕射兼門下侍郎”十一字。

---

① “二千户”，原誤作“二十户”，據鄭覃《進石經狀》改。
② “夫”下原衍“祭酒”二字，據顧炎武《金石文字記》卷五“唐國子學石經”條刪。
③ “子”下原衍“學”字，據顧炎武《金石文字記》卷五“唐國子學石經”條刪。
④ “事”字原脱，據顧炎武《金石文字記》卷五“唐國子學石經”條補。

《曝書亭集》："開成二年，都檢校官銀青光祿大夫右僕射兼門下侍郎判國子祭酒同中書門下平章事太清宮使兼修國史上柱國滎陽郡開國公食邑二千户鄭覃勘定勒石本也。而題名于石者，有四門館明經艾居晦、陳玠，又文學館明經不知名一人，將仕郎守潤州句容縣尉段絳，將仕郎守秘書省正字柏嵩，將仕郎守四門助教陳莊士，朝議郎知沔王友上柱國賜緋魚袋唐玄度，朝議郎守國子《毛詩》博士上柱國章師道，朝散大夫守國子司業騎都尉賜緋魚袋楊敬之，並覃共十人。顧國史所記者，題名不書，題名書者，國史亦不紀，不可解也。"《唐國子學石經跋》。

又云："張司業《五經文字》，始塗于土，繼雕于版，歲久傳寫，點畫參差。於是開成中，沔王友朝議郎翰林待詔唐玄度，依司業舊本，參詳改正，撰《新加九經字樣》一卷，請附《五經文字》之末，兼請于國學刱立石經。今長安所存石經，雖鄭覃董成之，其議實發于玄度也。"《九經字樣跋》。案：玄度《序》"遂微臣之請，創立石經"，是議發於玄度。詳【注十六】。

案：《唐會要》"元和十四年，祭酒鄭餘慶奏修壁經"，是在憲宗時，鄭餘慶已奏修壁經。杭氏《石經考異》，引《唐文粹·李陽冰論古篆》"願刻石作篆，備書六經，立於明堂，爲不刊之典，號曰大唐石經，使百代之後，無所損益"，"此論在當時雖未施行，已爲鄭覃等開先"[1]云云。

《金石萃編》："石經末有書石、校勘諸臣姓名十人，可考者，惟覆定字體官翰林待詔朝議郎權知沔王友上柱國賜緋魚袋

---

[1] "開先"，原誤作"開元"，據杭世駿《石經考異》卷上"唐石經"條改。

臣唐玄度及校勘官兼專知都勘定經書檢校刊勒上石朝散大夫守
國子司業騎都尉賜緋魚袋臣楊敬之、都檢校官銀青光禄大夫
□□□□□□□□□國子祭酒同中書門下平章事太清宮使監修
國史上柱國榮陽郡開國公食邑二千户臣覃三人。覃不稱姓，與
《禮記》前《表》林甫例同，開元制僕射題名皆如此。《新書·楊
敬之傳》：'敬之，元和初，屯田、户部二郎中，坐李宗閔黨，貶
連州刺史。文宗尚儒術，以鄭覃兼國子祭酒，俄以敬之代。'據
此，是敬之于開成初已起爲國子司業，故得代爲祭酒。如《新
書》之言，竟似敬之坐貶後即起爲祭酒矣，此可援碑以補史者也。
唐玄度，兩《唐書》皆無傳，其名僅見於本紀及《藝文志》。考
沔王名邠，憲宗子，長慶元年封沔王。《唐六典》：'親王府置友
一人，從五品下。'蓋是時玄度以翰林待詔權居此職，其秩尚卑，
故列於前耳。"

王朝榘《唐石經考正》："石末題名所謂'都檢校官臣覃'，
即鄭覃也。書石學生艾居晦、陳玠、段絳等，校勘兼看書上石官
柏嵩、陳莊士，覆定字體官唐玄度，校勘官兼專知都勘定經書檢
校刊勒上石章師道、楊敬之，即當時所謂鉅學鴻生也。"

【注十三】

《舊唐書·鄭覃傳》："時太學勒石經，覃奏起居郎周墀、水
部員外郎崔球、監察御史張次宗、禮部員外郎溫業等校定九經
文字，旋令上石。"《金石萃編》："當作'孔溫業'，兩《書》俱附《孔巢
父傳》。"

《新唐書·鄭覃傳》："覃乃表周墀、崔球、張次宗、孔溫業

等是正其文，刻于石。"

又《高儉傳》："重擢國子祭酒，與鄭覃刊定九經於石。"

《册府元龜》："文宗詔：'國子監九經石本，所司校勘，尚有舛誤，傳於永久，必在精詳①。宜令率更令韓泉②充詳定石經官，就集賢審刊，仍送國子監。'"

周必大曰："唐文宗在御，儲精經籍，有意復古，而緗素謬盩。時惟鄭覃體上之意，憫道之衰，慨然有請于朝，願與鉅學鴻儒協力讐校，準漢舊事，鏤石太學，帝欣然可之。於是周墀、崔球、張次宗、孔溫業等咸預其選，羣經是正，視漢熹平蓋無愧焉。"《經義考》引。

《金石文字記》："案：《舊唐書》：'開成元年正月，中書門下奏起居注舍人集賢殿學士周墀、監察御史張次宗、禮部員外郎孔溫業、兵部員外郎集賢殿直學士崔球等同勘校《經典釋文》。'又云：'令率更令韓泉③充詳定石經官。'《册府元龜》同。《新唐書》亦列墀等四人，而碑並不載。"

《曝書亭集》："《新》《舊唐書》載'覃奏起居郎集賢殿學士周墀、水部員外郎集賢殿直學士崔球、監察御史張次宗、禮部員外郎孔溫業四人校定'，《册府元龜》載'文宗命韓泉④充詳定官'。"《唐國子學石經跋》。

《唐石經考正》："周墀、崔球、張次宗、孔溫業、高重、韓

① "精詳"，原誤作"經詳"，據《册府元龜》卷六〇八"學校部·刊校"改。
② "韓泉"，原誤作"韓臬"，據《册府元龜》卷六〇八"學校部·刊校"改。
③ "韓泉"，原誤作"韓臬"。
④ "韓泉"，原誤作"韓臬"。

·271·

泉^①諸人，史傳皆稱其在文宗朝校定石經，而題名不著，蓋帝詳慎其事，朝右儒臣通經學者鮮有不與，或檢覈於書石以前，或覆勘於上石以後，故題名不能悉登耳。"

【注十四】

張參《五經文字序例》："十年夏六月，有司以職事之病，上言其狀，詔委國子儒官勘校經本，送尚書省。參幸承詔旨，得與二三儒者分經鉤考而共決之，卒以所刊書于屋壁，雖未如蔡學之精密，石經之堅久，慕古^②之士，且知所歸。猶慮歲月滋久，官曹代易，儻復蕪汙，失其本真，乃命孝廉生顏傳經收集疑文互體，受法師儒，以爲定例。凡一百六十部，三千二百三十五字，分爲三卷。大曆十一年六月七日，司業張參序。"

《崇文書目》："《五經文字》三卷。初，參拜詔與儒官校正經典，乃取漢蔡邕石經、許慎《說文》、呂忱《字林》、陸德明《釋文》，命孝廉生顏傳經原刊遺"經"字。鈔撮疑互，取定儒師，部爲一百六十，非緣經見者，皆略而不集。"

陳振孫《直齋書錄解題》："《五經文字》三卷，唐國子司業張參撰，大曆中刻石長安太學。"案：此與《九經字樣》，諸家書目不言其石刻者不錄。

《金石文字記》："《五經文字》三卷。大曆十一年，國子司業張參以《說文》《字林》兼采漢石經，著爲定體。"

《曝書亭集》："《五經文字》，其初塗之以土而已。大和閒，

① "韓泉"，原誤作"韓臬"。
② "慕古"，原誤作"參古"，據張參《五經文字序例》改。

祭酒齊暤、司業韋公肅易之以堅木，擇國子通書法者繕寫而懸諸堂，禮部郎劉禹錫爲作《記》。是書自土塗而木版，自木版而刊石，字已三易，恐非參所書矣。唐人多專攻詩賦，留心經義者寡。參獨奉詔，與孝廉生顏傳經取疑文互體鉤考而斷決之，爲士子楷式，爲功匪淺矣，故禹錫《記》稱爲名儒。作史者宜以之入《儒林傳》，而《舊史》《新書》俱不及焉。案：《孟浩然集》有《送張參明經舉覲省》詩，《錢起集》有《送張參及第還家作》，而《郎官石柱題名》參曾入司封員外郎之列，蓋參在開元、天寶間舉明經，至大曆初佐司封郎，尋授國子司業者也。今其姓氏僅一見於《宰相世系表》，一見於《藝文志·小學類》，他不詳焉，闕事一也。參謂‘讀書不如寫書’，度其書法必工，故當時壁經，羣儒奉爲龜鏡，縱不得與《儒林傳》之列，書家姓氏，亦宜載之，而《書苑》《書史》《書譜》均未之及，闕事二也。壁經雖無存，然參所訂《五經文字》與唐玄度《九經字樣》同刻石附九經之後，歐陽永叔最嗜金石文字，其序《集古録》云‘上自周穆王，下更秦漢、隋唐、五代，外至四海九州，名山大澤，窮厓絶谷，荒林破冢，神仙鬼物，詭怪所傳，莫不皆有’，乃獨唐所刻石經，《録》中跋尾三百九十六篇，此獨無有，是唐刻石經，永叔當日反失於摹搨，闕事三也。今諸書皆有雕本，獨《五經文字》《九經字樣》止有拓本，無雕本，闕事四也。予思漢、魏石經既已湮没，惟唐開成本尚存，參書幸附刊於石，顧學者束諸高閣，罕有游目者，故具書之。”《五經文字跋》。

《羣書疑辨》：“《五經文字》書壁，未必即出于參。參在天寶中爲司業，必無閱二十六年仍守一官之理，疑是時參已不在。即猶在，書亦決不①出其手。蓋特因其校定之經，非必欲其親書于壁，如漢蔡中郎之所爲也。況禹錫之《記》謂再新壁書，而孫自牧乃特記書壁之歲月，則此經非出參手書，益明矣。"

《四庫全書總目提要》："《五經文字》三卷，唐張參撰。里貫未詳，自序題'大曆十一年六月七日'，結銜稱司業，蓋代宗時人。"

錢大昕《潛研堂金石文跋尾》："朱錫鬯謂'參姓名僅一見於《宰相世系表》，一見於《藝文志》'，考《唐書·季勉傳》'嘗引李巡、張參在幕府，後二人卒，至宴飲，仍設虛位沃饋之'，又《常袞傳》'袞始當國，議增給百官俸，時韓滉使度支，與袞皆任情輕重，滉惡國子司業張參，袞惡太子少詹趙甚，皆少給之'，是則史於參事，固不止一再見矣。吾於《勉傳》見參之見重友朋，又於《袞傳》見參之不阿貴近，參雖無傳，未爲不幸也。石刻'參'字下從'彡'，後人妄改從'小'。"

《唐石經校文》："《五經文字》，大曆中顏傳經譔，唯《序例》張參作。《序》內有云'乃命孝廉生顏傳經收集疑文互體，受法師儒，以爲定例'，則張氏亦明言之。而史志以爲張參撰者，蓋以《序例》統全書，猶《晉書》稱御譔也。《唐書》無'張參傳'，而其姓名尚見于《宰相世系表》《藝文志》《李勉傳》《常袞傳》，獨顏傳經湮沒不彰，甚爲可閔，故宜表出之也。"

《金石萃編》："參所刊定《五經文字》既書于壁，慮其歲久泯沒，因攝其要領，撰成此書，非謂此書即《五經文字》也，石

---

① "決不"，原誤作"不定"，據萬斯同《羣書疑辨》卷九"書張參《五經字樣》後"條改。

刻首題'五經文字序例'得之。自玄度稱其書略去二字，而《藝文志》竟題爲《五經文字》三卷'，後代率仍其目，實則非也。"

【注十五】

唐玄度《新加九經字樣序》："上略。緣是遂微臣之請，許於國學創立石經，仍令小臣覆定字體，謬當刊校，誓盡所知。大曆中，司業張參掇衆字之謬，著爲定體，號曰'五經文字'，專典學者，實有賴焉。臣今參詳，頗有條貫，傳寫歲久，或失舊規，今刪補冗漏，一以正之。又於《五經文字》本部之中採其疑誤舊未載者，撰成《新加九經字樣》一卷，凡七十六部，四百廿一文。當開成丁巳歲序謹上。"案："丁巳"係開成三年。

《崇文書目》："《九經字樣》一卷，唐翰林待制唐玄度撰。開成中，玄度奉詔覆定太學石經字文，以來補張參之闕，更作《九經字樣》，爲七十六。"

《直齋書錄解題》："《九經字樣》一卷，唐沔王友翰林待制唐玄度撰，補張參之所不載。"

案：《文獻通考》引《崇文書目》，又引《書錄解題》，"九經"作"五經"，《鮚埼亭集外編》、杭氏《石經考異》《唐石經校文》《金石萃編》俱詳論之。考《玉海》："宋重和元年十一月二十八日，言者爲張參、唐玄度所撰《五經文字》《九經字樣》辨正書名，頗有依據，宜重加修定，分次部類，爲《新定五經字樣》。從之。"是《五經文字》《九經字樣》在重和時又重修爲《新定五經字樣》，其非唐玄度所撰明甚。

《金石文字記》："《九經字樣》一卷。國子監奏覆定石經字體官翰林待詔唐玄度狀：‘大和七年十二月五日勅覆定九經字體者。今所詳覆，多依司業張參《五經文字》爲准，其舊字樣，歲月將久，畫點參差，傳寫相承，漸致乖誤，今并依字書，參詳改正。諸經之中，別有疑闕，舊字樣未載者，古今體異，隸變不同，如總據《説文》，即古體驚俗，若依近代文字，或傳乖訛。今與校勘官同商較是非，取其適中，纂録爲《新加九經字樣》一卷，請附于《五經字樣》之末。’奉勅：‘宜依。’開成二年八月二十二日中書門下牒。”案：此與《唐會要》大同，惟末句異。詳【注一】。

《四庫全書總目提要》：“《九經字樣》一卷，唐唐玄度撰。玄度里籍未詳，惟據此書知其開成中官翰林待詔。”

《潛研堂金石文跋尾》：“《九經字樣》前載‘開成二年八月十二日中書門下牒’，牒①尾列銜者六人：曰‘工部侍郎平章事陳夷行’，曰‘中書侍郎平章事李石’，曰‘門下侍郎平章事李固言’，曰‘右僕射兼門下侍郎國子祭酒平章事覃’，並與《唐書·宰相表》合。鄭覃以僕射不書姓，唐宋故事如此。曰‘檢校司徒平章事劉’，下注‘使’字而不名者，劉從諫也。考《本傳》，‘大和初，拜司空。六年，入朝。明年還藩，進同中書門下平章事’，不云‘檢校司徒’。而《宦官仇士良傳》稱‘澤潞劉從諫上書，請清君側，士良沮恐，進從諫②檢校司徒，欲弭其言’，則《傳》蓋漏此事矣。《傳》云‘進司空’，而《三公表》無之，當是‘檢校司徒’，非真拜也，《表》于檢校官例不書。曰‘司徒兼中書令’，下注‘使’字，姓名俱不書者，裴度時爲山南東道節度

---

① “牒”字原脱，據錢大昕《潛研堂金石文跋尾》卷九“國子學石經”條補。
② “從諫”，原誤作“存諫”，據《新唐書》卷二百四《宦者傳》改。

使也。”

《唐石經校文》：“《九經字樣》牒後有陳夷行等六人結銜。‘右僕射罩’不署姓，開元制也。‘檢校司徒平章事[①]劉使’，‘司徒兼中書令使’，兩‘使’字皆偏右，‘劉’不名，‘中書令’不姓名。‘劉’謂劉從諫。錢氏大昕曰：‘司徒兼中書令’下注‘使’字，姓名俱不書者，裴度時爲山南東道節度使也。又題‘覆定石經字體官議郎權知沔王友翰林待詔上柱國賜緋魚袋臣唐玄度譔’。”

字體爲真書。每經標題隸書。字數一行，綴各經後，隸書。又《五經文字》《九經字樣》，真書，每標題隸書。《九經字樣》，牒結銜行草。注十六。

【注十六】

《金石文字記》：“《周易》標題‘周易繫辭上第七’‘周易繫辭第八’‘周易説卦第九’皆八分書，‘周易序卦第十’‘周易雜卦第十一’皆正書，雖依古注，附於第九之内，以正書爲別，終似未安。”

《石墨鐫華》[②]：“六朝以前用分隸，今石經皆正書，且多用歐、虞書法，知其爲唐人書矣。《禮記》首《月令》，尊明皇，‘純’

① “事”字原脱，據嚴可均《唐石經校文》卷十補。
② “石墨鐫華”，原誤作“石墨鐫筆”。引文出趙崡《石墨鐫華》卷二“唐刻石經考”條。

字諱，尊憲宗，又知其非天寶以前人書矣。《唐書》謂文宗朝石經違棄師法不足觀，然其用筆雖出衆人，不離歐、虞、褚、薛法，恐非今人所及。"

《關中金石記》："石刻十二經及《五經文字》《九經字樣》，正書，隸題首。"

《寰宇訪碑録》："國子學石刻十二經，正書。《九經字樣》，正書。《五經文字》，正書。"

《唐石經校文》："《周易》，標題'周易上經乾傳第一，王弼注'至'周易説卦第九，韓康伯注''周易略例，王弼'皆隸書，而'周易序卦第十''周易雜卦第十一'附于第九之内，以真書別之，顧氏炎武《金石文字記》云'終似①未安'。案：《隋書‧經籍志》：'韓注《繫辭》以下三卷。'《序卦》《雜卦》附《説卦》卷，故三卷。石經仍韓卷本之舊，豈得未安？漢宣帝時，河内女子得《説卦》一篇，不數《序卦》《雜卦》者，統於《説卦》。乃經以真寫，獨標題作隸者，真從隸出，真以通俗，隸以統真，故標隸以明經文之真即隸也。《尚書》，標題'尚書序''尚書卷第二'至'尚書卷第十三'皆隸書。《毛詩》，標題'毛詩卷第一'至'毛詩卷第廿'皆隸書。《周禮》，標題'周禮卷第一'至'周禮卷第十二'皆隸書。《儀禮》，標題'儀禮卷第②一'至'儀禮卷第十七'皆隸書。《禮記》，標題'禮記卷第一'至'禮記卷第廿'皆隸書。《春秋左氏傳》，初刻題'春秋左氏傳序'真書，磨改作'春秋左氏傳序'隸書，《序》後又題'春秋經傳集解隱公第一'，真書，統

---

① "終似"，原誤作"終以"，據嚴可均《唐石經校文》卷一改。
② "第"下原衍"十"字，據嚴可均《唐石經校文》卷四刪。

于《序》題也，而‘春秋經傳集解桓公第二’至‘春秋經傳集解哀下第卅’皆隸書。《公羊傳》，標題‘漢司空掾任城樊何休序’，隸書，《序》後又題‘春秋公羊經傳解詁隱公第一’，真書，統于《序》題也，而‘春秋公羊經傳解詁桓公第二’至‘春秋公羊經①傳解詁哀公第十二’皆隸書，則每第之標目也。《穀梁傳》，標題‘春秋穀梁傳序’，隸書，《序》後又題‘春秋穀梁傳隱公第一’，正書，統于《序》題也，而‘春秋穀梁傳桓公第二’至‘春秋穀梁傳哀公第十二’皆隸書。《孝經》，標題‘孝經序’，隸書，又題‘御製序并注’，卷尾題‘御注孝經一卷’，皆真書。《論語》，標題‘論語序’至‘論語卷第十’，隸書。《爾雅》，標題‘爾雅序’‘爾雅卷中’‘爾雅卷下’，隸書，《序》後題‘爾雅卷上’，真書，統于《序》題也。”

又云：“《五經文字》，標題‘五經文字序例’‘五經文字卷中’‘五經文字卷下’，隸書。其《序例》後‘五經文字卷上’，真書，統於《序》題也。《九經字樣》，標題‘新加九經字樣一卷’，真書。又奏狀一篇，狀後載開成二年八月十二日牒，凡廿九字，皆行草，牒後有陳夷行等六人結銜，皆行草。又標題‘新加九經字樣序’，隸書，又題‘新加九經字樣’，真書。”

《金石萃編》：“正書，題首隸書。”《唐開成石經圖考》：“《萃編》惟云‘題首隸書’，未校。”

《西安府志》：“字數一行，綴各經後，俱八分書。”

《唐開成石經圖考》：“卷首標題、經後字數隸書，餘正書。”

<hr>

① “經”字原脫，據嚴可均《唐石經校文》卷七補。

第一紙，第一列，起"周易上經乾傳第一"。凡《周易》卷首各標隸書二行，當正書三行。

第九紙，前段八列後，《周易》字數隸題此處。後段第一列，起"尚書序"。凡《尚書》卷首各標隸書一行，當正書二行。

第十九紙，中段八列後，另行大隸書十囗字，標紀字數。後段第一列，起"毛詩卷第一"。凡《毛詩》卷首各標隸書一行，當正書二行。

第卅四紙，中段八列後，另行大隸書十三字，標紀字數。後段第一列，起"周禮卷第一"。凡《周禮》卷首各標隸書一行，當正書三行。

第五十二紙，前段八列後，另行大隸書十五字，標紀字數。後段第一列，起"儀禮卷第一"。案：此下當作"凡《儀禮》卷首各標隸書一行，當正書二行"，似刊遺。

第七十二紙，前段八列後，另行大隸書十五字，標紀字數。後段第一列，起"禮記卷第一"。案：此下當作"凡《禮記》卷首各標隸書一行，當正書二行"，似刊遺。

第百五紙，前段八列後，另行大隸書十五字，標紀字數。後段第一列，起"五經文字序例"。凡《五經文字》卷首各標隸書一行，當正書二行。

第百十三紙，後段第二列，起"新加九經字樣序"。此行隸書。第八列後約空五行許，有嘉慶間近人隸書二行。

第百十四紙，第一列後十一行，大行草書，高出寸餘。

第百十五紙，第一列，起"春秋左氏傳序"。此六字初刻正書，磨改作隸。自第二卷以下，卷首各標隸書一行，當正書二行。

第百八十二紙，前段八列後，另行大隸書十七字，標紀字數。後段第一列，起"漢司空掾①任城樊何休序"。凡《公羊傳》卷首各標隸書一行，當正書二行。

第百九十七紙，後段第一列，訖"哀□第十二"。卷十一。此卷隸書一行，當正書三行。

第百九十八紙，前段八列後，另行大隸書十五字，標紀字數。後段第一列，起"春秋穀梁傳序"。凡《穀梁傳》卷首各標隸書一行，當正書二行。

第二百十四紙，前段八列後，另行大隸書十三字，標紀字數。後段第一列，起"孝經序"。此三字隸書一行，當正書一行。

第二百十五紙，前段第八列後，另行大隸書十三字，標紀字數。後段第一列，起"論語序"。凡《論語》卷首各標隸書一行，當正書二行。

第二百十九紙，第八列後空四行，近邊有行書"北第十"三字，自右向左，蓋後人重立時刻以紀數者，各石疑皆有之，今多失拓。

第二百廿二紙，前段八列後，另行大隸書十三字，標紀字數。後段第一列，起"爾雅序"。凡《爾雅》卷首各標隸書一行，當正書二行。

---

① "掾"，原誤作"椽"，據魏錫曾《開成石經圖考》改。

第二百廿六紙，後半大隸書二行，字數一行，都計字數一行。

正書大字一行，號年月日。小字三行。書石學生艾居晦等銜名。

第二百廿七紙。詳【注六】。

經石立長安務本坊國子監太學講論堂兩廊。注十七。**每石高六尺五寸，橫廣二尺四寸六分至三寸八分不等。**注十八。

【注十七】

《舊唐書·文宗紀》："鄭覃奏置五經博士，依後漢蔡伯喈刊碑於太學。"詳【注一】。

《新唐書·鄭覃傳》："建言願與鉅學鴻生準漢故事，鏤石太學。"

《唐會要》："敕於國子監講論堂兩廊創立石九經。"

《資治通鑑》："開成二年，國子監石經成。"

劉禹錫《國學新修五經壁記》："大曆中，張參詳定五經，書於講論堂東西廡之壁。"並詳同上。

黎持《京兆府學石經記》："京兆闤闠閒有唐國子監存焉，其閒石經乃開成中鏤刻，舊在務本坊。"

李應祥云："雍石經，唐文宗詔刻國子監。大和七年，於國子監講論堂兩廊創立石九經並《孝經》《論語》《爾雅》。"

《石墨鐫華》："今西安府學石經，乃唐文宗時石經也，舊在務本坊。"

《金石文字記》："唐國子學石經，今在西安府儒學。"

又《日知録》："大曆中，張參作《五經文字》。開成中，唐玄度增補復作《九經字樣》，石刻在關中。今西安府學。"

《曝書亭集》："唐大曆十年，詔儒官校定經本，送尚書省，並國子司業張參詳定五經，書於論堂東西廂之壁。論堂者，大學孔子廟西之夏屋也，見舒元輿《問國學記》。"《五經文字跋》。

《西安府志》："唐學在務本坊，監中有孔子廟，貞觀四年立，領國子監、太學、四門、律、書、算六學。"

【注十八】

《金石萃編》："每石高七八尺，廣三四尺不等。"

《唐開成石經圖考》："据今審定拓本二百十七紙，横廣二尺四寸六分至三寸八分不等，縱數紙不盡石，約每高六尺五寸。此準今工部營造尺。《萃編》云"高七八尺，廣三四尺不等"，準漢慮俒銅尺。是尺世多傳摹，約當今尺七寸二分強至七寸五分弱不等。或無直線，或界直線分段。惟每經後字數及最後都計字數、年月、銜名、敕狀，自上貫下。每一經後即繫字數。《萃編》總列於各序後，又於《爾雅》字數後、都計字數前增"五經文字九經字樣"八字，疑皆爲裝本所誤，敕狀闕載。"

天祐中，韓建築新城，委棄於野。朱梁時，尹玉羽請輦入城，置尚書舊省西隅。宋元祐五年，呂大忠徙置府學北牖。注十九。

【注十九】

黎持《京兆府學石經記》："汲郡呂公龍圖領漕陝右之日，持適承乏雍學，一日謁公，公喟然謂持曰：以下詳【注四】【注十七】。'自天祐中韓建築新城，而六經石本委棄於野。至朱梁時，劉鄩守長安，有幕吏尹玉羽者白鄩，請輦入城。鄩方備岐軍之侵軼，謂此非急務。玉羽紿之曰：一旦鹵兵臨城，碎爲石矢，亦足以助賊爲虐。鄩然之，乃遷置於此，即唐尚書省之西隅也。地雜民居，其處窪下，霖潦衝注，隨立輒仆，埋没腐壞①，歲久折缺。予欲徙置於府學之北牖，子且伻圖來視。'厥既視圖，則命徒役凡石刻偃者仆者，悉輦置於其地，洗剔塵土，補錮殘缺，分爲東西，次比而陳列焉。先是，有興平僧誕妄惑衆，取索無厭，大尹劉公希道没入其貲。有欲請於朝以修②慈恩浮屠者，公即建言崇飾塯廟非古，而興建學校爲急。朝廷乃以五百千畁之，經始於元祐二年③秋初，盡孟冬而落成。元祐五年歲次庚午九月壬戌朔二十日記。"顧氏《石經考》："宋建隆三年劉從義《修文宣王廟記》言：'天祐甲子歲，太尉許國公爲居守，移太學并石經於此。'甲子歲，昭宗遷雒之年。許國公者，韓建也。元祐五年黎持《新移石經記》則云：'今龍圖呂公領漕陝右，以其處窪下，命徙置於府學之北墉。'二説不同。"

《石墨鐫華》："韓建築新城，棄之於野。朱梁時，劉鄩用尹玉羽之請，遷故唐尚書省之西隅。宋元祐中，汲郡呂公始遷今學。"

---

① "腐壞"，原誤作"腐壞"，據黎持《京兆府府學新移石經記》拓本改。
② "修"，原誤作"備"，據黎持《京兆府府學新移石經記》拓本改。
③ "二年"，原誤作"五年"，據黎持《京兆府府學新移石經記》拓本改。

　　《曝書亭集》:"《京兆府學新移石經碑記》,宋元祐中京兆黎持撰文。其曰'汲郡吕公'者,宣公大防之兄,以工部郎中陝西轉運副使知陝州,以直龍圖閣知秦州,大忠也。玉羽者,京兆長安人,以孝行聞,杜門隱居,鄜辟爲保大軍節度推官,仕後唐,至光禄少卿,晉高祖召之,辭以老,退歸秦中,嘗著《自然經》五卷、《武庫集》五十卷,其書散見於《册府元龜》,惜歐陽子不爲立傳,而其書亦不傳於世也。"《宋京兆府學石經跋》。

　　《關中金石記》:"唐時雖云'依漢蔡邕刊碑立於太學,創立石壁九經',卻不在學中,故黎持《記》云:'舊在務本坊。自天祐中韓建築新城,而委弃于野。朱梁時,劉鄩守長安,從幕吏尹玉羽請,輦入城中,置唐尚書省之西隅。今龍圖吕公又移立于府學,而建亭焉。'是石經置學之始末。"

　　其經字,在大和時已有改刻。注二十。**乾符時,有修改。**注二十一。**朱梁時,有補刻。**注二十二。**北宋時,有旁改添注。**注二十三。**明嘉靖時地震,石經倒損。萬曆間,王堯典等案舊文集其缺字,別刻小石,立於碑傍。**注二十四。**今在府學碑林,完好未殘毀。**注二十五。

【注二十】

　　《唐石經校文敘例》:"石經多刻改處,當雜出鄭覃、唐玄度、韓泉^①、張自牧手。有未刻之前曠格、擠格以改者，蓋鄭覃校定。有隨刻隨改及磨改字迹、文誼并佳者，蓋唐玄度覆定。有文誼兩通而字迹稍拙者，蓋韓泉^②詳定。”

又《校文》云：“《周禮》第二卷題‘天官冢宰下第二’，以舊本六官但分六第，因磨去‘第二’，案：拓本“天官冢宰下”有“第二”字未磨去。而‘地官司徒下’‘春官宗伯下’‘夏官司馬下’‘秋官司寇下’‘冬官考工記下’遂不刻‘第四’‘六’‘八’‘十’‘十二’，而‘地官司徒’‘春官宗伯’‘夏官司馬’‘秋官司寇’‘冬官考工記’仍作‘第三’‘五’‘七’‘九’‘十一’，既失於推改，復漏於磨改，皆校定、覆定、詳定、勘定者之疏矣。然因此可見大和時早已隨刻隨改，近人以磨改處專屬乾符者，非也。《禮記》題‘集賢院學士尚書左僕射兼右相吏部尚書修國史上柱國晉國公臣□□□□□敕注’，‘臣’下磨去五字，改刻‘林甫等奉’四字，蓋初刻‘林甫’上有‘李’字，知者序內諸臣及林甫皆署姓，因開元時僕射表狀不署姓，遂改刻耳。《春秋左氏傳》初刻題‘春秋左氏傳序’真書，磨改作‘春秋左氏傳序’隸書，此大和時隨刻隨改，與覆定、詳定無涉，無論乾符也。”

【注二十一】

《金石文字記》：“《五經文字》，今石刻其末曰‘乾符三年，孫《毛詩》博士自牧當云《毛詩》博士孫自牧，於文乃順。以家本重校勘定’云云。詳【注一】。其中有磨改數字者，意自牧所爲也。”

---

① “韓泉”，原誤作“韓臬”。
② “韓泉”，原誤作“韓臬”。

杭氏《石經考異》引全祖望云："'孫《毛詩》博士自牧'，蓋參之孫，顧氏謂'當作《毛詩》博士孫自牧'，誤。"

《潛研堂金石文跋尾》："乾符修改與初刻本互有得失，當分別觀之。"

《唐石經校文序例》："若初刻誼長而磨改謬戾、字迹又下下者，及未磨而遽改者，與《五經文字》末署名及勘定處如出一手，蓋乾符中張自牧勘定。石經《易》《書》《詩》《左氏傳》《論①語》多旁增字，當出張自牧手，字迹與《五經文字》末署名絶似。"

《金石萃編》："末有乾符三年參孫自牧並刻字人題名四行，則又僖宗時自牧重校勘定所題。其中如'參'字改'糸'之類，皆自牧手筆，斧鑿之迹甚明。"

【注二十二】

《金石文字記》："《左傳》文公、宣公卷，字更濫惡，而'成''城'字皆缺末筆。《穀梁》襄、昭、定、哀四公卷，《儀禮·士昏禮》皆然。此爲朱梁所補刻。考之宋劉從義、黎持二記，但言韓建、劉鄩移石而不言補刻。然'成'字缺筆，其爲梁諱無疑。"

《鮚埼亭集外編》："朱梁篡竊②西都，方有邠、岐之逼，日不暇給，況全忠豈知重經者？其時佑國節使繼韓建者，王重師、劉

---

① "論"字原脱，據嚴可均《唐石經校文》卷一"叙例"補。
② "篡竊"，原誤作"纂竊"，據《鮚埼亭集外編》卷三十五"答杭菫浦石經雜問"條改

捍、劉鄩、康懷貞，亦皆賊徒。愚意移石之舉出尹少卿玉羽，而自天祐以來，佚失必多，則補之者即玉羽，此外更無人也。"《答杭董浦石經雜問》。案：杭氏《石經考異》引符曾云云，與此大同。

《潛研堂金石文跋尾》："朱梁所刊，惟《儀禮》《左氏》《穀梁》三經閒有數段，蓋經韓建築城委棄之後，輦來城中，偶有損失，而任意補之，非奉朝命，故字法醜劣，亦無師承，所謂自鄶以下無譏者矣。"

《唐開成石經圖考》："第五十三紙，此石朱梁補刻。第六十二紙，梁補。第百卅三紙，梁補。第百卅四紙，梁補。第二百九紙，梁補。第二百十紙，梁補。"

【注二十三】

王鳴盛《蛾術篇》："石經有旁注者，有即就其字改之者，究不知出何人。顧亭林指爲晁公武改，畢氏引惠棟云‘晁公武以蜀石經增改’。愚謂石經在唐未列太學，在務本坊。天祐中，韓建築新城，棄之野外。朱梁時，劉鄩守長安，輦入城，置唐尚書省西隅。宋龍圖閣學士呂大忠始移府學，而建亭焉。公武，宋南渡後人，足迹不至長安。彼時因張浚富平之敗，此地已入於金，公武何由到此而增改其字？或蜀廣政中刻石經，南宋公武知成都，或有所改。若西安石經，公武斷無改之之事，顧、惠説皆謬。"

《關中金石記》："石經内有旁改字，有添注字。或云即張參孫自牧所改，或云宋晁公武據蜀石經增入，吾鄉惠徵君棟以爲是晁，未知何所據。或以爲即明王堯惠等所爲，然其中亦有從古本改正極是處，恐堯惠並不能也。"

　　《潛研堂金石文跋尾》："添字皆淺陋，非唐刻之舊，或謂
'晁公武據孟蜀石經增入'，非也。公武撰《石經考異》在乾道
庚寅帥蜀之日，其時長安已非宋地，公武何從增改之？且公武所
舉經文不同者三百二科，十二經皆有之，而石刻旁注衹有《易》
《詩》《書》《春秋》《論語》，其非公武所作審矣。惟《春秋》'六物
之占'一條，與公武所舉適合。然孟蜀石本經文即用開成舊本，
公武作《考異》，乃以長興國學板本校勘得之，而又自言'石經
固脫錯，監本亦難盡從'，則公武亦非專信監本也。予故謂旁添
之字，必是北宋人依監本增改。然監本出於田敏，敏經學疏淺，
又在唐玄度之下，固難深信矣。《太平御覽》所引經文，閒與旁
添之文相合，亦據當時監本，非別有古本也。"

【注二十四】

　　《石墨鐫華》："嘉靖乙卯地震，石經倒損，西安府學生員王
堯惠等案舊文集其缺字，別刻小石，立於碑旁，以便摹補，惟王
堯惠等補字大爲紕繆。"

　　《蛾術篇》："《石墨鐫華》云云。補字誠爲紕繆，然既別刻
小石，不與原文相亂，則聽之可也。予所得石本，乃從現在石上
搨出，其補字爲別刻小石，與原文不相攙雜，尚自顯然。顧氏所
據，乃裝裱成册者，因裱匠取流俗邨塾中九经本，案照前後，用
後人所補嵌入，裝合輻湊，竟如一手搨出者。顧氏久客西安，目
擊此石，乃不加詳核，牴疏甚矣。"

　　又云："補刻，別刻他石固矣。予所得本，除《周易》末尾
已殘缺外，《尚書》末云：'西安府學官葉時榮，生員王堯典、王

汝魁，鐫字卜大臣。'《毛詩》末云：'西安府學訓導薛繼愚，生
員王堯典，張尚德鐫。'其《周禮》末但云：'張尚德刊。'《儀
禮》末但云'大明萬曆戊子春三月吉，補經府學官葉時榮，蜀縣
州人生員王堯典、王汝魁，鐫字匠卜大臣。'《禮記》末無名。《左
傳》末學官、生員已漫，但見'生鄭'二字，又云'卜大慶刊'。
《公羊》末云：'咸寧儒學訓導楊于庭，陳倉人張尚德刻。'《穀梁》
《孝經》《論語》《爾雅》皆無名。《九經字樣》，長安學訓導王元吉
補修，生員馬攀龍。趙崡云'王堯惠'，其實則堯典，非堯惠也，
舉筆便誤如此。"

《潛研堂金石①文字跋尾》："國子學石經，自開成初刻以後，
幾經後人之手。乾符修改，一也。後梁補闕，二也。又有旁注
字，大約北宋人所作，三也。若明人補刻闕字，則別爲一石，不
與本文相涉，而世俗裝潢者欲經文完具，乃取明刻翦割連綴之，
遂不復別識。"

馮氏《石經考異》："開成去古未遠，猶爲純備，然幾經後人
之手，一誤于乾符之修改，再誤于後梁之補刊，三誤于北宋之添
注，四誤于堯惠之繆作，遂失鄭、唐之舊，然尚可以校勘之功分
別之。"

《唐石經校文叙例》："顧氏作《九經誤字》《金石文字記》，
又誤信王堯惠之補字，以誣石經。"

姚文田云："碑石高大，篇幅繁多，其有裁割裝潢成帙者，
又爲王堯惠等補文淆亂，雖以顧氏之考據精覈，猶不免失實，其

---

① "金石"，原誤作"金字"。引文出錢大昕《潛研堂金石文字跋尾》卷九"國子
　學石經"條。

他可知已。"《唐石經校文序》。

丁溶云："顧氏誤以王堯惠等補字爲正本,又惑於裝潢者所顛倒舛錯。"同上。

《金石萃編》："明人補字則紕繆已極,收藏家往往于裝襯時順文羼入,考古者一時不察,遽認以爲原刻,轉生異議,崑山顧氏、秀水朱氏正坐此失。"

【注二十五】

李應祥云："雍石經,今在文廟碑洞中,即其刻也。"

萬氏《石經考》："歷五代、宋、元、明迄今,載祀九百,而此刻一無損失,則以呂公置諸學校之故也。然漢、魏石經亦在學校,不及四五百年,殘毀殆盡,則以洛陽帝都屢遭大亂。長安自唐以後無建都者,故反獲保全爾。"

《關中金石記》："西安府學大成殿後,舊爲碑林,今稱碑洞。經始于宋元祐庚午龍圖閣學士呂大忠,自明迄本朝,屢加輯治。余以乾隆壬辰歲,政務稍暇,進訪古刻,見屋宇傾圮,經石及諸碑率棄榛莽,復議興修,前後堂廡,皆鼎新焉。遂取石經及宋元以前者,編排甲乙,周以闌楯,其鎖鑰則有司掌之,設法保護,以冀垂諸永久。"

《中州金石記》："往官關中,訪開成石經于西安府儒學後舍,失去十餘石。余遍加搜剔,于頹垣敗土中得之,復爲排比甲乙,覆以廊廡,遂復舊觀。以墨本恭呈乙覽,敕入天禄琳琅。"

又《陝甘資政録》："西安郡學後有舊碑林,歲久未修,牆宇傾圮。余議加改建,不一歲而工畢。爲堂五楹,南爲敬一亭,又南建庭並左右廊廡數十楹，砌置開成石經及宋元以前碑版。"

《陝西通志》："郡人周宇記：'西安郡一，邑二，故學三而廟一。廟當城南門之東，中郡學。咸寧邑治在東，故學亦東。長安邑治在西，故學亦西。東學之東爲啓聖祠。廟之後環列古諸石經名刻，覆以步欄，俗謂碑洞。'"

《西安府志》："《關内周咨録》：'正殿後爲碑林。俗稱"碑洞"。碑林經始于宋元祐庚午龍圖閣學士吕大忠。見黎持《京兆府學新移石經記》。明成化癸巳，中丞馬文升修。見商輅《重修儒學碑》。萬曆癸巳，首令沈聽之、李得中復修。見周宇①《重修儒學碑》。本朝康熙庚子，候補令徐朱爌重加輯治。盛熙祚《重修西安府學碑林記》："宋元祐五年龍圖吕大忠領漕陝西，始置於此。今歷考之，其遺規宛然元祐之舊，是知碑林端自龍圖始。自金元以來，棟宇雖存元祐之舊，而朽於風雨，殆不可支。吾里徐君來遊於秦，摩挲其側，仰而嘆曰：'石經行且委瓦礫，龍圖之功，於斯廢矣。斯文所寄，余且新之。'遂傾其橐鳩工焉，三閱月而告成。君名朱爌，字孚尹，浙②之秀水人。乾隆壬辰，中丞畢公復鼎新焉。'"

其拓本，明時東文犫家有嘉靖乙卯搨本。注二十六。**今可得者，乾隆以前未裝册摹本。近日摹本，字**③**較乾隆時有泐損。**注二十七。

---

① "周宇"，原誤作"商宇"，據（乾隆）《西安府志》卷十九《學校志》改。
② "浙"，原誤作"淛"，據（乾隆）《西安府志》卷十九《學校志》改。
③ "本字"二字原倒，據上《唐石經考提綱》及下唐石經【注二十七】乙正。

【注二十六】

《石墨鐫華》："今華下東生文豸家有乙卯以前搨本，庶幾稱善焉。"

案：馬曰璐《新刻〈五經文字〉版本跋》："舊購宋拓石經中有此，因依樣繕寫，雕版於家塾。"《唐石經校文》云："以石經校之，每有字書尚存而肆意改竄者，謬稱宋拓，僞蹟顯然。"故未錄。

【注二十七】

《唐石經校文叙例》："唐石經以嘉靖乙卯前摹本爲勝，今絶不可得，而士大夫家所藏舊摹本都補綴可疑。余所據則新拓本之未裝册者，不致受王堯惠等所欺。"案：嚴氏所據乾隆前摹本，今日尚能得之。近日摹本，字較乾隆時有泐損。

案：後唐長興三年雕版、宋刊十行本注疏之經文，即依石經句度鈔寫。《玉海》云："後唐長興三年二月，令國子監校定九經，以西京石經本鈔寫，刻版頒天下。"此以石經本雕版之始也。案：《舊唐書・褚無量傳》"無量以舊庫內書自高宗代即藏在官中，漸致遺逸，奏請繕寫刊校，以弘經籍之遺"，葉夢得《石林燕語》稱"柳玭序《訓》，言其在蜀時，嘗閱書肆所鬻字書、小學，率雕本"，則唐固有之。若九經之有雕板，實始後唐。詳勘者，馬鎬、陳觀、田敏也。迨周廣順三年六月丁巳，判監田敏又上十一經及《爾雅》《五經文字》《九經字樣》刻板，皆四門博士李鶚書，惟《公羊》、前三禮爲郭嵠書。

又案：近掖縣張氏摹唐石經新拓本十二經並《五經文字》《九經字樣》，附賈漢復補刻《孟子》，並附嚴氏《校文》。係木刻，故未錄。

唐石經考附

玄宗《石臺孝经》

《金石録》："明皇注《孝經》四卷，天寶四載九月，八分書。"

《書録解題》："明皇《孝經注》，今世所行本也，始刻石太學，御八分書。末有祭酒李齊古所上表及答詔，且具宰相等名銜，實天寶四載，號爲'石臺孝經'。乾道中，蔡洸知鎮江，以其本授教授沈必豫、熊克，使刻石學宫，云歐陽公《集古録》無之，豈偶未之見耶？"

曹昭云："唐玄宗八分書《孝經注》，作小隸字。末有御跋，草書，字方三四寸。碑凡四大片，末具列廷臣官勳。"

王世貞云："唐玄宗書《孝經》，後有太子亨、右相林甫、左相適之等題名。韋郇公陟稱'彭城縣男'，蓋自吏部侍郎出爲河南采訪，始襲公爵，此本封爾。韋斌封平樂郡公，可補本傳[1]之闕。書法豐妍匀適，與《太山銘》同，行押亦雄俊可喜。當其

---

[1] "本傳"，原誤作"本道"，據王世貞《弇山四部稿》卷一百三十五《孝經》條改。

時，爲林甫所蠱媚極矣，猶知有是經邪？"

《石墨鐫華》："此碑四面，以蟠螭爲首，鑿嵌精工，故非後世所能。開元帝書法與《太山銘》同，潤色史惟則，老勁豐妍，如泉吐鳳，爲海吞鯨，非虛語也。後有李齊古表，行書亦佳。同勒諸臣名字，字不草草。至如行押數十字，尤豪爽可喜。乃知前代帝王留心翰墨如此。"

《金石文字記》："《孝經》，玄宗御製序並注及書，八分書，今在西安府儒學。前第二行題曰'御製序并注及書'，其下小字曰'皇太子臣亨奉勑題額'。其額曰'大唐開元天寶聖文神武皇帝注孝經'。臺後有天寶四載九月一日銀青光禄大夫國子祭酒上柱國臣李齊古上表及玄宗御批大字草書三十八字，其下有特進行尚書左僕射兼右相吏部尚書集賢院學士修國史上柱國晋國公臣林甫、光禄大夫行左相兼兵部尚書弘文館學士上柱國渭源縣開國公臣李適之等四十五人姓名。惟林甫以左僕射不書姓。《舊唐書·王璠傳》載李絳疏云："左右僕射，師長庶僚，開元中名之宰相，表狀之中不署其姓。"中閒人名下攙入'丁酉歲八月廿六日紀'九字，是後人所添。是歲乙酉，非丁酉也。又末二人官衙下不書'臣'，亦可疑。《孝經疏序》曰：'《孝經》，河閒顏芝所藏，因始傳之於世。自西漢及魏，歷晋、宋、齊、梁，注解之者，殆及百家。至有唐之初，雖備存祕府，而簡編多有殘缺，傳行者惟孔安國、鄭康成兩家之注，并有梁博士皇侃《義疏》播於國序。然辭多紕繆，理昧精研。至唐玄宗朝，乃詔羣儒學官，俾其集議，是以劉子玄辨鄭注有十謬七惑，司馬堅斥孔注多鄙俚不經，其餘諸家注解皆榮華其言，妄生穿鑿。明皇遂於先儒注中採摭菁英，芟去煩亂，撮其義理允當者，用爲注解。至天寶二年注成，頒行天下。仍自八分御札，勒於石碑，即今京兆《石臺孝經》是也。'"

《唐石經校文》："經末附天寶四載九月一日國子祭酒李齊古表，表後有玄宗題字云：'孝者德之本，教之所由生也。故親自訓注，垂範將來。今石臺畢功，亦卿之善職。覽所進本，深嘉用心。'凡卅八字，並行草字，徑四寸强。"

清賈漢復補刻《孟子》

王士禎《池北偶談》："喬三石作《石經記》，恨獨無《孟子》，謂'自開成至今七百年，無好事及此者'。近賈中丞漢復始爲補刻，以成完書。"

《西安府志》："今名十三經者，在唐爲九經并《孝經》《論語》《爾雅》，康熙七年，中丞賈漢復補刻《孟子》七卷，遂合爲十三經。"

《金石萃編》："十二經無《孟子》者，唐時《孟子》之書儕於諸子，不得列於大、小經之數，故陸德明《經典釋文》有《老》《莊》而遺《孟子》，此刻亦其例耳。本朝賈漢復巡撫陝西時，補刻《孟子》七篇，文字疏庸，固不待辨。且以厠入唐十二經，亦未考當時之制矣。"

蜀石經考提綱

　　蜀石經，刊始於後蜀孟昶廣政元年，畢工於宋宣和六年。注一。《孝經》《論語》《爾雅》廣政七年。《周易》廣政十四年。《毛詩》《尚書》《儀禮》《禮記》《周禮》《春秋左氏傳》十七卷止，均蜀時刊。《左氏傳》十八卷至三十卷、《穀梁傳》《公羊傳》皇祐元年。《孟子》，宣和六年。注二。又《石經考異》，乾道六年。注三。均宋時刊。曰廣政石經，注四。又曰孟蜀石經、後蜀石經，注五。又曰成都石經、益郡石經。注六。

　　經數爲《周易》《尚書》《毛詩》《周禮》《儀禮》《禮記》《春秋左氏傳》《孝經》《論語》《爾雅》，曰九經，一曰十經。又《公羊傳》《穀梁傳》，曰十二經。又《孟子》，曰十三經。注七。

　　諸經依唐大和本，唐大和本無注，蜀石經有注。注八。《周易》上、下經，王弼注，《繫辭》《説卦》，韓康伯注，又《周易略例》，邢濤注。《尚書》，孔氏傳。《毛詩》，鄭氏箋。《周禮》《儀禮》《禮記》，鄭氏注。《禮記》首《月令》篇，李林甫等奉敕注。《春秋左氏傳》，杜氏集解。《公羊傳》，何休學。《穀梁傳》，范寧集解。《孝經》，唐明皇注。《論語》，何晏集解。《爾雅》，郭璞注。注九。

　　石凡千數，注十。行數未詳。今可考者，《周禮》《左傳》，每

半葉六行。似原碑十二行①或二十四行爲一層。《公羊》《穀梁》，每半葉
五行。似原碑十行或二十行爲一層。注十一。《毛詩》《周禮》《左氏傳》，
依裝本式，每行大字十三四五六不等，小字十七八九、二十、二
十一二三不等。注十二。《孝經》二卷，序四百三十九字，經一
千七百九十八字，注二千七百四十八字。《論語》十卷，序三百
七十二字，經一萬五千九百十三字，注一萬九千四百五十四字。
《爾雅》三卷。未載字數。《周易》十二卷，又《略例》一卷，經二
萬四千五十二字，注四萬二千七百九十二字。《毛詩》二十卷，
經四萬一千二十一字，注十萬五千七百十九字。《尚書》十三卷，
經二萬六千二百八十六字，注四萬八千九百八十二字。《儀禮》
十六卷，經五萬二千八百二字，注七萬七千八百九十一字。《禮
記》二十卷，經九萬八千五百四十五字，注十萬六千四十九字。
《周禮》十二卷，經五萬五百八字，注十一萬二千五百九十五字。
《春秋左氏傳》三十卷，序一千六百十七字，經傳十九萬七千二
百六十五字，注十四萬六千九百六十二字。《穀梁傳》十二卷，
傳四萬一千八百九十字，注三萬九千七百三十字。《公羊傳》十
二卷，傳四萬四千七百三十八字，注七萬七千三十七字。《孟子》
十二卷。未載字數。共一百二十七萬七千二百五十四字。注十三。又
《石經考異》未載卷數、字數。并序，凡二十一碑。注十四。

　　書石者，《孝經》《論語》《爾雅》爲張德釗，《周易》爲楊鈞、
孫逢吉，《尚書》爲周德貞，《周禮》爲孫朋吉，《毛詩》《儀禮》
《禮記》爲張紹文，《春秋左氏傳》爲蜀人書。注十五。校勘刻石

① "十二行"，原誤作"十三行"，據下【注十一】劉體乾《〈左氏傳〉昭二年殘本
　跋》云云改。

者，爲後蜀毋昭裔。注十六。《公羊》《穀梁》，補刻者爲宋田況。注十七。《孟子》爲席旦、彭愷。注十八。鐫石者，《孝經》《論語》爲陳德謙，《爾雅》爲武令昇，《毛詩》爲張延族，《尚書》爲陳德超。注十九。又《石經考異》，刻石者爲晁公武。注二十。

字體爲真書。注二十一。

經石在成都府學石經堂。注二十二。

南宋時尚完好，亡於嘉熙、淳祐以後。注二十三。

其殘石，合州賓館中有《禮記》數段。注二十四。乾隆時，貴州任思任在成都城土中得數十段。注二十五。今皆不存。注二十六。

其拓本，宋時九十六册。注二十七。明萬曆間，内閣猶存全部。注二十八。其時有閩縣徐熥之《春秋左氏傳》。注二十九。清内府藏《毛詩》半部。注三十。乾隆時，有錢唐黄樹穀廣仁義學之《毛詩·周南》《召南》《邶風》二卷，歸仁和趙昱。又歸太倉王溥，佚去《周南》十一篇及《鵲巢序》。又歸仁和魏鈵①、吳縣黄丕烈，後歸嘉興程文榮。注三十一。仁和趙魏之《周禮》卷八《夏官》三十六行，後歸蕭山汪繼培。注三十二。今皆未見。又有元和陳樹華之《左氏傳》卷二十昭二年三葉三十五行，又歸善化唐仲冕、似曾歸上元車持謙。長樂梁章鉅，後歸甘州②楊廷傳、福州力鈞。注三十三。漢軍楊繼振之《周禮》卷九、卷十兩卷，一缺首，一缺尾。《左氏傳》卷十五襄公十年至十五年全卷，似曾歸大興鄭世允。《穀梁傳》卷九襄公十八、十九二年十九行，後歸吳興張度、湘鄉李

---

① "魏鈵"，原誤作"魏鈘"，據下蜀石經【注三十一】吳騫《蜀石經〈毛詩〉考異序》云云改。

② "後歸"二字下、"楊廷傳"三字上原爲二字空白，據下蜀石經【注二十七】前正文及【注三十三】陳寶琛《昭二年殘本跋》云云補。

希聖。注三十四。晋江陳慶鏞之《周禮》卷十二《考工記》二十二葉，《公羊傳》卷二桓公六年至十五年^①十九葉，似曾歸漢陽吳履敬、吳式訓。注三十五。後均歸廬江劉體乾。注三十六。近上虞羅振玉得《穀梁傳》卷六文公元年首半葉五行，滿洲彥憙得《穀梁傳》卷八、卷九成公元年二年、後缺。襄公二十六年前缺。二十七年後缺^②。三十五行，亦歸劉氏。注三十七。今均歸合肥李經邁。注三十八。《春秋左氏傳》卷^③十五，《穀梁》卷六又卷八、卷九首葉，有"東宮書府"印，此拓本均内閣佚出。注三十九。又有《尚書》《詩經》拓本，今皆未見。注四十。其歸劉氏者，有景印本。注四十一。羅振玉有《穀梁》十九行景印本。注四十二。

---

① "年"下原衍"二"字，據下蜀石經【注三十五】吳履敬、吳式訓《〈公羊傳〉卷二殘本跋》云云刪。
② "二十七年後缺"六字原脱，據下蜀石經【注二十七】前正文及【注四十一】劉氏《蜀石經景本後題》下張氏按語補。
③ "卷"字原脱，據下蜀石經【注二十七】前正文補。

蜀石經考

蒲圻張國淦編

蜀石經，刊始於後蜀孟昶廣政元年，畢工於宋宣和六年。注一。《孝經》《論語》《爾雅》廣政七年。《周易》廣政十四年。《毛詩》《尚書》《儀禮》《禮記》《周禮》《春秋左氏傳》十七卷止，均蜀時刊。《左氏傳》十八卷至三十卷、《穀梁傳》《公羊傳》皇祐元年。《孟子》，宣和六年。注二。又《石經考異》，乾道六年。注三。均宋時刊。曰廣政石經，注四。又曰孟蜀石經、後蜀石經，注五。又曰成都石經、益郡石經。注六。

【注一】

趙抃《成都記》："偽蜀相毋昭裔刻十經，歷八年乃成。"《郡齋讀書志》亦云"歷八年"。詳【注十】。

《石刻鋪叙》："益郡石經，肇於孟蜀廣政，悉選士大夫善書者模丹入石。七年甲辰，《孝經》《論語》《爾雅》先成，時晉出帝改元開運。至十四年辛亥，《周易》繼之，實周太祖廣順元年。《詩》《書》、三禮不書歲月。逮《春秋》三傳，則皇祐元年九月訖工。時我宋有天下已九十九年矣，通蜀廣政元年肇始之日，凡一百一十二禩，成之若是其艱。又七十五年，宣和五年癸卯，益帥席貢始湊鐫《孟子》，運判彭愭繼其成。"案：《孟子》踰年乃成，是宣和六年。詳【注二】。

《金石萃編》："蜀石經始刻於廣政七年，迄南宋乾道。"案：此併《石經考異》《古文尚書》言之。

劉體乾《蜀石經景本跋》："蜀相毋昭裔刊石經，不見於《宋史·孟蜀世家》。吳志伊《十國春秋·蜀後主本紀》兩書之，一係於廣政七年，乃據席益《成都府學石經堂圖籍記》爲說，一係於廣政十四年，則據《容齋三筆》爲說也。案：曾宏父《石刻铺叙》云云，日月悉本目驗，語極明顯。則七年乃《孝經》《論》《雅》刊成之年，十四年乃《周易》刊成之年，非肇始之年也。吳氏依違兩存，殊乖史法。王蘭泉云蜀石經始刻於廣政七年，亦沿志伊之誤。"

【注二】

席益《成都府學石經堂圖籍記》："僞蜀廣政七年，其相毋昭裔案雍都舊本九經刻諸石。"

晁公武《石經考異序》："《孝經》《論語》《爾雅》，廣政甲辰歲書。《周易》，辛亥歲書。"

又《郡齋讀書志》："石經《周易指略例》，僞蜀廣政辛亥書。《尚書》，經文有'祥'字，皆闕其畫，而亦闕'民'字之類，蓋孟氏未叛唐時所刊。《毛詩》與《禮記》同時刻石。《周禮》案：未載刻石年月。《禮記》，不載年月，經文不闕唐諱，當是孟知祥僭位之後。《左氏傳》，亦無年月。案：文不闕唐諱及國朝諱，而闕‘祥’字，當是孟知祥僭位後刊石。《公羊傳》，皇祐初刊石。《國史·藝文志》云：‘僞蜀刻五經，備注傳，爲世所稱。’以此言觀之，不應無《公》《穀》，豈初有之，後毀散耶？《穀梁傳》，其後不載年月。案：文不闕唐及僞蜀諱，而闕‘恒’字，以故知刊石當在真宗以後。《論語》，闕唐諱，立石當在孟知祥未叛以前。《孟子》，宣和中刊石。”案：此《儀禮》《孝經》《爾雅》未録。

趙希弁《讀書附志》：“石室十三經，蓋孟昶時所鐫，故《周易》後書‘廣政十四年歲次辛亥五月二十日’。惟三傳至皇祐初方畢，故《公羊傳》後書‘大宋皇祐元年歲次己丑九月辛卯朔十五日乙巳工畢’。”

《石刻鋪叙》：“《孝經》，孟蜀廣政七年三月二日校勘。《論語》，廣政七年四月九日校勘。《爾雅》，廣政七年甲辰六月置。《周易》，廣政十四年辛亥仲夏刊石。《毛詩》《尚書》《儀禮》《禮記》《周禮》《春秋左氏傳》蜀鐫至十七卷止。《穀梁》《公羊》，畢工於皇祐元年己丑九月望日。《孟子》，宣和五年九月入石，踰年乃成。”

《玉海》：“《周易》後書‘廣政十四年歲次辛亥五月二十日’。顧氏《石經考》：“此後周太祖廣順元年。”惟三傳至皇祐初方畢，故《公羊傳》後書‘大宋皇祐元年歲次己丑九月辛卯朔十五日乙巳工畢’。”

翁方綱《〈左氏傳〉昭二年殘本跋》：“曾宏父《石刻鋪叙》云：‘益郡石經《春秋左氏傳》三十卷，蜀鐫至十七卷止。凡三傳畢工於皇祐元年己丑九月望日。’案：此則《左傳》十七卷以前蜀所鎸，十八卷至三十卷，入宋以後所鎸也。然是至宋時畢工，非宋刻補附也。即以宏父所引《成都志》謂‘《公》《穀》二傳爲田況刻’，則《左傳》是蜀原刻無疑，第其後十三卷成於入宋之日耳。至於《孟子》十二卷，方是宋人補刻，不得因此而謂蜀石經之《左氏傳》亦出於宋人所補也。又晁公武《郡齋讀書志》云：‘蜀石經《左氏傳》三十卷，不缺唐諱及國朝諱，而缺祥字，當是孟知祥僭位後刊石。《穀梁傳》不缺唐諱、蜀諱而缺恒字，知刊在真宗以後，意者其田況乎？’据此條，則《左氏傳》刊石於孟蜀時尤可證也。晁《志》又云：《左氏傳》不著何人書，詳觀其字畫，亦必蜀人所書也。’又晁氏《讀書附志》云：‘孟蜀石經，惟三傳至皇祐初方畢，故《公羊傳》後書云大宋皇祐元年歲次己丑九月辛卯朔十五日乙巳工畢。’然則三傳之畢工直至皇祐時耳，非《左氏傳》畢工於皇祐也。”

《潛研堂金石文跋尾》：“曾宏父《石刻鋪叙》云：‘《春秋左氏傳》卅卷，蜀鎸至十七卷止。’此殘字在十八卷以後，或疑宋人續刻。今考《成都志》但云《公》《穀》田況所刻，不及《左傳》。此本遇宋諱初不缺筆，其出於孟蜀，無可疑者。宏父雖云《春秋》三傳皇祐元年九月訖功，而兼采《成都志》之言，則固不以《左氏傳》爲況刻也。《詩》《書》《禮記》《周禮》皆有書人姓名，而無刻石年月。《儀禮》則并無書人姓名，與《左傳》同。大約諸經書石本同一時，而卷帙有多寡，故鎸成有先後之殊。工成或在宋代，字畫實皆蜀刻。《左傳》於諸經中文字最繁，鎸成亦最在後，非蜀亡之日尚有未經繕寫者，留待宋人續補也。唯《公》《穀》二傳，廣政中未有寫本，直待田況續成之耳。考蜀之亡在宋乾德三年乙丑，距皇祐元年己丑八十有四年，使《左傳》果刊至十七卷止，厪存後一十三卷，何至遷延八十餘年始告成事耶？"案：錢氏寫本與此略有不同。

馮氏《石經考異》："《左傳》昭二年殘碑，在十八卷後，其遇宋諱不避，當是寫經在蜀未亡之前，至宋續刊之也。"

楊瑤臣《〈左氏傳〉襄二全卷跋》："案：蜀石經刻於孟蜀廣政中，《春秋》三傳至宋皇祐元年方成，自來著録家未能分晰。吳任臣《十國春秋》云：'毋昭裔案雍都九經令張德昭等書，刻石成都。'趙清獻《成都記》、席益《石經堂記》略同。洪文敏《容齋續筆》云：'成都石經字體精謹，有貞觀遺風。唯三傳至皇祐元年方畢工，殊不逮前。'王伯厚《玉海》略同。晁子止《石經考異序》云：'《左傳》不誌何人書，而詳觀其字畫，亦必蜀人所書。'《讀書志》'石經《左傳》'云：'此不題所書人姓氏，亦無年月。案：文不缺唐諱，而缺祥字，當是孟知祥僭位後刻。'今以此殘本勘之，諸説皆未盡合。惟《石刻鋪叙》云'蜀石經《左傳》三十卷，蜀鐫至十七卷止'，最爲明確。卷中'祥''詳''察'等字皆缺筆，其爲孟氏所刻無疑。又正在十七卷以前，曾氏之言，信而有徵矣。晁氏言亦近是，而未辨補刻起自何卷。又云不避唐諱，而此卷'廿''巳'字皆缺筆，'弃''莽''愍'等字亦皆缺筆，與子止説未盡符。或十卷以後有不避者，然即非蜀刻，又不應避蜀諱，不見全碑，無從知子止所由誤也。"

劉體乾又跋："册中翁覃溪閣學、錢竹汀詹事、梁茝林中丞跋皆較量蜀刻、宋刻。考《石刻鋪叙》云：'益郡石經《春秋左氏傳》，蜀鐫至十七卷止。'又云：'三傳畢工於皇祐元年。'又云：《成都志》謂《公》《穀》田況所刻。'《郡齋讀書志》云：'蜀石經《左氏傳》三十卷，不缺唐諱、蜀諱而缺恒字，知刊在真宗以後。'《左氏傳》十五卷唐諱亦缺，晁氏之說，或十七卷以後歟？又云：'《左氏傳》不著書人，亦無年月，詳觀其字畫，亦必為蜀人所書也。'《石經考異》云：'蜀人立石蓋十經。'今以諸說相證，蓋《左氏傳》三十卷，孟蜀時刻石，十八卷以下，宋時畢工耳。觀此二十卷字體視十五卷不異，可證一也。且以裱冊行款，詳【注十一】。已變更蜀刻之舊，《公》《穀》為田況所刻，可證又一也。《公羊》'敬'字、'殷'字缺筆，避宋諱，此本'敬'字不避，更灼然可見其非宋刻。前人僅見此殘本，未見《公羊》《穀梁》，若果見之，以行款、避諱定蜀刻、宋刻，則不煩言而解矣。"

【注三】

《玉海》："偽蜀相毋昭裔取唐大和本刻石於成都學宮。乾道中，晁公武參校二本，取經文不同者三百二科，著《石經考異》，亦刻於石。"

《石刻鋪敘》："《考異》，乾道六年庚寅三月旦，東里晁公武作。"詳【注二十】。

馮氏《石經考異》："後蜀石經，刊始於廣政元年，歷八年而以次告成。《春秋》三傳，至宋皇祐元年九月始訖工。宣和五年，益帥席升獻刻《孟子》。乾道六年，晁公武刻《古文尚書》。皆謂之蜀石經。"

【注四】

《郡齋讀書志》："僞蜀廣政。廣政，孟昶年號也。"

案：廣政石經爲蜀石經通稱。自廣政元年至宋皇祐元年
《春秋》三傳成，一百十二年，宣和六年，《孟子》成，又
七十六年，凡一百八十八年。因其刊始於廣政，故曰廣政
石經。

【注五】

《丹鉛總録》："朱子《論語注》引石經者，謂孟蜀石經也。"

《石墨鐫華》："孟蜀亦刻九經，謂之孟蜀石經，朱晦翁所引
石經是此。"

《困學紀聞》："後蜀石經，於高祖、太宗諱皆闕畫。"馮氏《石
經考異》亦云"後蜀石經"。詳【注三】。

【注六】

《玉海》："成都石經，孟蜀所刻。"《容齋續筆》亦云"成都石本諸
經"。詳【注十五】。

《石刻鋪叙》："益郡石經，肇於孟蜀廣政。"

經數爲《周易》《尚書》《毛詩》《周禮》《儀禮》《禮
記》《春秋左氏傳》《孝經》《論語》《爾雅》，曰九經，一
曰十經。又《公羊傳》《穀梁傳》，曰十二經。又《孟
子》，曰十三經。注七。

【注七】

《成都記》：“僞蜀相毋昭裔捐俸金，取九經琢石於學宫。”

吕梁云：“五代之亂，疆宇割裂。孟氏有劍南，百度草創，猶能取《易》《書》《詩》《春秋》《禮記》《周禮》刻於石，以資學者。國朝皇祐中，樞密直學士京兆田公嘉意文治，附以《儀禮》《公羊》《穀梁傳》，所謂九經者備焉。”《經義考》引。桂氏《歷代石經略》：“田氏但補二傳，《儀禮》原刻所有，非補刻也。”

張愈云：“孟氏踵有蜀漢，以文爲事，凡草創制度，多襲唐軌，紹漢學，遂勒石書九經。”《經義考》引。

席益《石經堂圖籍記》：“近世則石壁九經。”

洪邁《容齋隨筆》：“孟昶時所刻石本九經，其書‘淵’‘世’‘民’字皆缺畫，猶避唐諱。”

《丹鉛總録》：“蜀刻九經，最爲精確。是時僭篡之主，惟昶有文學，而蜀不受兵，又饒文士，故其所製尤善。”

《石墨鐫華》：“孟蜀亦刻九經。”

案：以上云九經。

《成都記》：“僞蜀孟昶有國，其相毋昭裔刻《孝經》《論語》《爾雅》《周易》《尚書》《周禮》《毛詩》《儀禮》《禮記》《左傳》凡十經於石。”

晁氏《石經考異序》：“蜀人之立石蓋十經。”詳【注十五】。

案：以上云十經。

晁氏《石經考異序》：“趙清獻公《成都記》：‘僞蜀相毋昭裔捐俸金，取九經琢石於學宫。’國朝皇祐中，田元均補刻公羊高、穀梁赤二傳，然後十二經始全。至宣和間，席文獻又刻孟軻書參焉。"

案：以上云十二經。

《郡齋讀書志》："《周易》《尚書》《毛詩》《周禮》《禮記》《左氏傳》《公羊傳》《穀梁傳》《論語》《孟子》。"詳【注二】【注十三】。

《讀書後志》："《周易》《尚書》《毛詩》《周禮》《儀禮》《禮記》《春秋經傳》《公羊》《穀梁》《論語》《孝經》《孟子》《爾雅》。詳【注二】【注十三】。以上石室十三經，蓋孟昶時所鐫。"

《石刻鋪敘》："《孝經》《論語》《爾雅》《周易》又《略例》《毛詩》《尚書》《儀禮》《禮記》《周禮》《春秋左氏傳》《穀梁》《公羊》《孟子》。"詳【注二】【注十三】。

《玉海》："石室十三經，孟蜀所鐫。"

馮氏《石經考異》："後蜀石經，《易》《書》《詩》《周禮》《儀禮》《禮記》《左傳》《公羊》《穀梁》《孝經》《論語》《爾雅》《孟子》，凡十三經。吕梁謂九經者，非也。"

案：以上云十三經。

諸經依唐大和本，唐大和本無注，蜀石經有注。 注八。《周易》上、下經，王弼注，《繫辭》《説卦》，韓康伯注，又《周易略例》，邢璹注。《尚書》，孔氏傳。《毛詩》，鄭氏箋。《周禮》《儀禮》《禮記》，鄭氏注。《禮記》首《月令》篇，李林甫等奉敕注。《春秋左氏傳》，杜氏集解。《公羊傳》，何休學。《穀梁傳》，范寧集解。《孝經》，唐明皇注。《論語》，何晏集解。《爾雅》，郭璞注。注九。

【注八】

《成都記》："僞蜀相毋昭裔刻十經於石，盡依大和舊本。"

席益《石經堂圖籍記》："僞蜀相毋昭裔案雍都舊本九經刻諸石。"

晁氏《石經考異序》："蜀人之立石蓋十經，能盡用大和本，固已可嘉。"

《玉海》："僞相毋昭裔取唐大和本刻石於成都學宫，與後唐板本不無小異。"

《鮚埼亭集》："宋人所稱引，皆以蜀石經爲證，并不及唐陝本石經。其故有二：一則唐石經無注，蜀石經有注，故從其詳者。一則南渡後，唐石經阻于陝，不至江左，故當時學官頒行之本，皆蜀石經。"《蜀廣政石經殘本跋》。

桂氏《歷代石經略》："歷代石經但刻正文，惟蜀刻有注。趙氏希弁載於《後讀書志》者，《周易》《尚書》《毛詩》《周禮》《儀禮》《禮記》《春秋左傳》《論語》《孝經》《爾雅》，皆有注，田況補刻《公羊》。"

馮氏《石經考異》："後蜀石經悉遵大和本，與唐版本時有同異，經皆有注。尤稱詳備。"

楊瑤臣《〈左氏傳〉襄二全卷跋》："蜀石經悉遵大和本，爲唐代傳寫之遺。開成僅刻經文，孟氏並鑴各注，故可瑤貴。石經廣政、開成同出大和舊本，殘本《周禮》"前弱則勉"、《左傳》"子矯曰"、《公羊》

"淫於蔡"數條可證。唯《毛詩》多異，致啟近儒誣詆。然雍都九經，亦未必止有一本也。晁子止《考異序》備言'監本不可盡從，蜀刻固已可嘉'，持論平允，不愧名儒。諸經既依大和舊本，自不得臆改原文。其與長興板本，或大加刪改，或只襲舊文，是以迥不相侔，不可執彼誣此。"

沈曾植《〈左氏傳〉昭二年殘本題詩注》："蜀石有注，唐石無注，祖本非一了然。後來雍都開成云云，皆《成都記》'文字一依大和之舊'一語啟之。晁氏心知其非，不察察言，意當詳在《考異》耳。"

案：依唐大和本者，蓋唐大和用某某注本，蜀石依之，而增注文耳，非其字體依唐大和本翻刻也。

【注九】

《郡齋讀書志》："《周易·說卦》'乾，健也'以下有韓康伯注，《略例》有唐四門助教邢璹注，此與國子監本不同者也。《禮記》首之以《月令》，題云'御刪定'，蓋明皇也，林甫等注，蓋李林甫也。其餘篇第仍舊。"

《讀書附志》："《禮記》卷首題曰：'御刪定禮記月令第一，集賢院學士尚書左僕射兼右相吏部尚書修國史上柱國晉國公臣李林甫奉敕注。'《曲禮》爲第二。蓋唐明皇刪定之本也。"

石凡千數，注十。**行數未詳。今可考者，《周禮》《左傳》，每半葉六行。**似原碑十二行或二十四行爲一層。**《公羊》《穀**

梁》，每半葉五行。似原碑十行或二十行爲一層。注十一。《毛詩》《周禮》《左氏傳》，依裝本式，每行大字十三四五六不等，小字十七八九、二十、二十一二三不等。注十二。《孝經》二卷，序四百三十九字，經一千七百九十八字，注二千七百四十八字。《論語》十卷，序三百七十二字，經一萬五千九百十三字，注一萬九千四百五十四字。《爾雅》三卷。未載字數。《周易》十二卷，又《略例》一卷，經二萬四千五十二字，注四萬二千七百九十二字。《毛詩》二十卷，經四萬一千二十一字，注十萬五千七百十九字。《尚書》十三卷，經二萬六千二百八十六字，注四萬八千九百八十二字。《儀禮》十六卷，經五萬二千八百二字，注七萬七千八百九十一字。《禮記》二十卷，經九萬八千五百四十五字，注十萬六千四十九字。《周禮》十二卷，經五萬五百八字，注十一萬二千五百九十五字。《春秋左氏傳》三十卷，序一千六百十七字，經傳十九萬七千二百六十五字，注十四萬六千九百六十二字。《穀梁傳》十二卷，傳四萬一千八百九十字，注三萬九千七百三十字。《公羊傳》十二卷，傳四萬四千七百三十八字，注七萬七千三十七字。《孟子》十二卷。未載字數。共一百二十七萬七千二百五十四字。注十三。又《石經考異》未載卷數、字數。并序，凡二十一碑。注十四。

【注十】

《成都記》："毋昭裔刻十經於石，石凡千數。"

《郡齋讀書志》："凡歷八年，其石千數，昭裔獨辦^①之，尤偉然也。"

【注十一】

劉體乾《〈左氏傳〉昭二年殘本跋》："《周禮》《左傳》，每半葉六行。似是原碑十二行或二十四行爲一層。《公羊》《穀梁》，每半葉五行。似是原碑十行或二十行爲一層。"

【注十二】

《金石萃編》："《毛詩》現在摹本依裝本式，每行十四字，共高尺許，未見石本，不能確定也。"

翁方綱《〈左氏傳〉昭二年殘本跋》："孟蜀石經昭公二年傳，凡卅有五行，行或十四字，或十五字。"

馮氏《石經考異》："《毛詩》殘碑卷一後半及卷二，每行大字十四字，小字每行二十及二十一二三不等。《周禮》殘碑《夏官》，凡三十六行，每行大字十四或十五字，小字每行十八、十九、二十不等。《左傳》殘碑昭二年，每行大字十三、十四、十五、十六不等，小字十八、十七不一。"

---

① "辦"，原誤作"辨"，據楊慎《全蜀藝文志》卷三十六"范成大《石經始末記》"條引晁公武《石經考異序》改。晁公武《郡齋讀書志》無此句，疑張氏誤書。

【注十三】

《郡齋讀書志》："石經《周易》十卷，《周易指略例》一卷，《尚書》十三卷，《毛詩》二十卷，《周禮》十二卷，《禮記》二十卷，《左氏傳》三十卷，《公羊傳》十二卷，《穀梁傳》十二卷，《論語》十卷，《孟子》十四卷。"

《讀書附志》："石經《周易》十卷，經、注六萬六千八百四十四字。《尚書》十三卷，經、注並序八萬一千九百四十四字。《毛詩》二十卷，經、注一十四萬六千七百四十字。《周禮》十二卷，經、注一十六萬三千一百單三字。《儀禮》十七卷，經、注一十六萬五百七十三字。《禮記》二十卷，經、注一十九萬六千七百五十一字。《春秋經傳集解》二十卷，經、注並序三十四萬五千一百四十四字。《公羊傳》十二卷，經、注一十三萬一千五百一十四字。《穀梁傳》十二卷，經、注八萬一千六百二十字。《論語》十卷，經、注並序三萬五千三百六十八字。《孝經》一卷，經、注並序四千九百八十五字。《孟子》一卷，不題經、注字數若干。《爾雅》三卷，不題經、注字數若干。"

馬端臨《文獻通考》："石經《周易》《周易指略例》共十一卷，《尚書》十三卷，《毛詩》二十卷，《周禮》十二卷，《禮記》二十卷，《左氏傳》三十卷，《公羊傳》十二卷，《穀梁傳》十二卷，《論語》十卷，《孟子》十四卷。"案：此據《郡齋讀書志》。

《石刻鋪叙》："《孝經》二卷，序四百三十九字，正經一千七百九十八字，注二千七百四十八字。案：共四千九百八十五字。《論語》十卷，序三百七十二字，正經一萬五千九百十三字，注一萬九千四百五十四字。案：共三萬五千七百三十九字，《附志》少三百七十一字。《爾雅》二卷，不載經、注數目。《周易》十二卷，又《略例》一卷，正經二萬四千五十二字，注四萬二千七百九十二字。案：共六萬六千八百四十四字。《毛詩》二十卷，正經四萬一千二十一字，注十萬五千七百一十九字。案：共十四萬六千七百四十字。《尚書》十三卷，正經二萬六千二百八十六字，注四萬八千九百八十二字。案：共七萬五千二百六十八字，《附志》多一千六百七十六字。《儀禮》十六卷，正經五萬二千八百二字，注七萬七千八百九十一字。案：共十三萬六百九十三字，《附志》多二萬九千八百八十字。《禮記》二十卷，正經九萬八千五百四十五字，注十萬六千四十九字。案：共二十萬四千五百九十四字，《附志》少七千七百四十三字。《周禮》十二卷，正經五萬五百八字，注十一萬二千五百九十五字。案：共十六萬三千一百三字。《春秋左氏傳》三十卷，序一千六百一十七字，經傳十九萬七千二百六十五字，注十四萬六千九百六十二字。案：共三十四萬五千八百四十四字，《附志》少七百字。《穀梁》十二卷，傳四萬一千八百九十字，注三萬九千七百三十字。案：共八萬一千六百二十字。《公羊》十二卷，傳四萬四千七百三十八字，注七萬七千三十七字。案：共十二萬一千七百七十五字，《附志》多九千七百三十二字。《孟子》十二卷。案：未載字數。”

案：字數以《讀書附志》《石刻鋪叙》爲詳。曾氏分叙經、注，兹從曾氏。

【注十四】

范成大《石經始末記》：“晁子止《考異》並序，凡二十一碑，具在石經堂中。”萬氏《石經考》引。

《石刻鋪叙》："《考異》。"案：未載卷數、字數。

　　書石者，《孝經》《論語》《爾雅》爲張德釗，《周易》爲楊鈞、孫逢吉，《尚書》爲周德貞，《周禮》爲孫朋吉，《毛詩》《儀禮》《禮記》爲張紹文，《春秋左氏傳》爲蜀人書。注十五。校勘刻石者，爲後蜀毋昭裔。注十六。《公羊》《穀梁》，補刻者爲宋田況。注十七。《孟子》爲席旦、彭慥。注十八。鐫石者，《孝經》《論語》爲陳德謙，《爾雅》爲武令昇，《毛詩》爲張延族，《尚書》爲陳德超。注十九。又《石經考異》，刻石者爲晁公武。注二十。

【注十五】

　　《成都記》："其書丹則張德釗、楊鈞、張紹文、孫逢吉、朋吉、周德貞也。"

　　席益《石經堂圖籍記》："毋昭裔案雍都舊本九經，命平泉令張德釗書。"

　　晁氏《石經考異序》："《孝經》《論語》《爾雅》，廣政甲辰歲張德釗書。《周易》，辛亥歲楊鈞、孫逢吉書。《尚書》，周德貞書。《周禮》，孫朋吉書。《毛詩》《禮記》《儀禮》，張紹文書。《左氏傳》，不誌何人書，而'祥'字缺其畫，亦必爲蜀人所書。然則蜀人之立石蓋十經，其書者不獨德釗。"

　　洪邁《容齋續筆》："成都石本諸經，《毛詩》《儀禮》《禮記》，皆祕書省祕書郎張紹文書。《周禮》者，祕書省校書郎孫朋古書。《周易》者，國子博士孫逢吉書。《尚書》者，校書郎周德政書。《爾雅》者，簡州平泉令張德昭書。"

《郡齋讀書志》："石經《周易》，孫逢吉書。《尚書》，周德貞書。《毛詩》，張紹文書。《周禮》，孫朋古書。《禮記》，張紹文書。《左氏傳》，不題所書人姓氏。《論語》，張德釗書。"

《讀書附志》："石經《周易》，將仕郎守國子助教臣楊鈞、朝議郎守國子《毛詩》博士柱國臣孫逢吉書。《尚書》，將仕郎試祕書省校書郎臣周德貞書。《毛詩》，將仕郎試祕書省校書郎張紹文書。《周禮》，將仕郎試祕書省校書郎孫明吉書。《儀禮》，將仕郎試祕書省校書郎張紹文書。《禮記》，將仕郎試祕書省校書郎張紹文書。《春秋經傳集解》，不題所書人姓氏。《論語》，將仕郎前守簡州平泉縣令兼殿中侍御史賜緋魚袋張德釗書。《孝經》，不題所書人姓氏。《孟子》，亦不題所書人姓氏。《爾雅》，將仕郎前守簡州平泉縣令賜緋魚袋張德釗書。"

《困學紀聞》："石經，後蜀孫逢吉等。"

《石刻铺叙》："《孝經》，簡州平泉令張德釗書。《論語》同《孝經》。《爾雅》，簡州平泉令張德釗書。《周易》，朝議郎國史《毛詩》博士孫逢吉書。《毛詩》，將仕郎祕書省祕書郎張紹文書。《尚書》，將仕郎祕書省校書郎周德貞書。《儀禮》。案：未載所書人姓氏，當是張紹文書，故下《禮記》云"亦"。《禮記》，亦張紹文書。《周禮》，將仕郎祕書省祕書郎孫朋吉書。《春秋左氏傳》。案：未載所書人姓氏。洪文敏公邁謂'孟蜀所鐫，字體清謹，有貞觀遺風，續補經傳，殊不逮前'，是以自經傳以後，非士夫所書，皆不著姓氏。"

《玉海》："《周易》,孫逢吉書。《尚書》,周德正書。《毛詩》,張紹文書。《周禮》,孫朋吉書。《儀禮》,張紹文書。《禮記》,張紹文書。《春秋經傳》《公》《穀》,不題書人。《論語》《爾雅》,張德釗書。《孝經》《孟子》,不題書人。"

《書史會要》："張德釗、孫逢吉、張紹文、周德貞、孫朋吉五人皆善書,後蜀廣政七年被選,以右僕射毋昭裔所校勘定《孝經》《論語》《爾雅》《毛詩》《尚書》《儀禮》《禮記》《周禮》模丹入石,鐫置益部。德釗,簡州平泉令。逢吉,國子《毛詩》博士。紹文、德貞、朋吉,俱祕書省祕書郎。"

徐𤊹《紅雨樓題跋》："《易經》《尚書》乃孫逢吉、周德貞所書,此《左氏傳》出孫、周之手無疑,況字畫秀整蒼勁,大類歐、虞筆格。"

《十國春秋》："祕書郎張紹文寫《毛詩》《儀禮》《禮記》,祕書省校書郎孫朋吉寫《周禮》,國子博士孫逢吉寫《周易》,校書郎周德貞寫《尚書》,簡州平泉令張德昭寫《爾雅》。孫逢吉,成都人,廣政中累官國子《毛詩》博士。校定石經,分刻蜀中,逢吉與勾中正之功尤多。"

《金石萃編》："書《詩經》者張紹文,《十國春秋》無傳,《讀書附志》僅稱其官,別無可考。校定上石者,有孫逢吉,為國子《毛詩》博士,而譌舛竟至如許。"

　　案:此書石者,《周易》,《讀書志》《容齋續筆》《石刻鋪叙》《玉海》作"孫逢吉",《石經考異序》《讀書附志》作"楊鈞、孫逢吉",《成都志》書丹有"楊鈞"。《周禮》,《石

經考異序》《容齋續筆》《石刻鋪叙》《玉海》作"孫朋吉"，
《讀書志》作"朋古"，《讀書附志》作"明吉"，《成都志》
書丹有"孫朋吉"。《孝經》，《石經考異序》《石刻鋪叙》作
"張德釗"，《玉海》《讀書附志》不題書人。"張德釗"，《讀書
志》原本作"德鈞"，王先謙本校改。《文獻通考》引亦作"德
鈞"，《容齋隨筆》《十國春秋》作"德昭"。

【注十六】

《成都記》："僞蜀相毋昭裔刻十經於石。"詳【注八】。

席益《石經堂圖籍記》："僞蜀相毋昭裔案雍都舊本九經刻
諸石。"

《石刻鋪叙》："《孝經》，右僕射毋昭裔以雍經拓本校勘。《論
語》，校勘。案：當亦是毋昭裔。《爾雅》，右僕射毋昭裔置。"

《玉海》："僞蜀相毋昭裔取唐大和本刻石於成都學宫。"並詳
同上。

《十國春秋》："毋昭裔，河中龍門人。後主時，拜左僕射同
中書門下平章事。性好藏書，酷嗜古文，精經術。嘗案雍
都舊本九經命張德昭等書之，刻石於成都學宫。"《毋昭裔傳》。

《金石萃編》："校勘刻石由蜀相毋昭裔，兩《五代史》皆不
書其事。且《春秋》三傳至宋皇祐元年始訖工，宜乎歐公及見
之，而《集古録》亦不載。毋昭裔，附見《宋史·西蜀世家·毋
守素傳》。昭裔乃守素之父，但事蹟無多，惟《十國春秋》有傳，
頗詳載刻石經之事。"

【注十七】

《成都記》："《公》《穀》則有宋田元均所刻。"

《郡齋讀書志》："《公羊傳》，皇朝田況皇祐初知成都日刊石。案：未載所書人姓氏。《穀梁傳》，不載所書人姓氏，刊石意者亦是田況也。"詳【注二】。

《讀書附志》："《公羊》，不題所書人姓氏。《穀梁》，不題所書人姓氏。"

又云："《公羊傳》後又書'將仕郎試國子四門助教州學講説何維翰，將仕郎試祕書省校書郎州學説書黃柬，儒林郎試祕書省校書郎守華陽縣尉州學勾當王尚喆，朝奉郎祕書省著作佐郎簽署節度判官廳公事武騎尉管勾州學華參，奉直郎尚書屯田員外郎通判軍州兼管內橋道勸農事及提舉渠堰騎都尉借緋提舉州學解程，朝奉郎尚書屯田員外郎通判軍州兼管內勸農事及提舉渠堰輕車都尉借緋提舉州學聶世卿，提點益州路諸州軍刑獄^①兼本路勸農提舉渠堰公事朝奉郎尚書比部員外郎護軍借紫孫長卿，益州路諸州水陸計度轉運使兼本路勸農使朝奉郎尚書刑部員外郎直史館上騎都尉賜緋魚袋借紫曹潁叔，樞密直學士朝散大夫右諫議大夫知益州軍州事兼管內橋道勸農使充益利路屯駐泊本城兵馬鈐轄提舉益利路諸州軍兵甲巡檢賊盜公事上騎都尉京兆郡開國侯食邑一千户賜紫金魚袋田況'。"

《容齋續筆》："蜀三傳後，列知益州樞密直學士右諫議大夫田況銜，大書爲三行，而轉運使直史館曹潁叔、提點刑獄屯田員

---

① "刑獄"，原誤作"州獄"，據趙希弁《讀書附志》卷上改。

外郎孫長卿，各細字一行，又差低於況。今雖執政作牧，監司亦與之雁行也。”

《石刻鋪敘》：“《穀梁》《公羊》，帥臣樞密直學士京兆郡開國侯田況、益州路諸州水陸轉運使曹穎叔、提點益州路刑獄孫長卿、暨倅僉皆鐫銜於石。”

【注十八】

《郡齋讀書志》：“《孟子》，皇朝席旦宣和中知成都刊石。”詳【注二】。

《石刻鋪敘》：“《孟子》，帥席貢暨運判彭慥入石。益帥席貢始湊鐫《孟子》，運判彭慥繼其成。”

劉體乾《蜀石經景本跋》：“曾宏父《石刻鋪敘》云：‘《孟子》十二卷，宣和五年九月帥席貢暨運判彭慥入石。’顧亭林、萬季野、朱竹垞、杭董浦、桂冬卉、馮柳東《石經考》皆引曾宏父、晁公武諸書，或作‘席貢’，或作‘席旦’，或作‘席益’，或作‘席升獻’，或作‘席升猷’，或作‘席文獻’。考《宋史》：‘席旦，字晉仲，河南人。元豐中，舉進士，禮部不奏名，旦詣闕上書，神宗嘉納，廷試賜第。徽宗朝，以顯謨閣直學士知成都府。坐進對淹留，黜知滁州。久之，帝思其治蜀功，復知成都。旦上章劾焦才叔，宰相不悅，代以龐恭孫，而徙旦永興。恭孫俄罥去，加旦述古殿直學士，復知成都。卒於長安，年六十二，贈太中大夫。子益，字大光。紹興初，參知政事。’席益紹興五年十月爲四川制置大使，七年八月作《成都府學石經堂圖籍記》，中有曰：‘益之先人鎮蜀，奏秩文翁、高朕于祀典，又請樂工於朝，教士以雅聲。'據此可證作'席益'之非，意者其爲席旦乎。"

【注十九】

《讀書附志》："《尚書》，鐫玉册官陳德超鐫。《論語》，潁川^①郡陳德謙鐫字。《孝經》，潁川^②郡陳德謙鐫字。《爾雅》，武令昇鐫。"

《石刻鋪叙》："《孝經》，鐫工潁川^③陳德謙。《論語》同《孝經》。《爾雅》，鐫者武令昇。《毛詩》，鐫工張延族。《尚書》，鐫工陳德超。"

【注二十】

晁氏《石經考異序》："公武異時守三榮^④，常對國子監所模長興板本讀之，其差誤蓋多矣。石經固脱錯，而監本亦難盡從。至少城，因命學官讎校之。其傳注不同者尤多，不可勝記。獨計經文，猶三百二科。"

《石刻鋪叙》："《考異》，東里晁公武校石經與監本不同者，作爲此書。"

《玉海》："乾道中，晁公武參校二本，取經文不同者三百二

---

① "潁川"，原誤作"穎川"。孫猛《讀書附志校證》卷上有校勘記云："原本'穎'誤作'穎'，今正。下仿此，不復出校。"
② "潁川"，原誤作"穎川"。
③ "潁川"，原誤作"穎川"。
④ "三榮"，原誤作"三營"，據楊慎《全蜀藝文志》卷三十六"范成大《石經始末記》"條引晁公武《石經考異序》改。

科，著《石經考異》，亦刻於石。”

字體爲真書。注二十一。

【注二十一】

《容齋續筆》：“成都石本諸經，其字體亦皆精謹[①]，猶有貞觀遺風。唯三傳至皇祐元年方畢工，殊不逮前。”

《十國春秋》：“蜀廣政十四年，詔勒諸經於石，字皆精謹。”

翁方綱《〈左氏傳〉昭二年殘本跋》：“字視開成石本差小，字體亦略近之。”

《金石萃編》：“《毛詩》殘本石刻，皆正書。經文大字，徑六七分。毛傳、鄭箋小字雙行，分注於各篇章句中閒。每注文三字占大字二格。書法精謹，與唐石經相埒。”

經石在成都府學石經堂。注二十二。

【注二十二】

《成都記》：“毋昭裔刻十經於石，胡元質宗愈作堂以貯之，名石經堂，在府學。”

席益《石經堂圖籍記》：“蜀儒文章冠天下，其學校之盛，漢

① “精謹”，原誤作“清謹”，據洪邁《容齋續筆》卷十四“周蜀九經”條改。

稱石室、禮殿，近世則石壁九經，今皆存焉。偽蜀廣政七年，其相毋昭裔案雍都舊本九經，命平泉令張德釗書而刻諸石。本朝因禮殿以祀孔子，爲宮其旁，置學官弟子，講習傳授。故蜀帥尚書右丞胡公宗愈作堂於殿之東南隅，以貯石經。蓋自東漢興平元年歲在甲戌始作禮殿，逮我宋紹興六年丙辰，歷年六百七十有三。其間偽蜀刻石經之歲，是爲晉開運甲辰，至是一百九十三年矣。”

王象之《輿地碑記目》：“石本九經，在成都府學。”

《金石林時地考》：“陝西。蜀石經。”案：此以唐石經作蜀石經，蓋誤。詳唐石經【注七】。

南宋時尚完好，亡於嘉熙、淳祐以後。注二十三。

【注二十三】

張邦伸《錦里新編》：“孟蜀石經，明季燬於火。”詳【注二十五】。

《潛研堂金石文跋尾》：“南宋時，蜀石經完好無恙，曾宏父、趙希弁輩述之甚詳。而元明儒者，絕無一言及之。殆亡於嘉熙、淳祐以後。”

馮氏《石經考異》：“洪文敏謂‘字體精謹[①]，有貞觀遺風’，南宋時猶存。宋儒引經，並據此本，與小字本、岳珂本往往相合。元明無稱之者。殆亡於嘉熙、淳祐以後也。”

---

① “精謹”，原誤作“清謹”。

楊珏臣《〈左氏傳〉襄二全卷跋》："南宋末，蜀石湮没，元明不聞。"

朱學勤又跋："自宋以來，言蜀石經本末者最詳，獨不言其亡佚何時。考無名氏《寶刻類篇》作於宋理宗朝，石經尚入著錄。其後僅見於陶氏宗儀、趙氏均二家之書，然其所據恐出自傳揚之本，未必原石尚在。故以楊氏慎之博雅好事，未嘗一言及之。以考其鄉邦文物之盛，則自合州賓館《禮記》數段而外，蓋略無存者矣。故妄斷以謂亡於元初。特當其時，士大夫高談性命，不復以是措意，卒至淪没而不可考見爾。"

繆荃孫《劉氏蜀石經景本跋》："蜀石於宋末與文翁石室同燬。"詳【注二十六】。

案：蜀石經，錢氏以爲亡於嘉熙、淳祐以後，馮氏《考異》本此。其云"明季燬於火"，又"亡於元初"，又"宋末與文翁石室同燬"。究屬何時，今亦無從斷定。

其殘石，合州賓館中有《禮記》數段。注二十四。**乾隆時，貴州任思任在成都城土中得數十段。**注二十五。**今皆不存。**注二十六。

【注二十四】

曹學佺《四川名勝志》："諸石刻今皆不存，所存者，石經《禮記》有數段，在合州賓館中。"

【注二十五】

王懿榮《蜀石經殘本跋》："諸城劉氏喜海云：'《錦里新編》：
孟蜀石經，明季燬於火。乾隆四十四年，制軍福康安修成都城，
什邡令任思任得數十片於土中，字尚完好。任令貴州人，罷官
後，元石輦歸黔中。'不知此數石又係何經。迄今未見原揭，何
耶？丙子十二月。"

孫雄《劉氏蜀石經景本跋》："劉燕庭有手批《錢竹汀日記》，
自述'爲蜀臬時，聞乾隆四十四年，制軍福康安修成都城，什邡
令任思任得蜀石經數十片於土壤中，字尚完好。當時據爲己有，
未肯留置學宮，爲可惜也。任令貴州人，罷官後，原石輦歸黔中
矣。余訪求竟無所見'云云。右見《越縵堂·孟學齋日記》。"

【注二十六】

繆荃孫又跋："蜀石於宋末與文翁石室同燬，元明金石家無
言之者。所傳合州賓館有《禮記》數石，曾訪碑于合州，得唐宋刻石
十種，無此石。貴州任大令載歸數十片之說，皆不足据也。"

其拓本，宋時九十六冊。注二十七。明萬曆間，內閣
猶存全部。注二十八。其時有閩縣徐熥之《春秋左氏傳》。
注二十九。清內府藏《毛詩》半部。注三十。乾隆時，有錢
唐黃樹穀廣仁義學之《毛詩·周南》《召南》《邶風》二
卷，歸仁和趙昱。又歸太倉王溥，佚去《周南》十一
篇及《鵲巢序》。又歸仁和魏鉽、吳縣黃丕烈，後歸嘉

興程文榮。注三十一。仁和趙魏之《周禮》卷八《夏官》三十六行，後歸蕭山汪繼培。注三十二。今皆未見。又有元和陳樹華之《左氏傳》卷二十昭二年三葉三十五行，又歸善化唐仲冕、_{似曾歸上元車持謙①}。長樂梁章鉅，後歸甘州楊廷傳、福州力鈞。注三十三。漢軍楊繼振之《周禮》卷九、卷十兩卷，_{一缺首，一缺尾。}《左氏傳》卷十五襄公十年至十五年全卷，_{似曾歸大興鄭世允。}《穀梁傳》卷九襄公十八、十九二年十九行，後歸吳興張度、湘鄉李希聖。注三十四。晉江陳慶鏞之《周禮》卷十二《考工記》二十二葉，《公羊傳》卷二桓公②六年至十五年③十九葉，_{似曾歸漢陽吳履敬、吳式訓。}注三十五。後均歸廬江劉體乾。注三十六。近上虞羅振玉得《穀梁傳》卷六文公元年首半葉五行，滿洲彥悳得《穀梁傳》卷八、卷九成公元年二年、_{後缺。}襄公二十六年、_{前缺。}二十七年_{後缺。}三十五行，亦歸劉氏。注三十七。今均歸合肥李經邁。注三十八。《春秋左氏傳》卷十五，《穀梁》卷六又卷八、卷九首葉，有"東宮書府"印，此拓本均內閣佚出。注三十九。又有《尚書》《詩經》拓本，今皆未見。注四十。其歸劉氏者，有景印本。注四十一。羅振玉有《穀梁》十九行景行本。注四十二。

---

① "車持謙"，原誤作"車特謙"，據上《蜀石經考提綱》及下蜀石經【注三十三】陳宗彝跋按語云云改。

② "桓公"，原誤作"恆公"，據上《蜀石經考提綱》及下蜀石經【注三十五】吳履敬、吳式訓《〈公羊傳〉卷二殘本跋》云云改。

③ "年"下原衍"二"字。

【注二十七】

《石刻鋪叙》：“《孝經》一册，《論語》三册，《爾雅》一册，《周易》四册，《毛詩》八册，《尚書》四册，《儀禮》八册，《禮記》十册，《周禮》九册，《春秋左氏傳》二十八册，《穀梁》六册，《公羊》六册，《孟子》四册，《考異》一册。”

案：此以册計，是曾氏所據自是拓本。

【注二十八】

羅振玉《〈穀梁傳〉卷六殘本跋》：“孟蜀石經原石久佚，僅明內閣存拓本全部，見《文淵閣書目》。及萬曆間張萱撰《內閣書目》，尚完全無缺。萱所撰《疑耀》亦記之甚詳。”

【注二十九】

《紅雨樓題跋》：“馬氏《經籍考》：‘僞蜀孟昶刻六經於石。’《春秋左傳》三十卷，先兄惟和案：惟和名熥。嚮曾購之蔣子才，藏諸齋頭十餘禩。後伯兄不禄，仍歸子才。子才後持以贈在杭謝君，予乃爲之考核始末，以俟博雅者鑒定。萬曆丁未初春，徐惟起書。”

劉體乾《蜀石經景本跋》：“乾嘉金石家謂蜀石經未見於元明著録。《紅雨樓題跋》有‘石經《左氏傳》’一則，足徵蜀石經拓本在明代已爲珍貴矣。”

【注三十】

瞿中溶《〈左氏傳〉昭二年殘本題詩注》：“內府藏《詩經》

半部。”

【注三十一】

《鲒埼亭集》："不知五百年以來，蜀石經何以漸滅殆盡。予留心搜訪二十餘年，仁和趙徵士谷林始得其《毛詩》二卷，自《周南》至《衛風》耳。"《蜀廣政石經殘本跋》。案：趙谷林，名昱，乾隆初薦鴻博，不遇。

《金石萃編》："《詩經》本二十卷，此二《南》《邶風》，祇二卷。今此本佚卷一之前半，《周南》起，至《召南·鵲巢》首章鄭箋之半止。祇存卷一之後半及卷二，共存經、注一萬二千五百四十一字，是佚者三千七百三十一字矣。石久散佚，拓本流傳者僅見此本。卷二首有小木印，長一寸五分，寬一寸，正書四行，云'此書義助於浙江杭州府武林門外廣仁義學，永遠爲有志之士公讀者'，凡廿八字，首一行祇一'敬'字，皆朱色。廣仁義學者，黃同知易之父，諱樹穀，號松石，其家在杭州武林門外東馬塍之北，前明少爹貞父先生故第。松石即所居開廣仁義學，聚羣書其中，四方來學者，供其閱誦。其書率爲海內交遊諸藏書家所助，凡卷册薄小者，用此印，卷帙厚者，用墨色長印大書'廣仁義學'四字斜鈐於全部板心折縫處，使人不能竊取。松石殁後，義學既廢，長子庭、季子易飄四方，塾中藏書無人主守，皆散佚矣。此本嘗於乾隆壬戌臘月之望，從廣仁義學携至城中，趙氏小山堂主人谷林招集屬樊榭、丁龍泓、全謝山諸人共觀，賦詩題跋，並見各人本集。据谷林詩自注云'此本僅存二《南》《邶風》'，則在當時首卷本全，故屬詩、全跋皆舉'調饑'作'輖饑'爲異文，正在卷一之前半，今不可見，不知佚於何時也。此本新從吳中摹得，武林王溥家藏拓本。溥字容大，家於湖墅，與松石居鄰近，蓋松石歿後，遺書散失，此本歸於其家也。但原本二卷，全跋、趙詩注皆言存二《南》《邶風》，而諸詩則趙云‘千劫灰餘祇一卷’，厲云‘孟蜀石經僅一卷’，丁云‘一卷《毛詩》出鐫勒’，皆作‘一卷’者，詩家約略之詞，非確數也。”

馮氏《石經考異》：“《毛詩》殘本，祇有卷一後半及卷二，自《鵲巢》箋‘爵位故以興焉’起，至《二子乘舟》止，共經、注一萬二千五百四十一字。”

吳騫《蜀石經〈毛詩〉考異序》：“昔錢塘厲徵士鶚見蜀石經《毛詩》殘本於南華堂趙氏，同人賦詩以紀其異，自後此帖不知流落何所。昨歲，予友仁和魏叔子鈜復獲二卷於舊肆，今轉歸於吳趙黃孝廉丕烈，予因得傳鈔而讀之。惜卷首《周南》以下闕至《召南·鵲巢》之箋始，迄於二卷終《二子乘舟》止。每卷有朱文方印云‘□□□□□敬以此書義助於浙江杭州府武林門外廣仁義塾，永遠爲有志之士公讀者’，凡五行三十五字，闕五字，蓋武林黃氏樹穀先世所藏，不知何時助於義塾。樹穀本明參議汝亨之後，此豈其所遺邪? 然百餘年來，展轉流傳，仍歸黃氏，亦可異也。”

陳鱣《吳氏〈蜀石經毛詩考異〉序》：“蜀石經《毛詩》二卷，吾友錢唐魏君禹新客震澤，得之苕霅書賈者，復爲一賈以它物易去，今歸吳中黃君紹甫。裝以藏經箋，函以香柟木，目爲鎮庫之寶。余屬其影寫一本，蓋余曾箸《石經說》，見此不啻獲一珍珠船也。未幾，自吳攜呈兔牀先生。先生欣然賞之，遂作《考異》二卷，以證今本之失，可爲蜀石經之功臣矣。"

梁章鉅《〈左氏傳〉昭二年殘本跋》："王蘭泉侍郎《金石萃編》載《毛詩》卷首之後半及卷二，然尚是據吳中所摹湖墅王氏本，而實未見黄氏廣仁義學之真本也。廣仁本爲黄松石故物，松石即小松之父，松石没後，其本歸趙谷林，曾招集屬樊榭、全謝山共觀賦詩。據谷林詩自注，則在當時首卷本全，故屬詩、全跋皆舉'調饑'作'輖饑'爲異文，正在首卷之前。今《萃編》所載已無'輖饑'字，知摹本亦已殘缺。而蘇齋師則並此《毛詩》摹本亦未得見，其於此本先得之耳聞，後竟無緣收之篋笥，故詩中有'十年始見'之句。"

吳履敬《〈公羊傳〉桓公殘本跋》："國朝黄松石嘗得《毛詩》二《南》《邶風》，屬樊榭、全謝山、丁龍泓諸人皆爲賦詩。後歸黄蕘圃，又佚去《周南》十一篇及《鵲巢序》。王述菴《金石萃編》記之甚詳。"馮志沂跋云："王氏《金石萃編》言其所藏《毛詩》摹自武林王溥家，不言歸黄蕘圃，跋當別有所据也。"

　　案：此殘本似由趙谷林後歸王溥，再歸魏叔子、黄蕘圃，吳騫《序》言魏叔子獲于舊肆，亦未言其自何家所得也。

王文燾《劉氏蜀石經景本題詩注》："松石所弆①《毛诗》，後歸程南邨。頮寇之亂，南邨就義，殆同歸浩劫。"何紹基《周禮》題詩有程南川云云。詳【注三十五】。案：程南邨，名文榮，字蘭川，嘉興楓涇人，江蘇候補理問。

---

① "弆"，原誤作"弃"，據劉體乾影印《宋拓蜀石經殘本》王文燾題詩注改。

【注三十二】

馮氏《石經考異》："《周禮》殘本，趙晉齋魏得之蕭山市上，今歸汪繼培。經自《夏官》齊右'陪乘'二字起，至馭夫'種馬一'止，凡三十六行。"案：汪繼培，輝祖子，蕭山人，著《潛夫論箋》。

案：馮氏所著《考異》係據趙氏摹本。

【注三十三】

翁方綱《〈左氏傳〉昭二年殘本跋》："《春秋》內、外傳，芳林既皆精心考正，著有成書，爲功經訓甚大，宜造物以希有之物畀之。雖寥寥殘葉，何啻球璧①視之邪？予昔聞此，覬幸一見而未得遂。今案試南昌，而芳林假守吳城，其裝冊適自杭寄來，郵以見示。因爲考次其略，書於冊尾。乾隆五十二年丁未夏六月。"案：陳芳林，名樹華，元和人。

錢大昕又跋："《春秋》殘本，正文三百九十五字，注二百六十七字，皆昭二年傳《左氏》之第廿卷也。嘉慶壬戌三月觀冶泉先生藏本。"

段玉裁又跋："冶泉老友著有《內外傳考正》，爲士林所重。嘉慶辛酉秋捐館後，始從長君啟宗索觀蜀石經數百字，不勝人琴之感。"

馮氏《石經考異》："《左傳》殘碑，自昭二年傳'子也'起，至'女罪之不恤而'止。注自'夫子韓'起，至'褚師市官'止，中閒第十八行缺，脱正文十四字，注二字。"

---

① "球璧"，原誤作"球壁"，據劉體乾影印《宋拓蜀石經殘本》翁方綱跋改。

案：馮氏所著《考異》係據錢氏摹本。

楊琰臣《〈左氏傳〉襄二全卷跋》：“陳芳林得《左傳》昭二年殘本，僅六百餘字。後更歸唐陶山及鄉梁茝林。”案：唐陶山，名仲冕，善化人，鏡海先生鑑之父。梁茝林，名章鉅，長樂人。

錢泳《履園叢話》：“福州梁茝林先生爲江蘇方伯，得孟蜀石經《春秋》殘本，正文三百九十五字，注二百六十七字，計三頁，共三十五行，皆昭二年傳《左氏》之第二十卷也。”

醒翁老人陳宗彝父自署。《蜀石經殘本序》：“從善化唐陶山先生訪得家樹華所藏《左傳》殘本。”

陳宗彝又跋：“從車秋舲處得《左傳》殘字，與錢少詹跋尾悉合。”案：車秋舲，名持謙，上元人，著《金石叢話》。

葉名澧《〈左傳〉題詩注》：“陳雪峯文學從車秋舲得《左傳》殘字三葉，即錢辛楣先生所見本也。”

　　案：陳氏所刊《蜀石經殘字》，《毛詩》從陽城張古餘假黄藁圖鈔本，《左氏傳》則從車秋舲得錢氏所見殘字，是陳芳林舊藏，似曾歸車氏，而其父醒翁老人又言從唐陶山訪得，俟考。

　　又案：宋翔鳳跋云：“余舊得同縣陳古華家蜀石經殘字，十載道涂，歸無長物，蜀石經不知落誰手矣。”未言係何殘字，又不知歸何人，附錄於此。

何紹基《〈左氏傳〉昭二年殘本跋》：“今年在京師兩見蜀石經，以青陽吳氏所藏《公羊傳》《周禮》爲最富，大興鄭氏《左傳》襄公卷次之，余皆有記及詩。冬杪南遊吳門，門人梁平仲出此册，一歲中三見矣。”

陳寶琛《昭二年殘本跋》："此册爲楊甘州廷傳所藏，文襄留觀累月，撫晉前一夕，始題而還之。比余再至都，則已歸力農部鈞。"

【注三十四】

何紹基《〈左氏傳〉襄二全卷跋》："此册第十五卷起，襄公十年至十五年，經七千九十五字，注五千二十四字。咸豐丁巳九月①。"

又云："大興鄭氏世允《左傳》襄公卷。"詳【注三十三】。

案：此跋未注年月，而《〈左氏傳〉襄二跋並詩》後署"咸豐丁巳九月"②，雖未言鄭氏，跋中有"秋來見吳氏蜀石經《周禮》《公羊傳》③各一册"，同一歲中見之，是此卷在咸豐丁巳九月尚爲鄭氏有也。

楊繼振《〈穀梁傳〉襄公殘本跋》："蜀刻一準泰龢之舊，卷數、次第，上與開成本不甚相遠，予前校《左傳》《周禮》故知之。此田況補刻襄公十八、十九二年殘傳，首尾斷闕，標題盡失。嘗取雍刻比校，知是第九卷中殘頁。雍、蜀二刻，先後嗣出，卷數一同，非肒説也。"

沈兆霖《〈左氏傳〉襄二全卷跋》："此册爲《左氏傳》第十五卷，首尾完好，合經、注一萬二千一百十七字。今式古主人於無意中得此册，不知其源流所自。咸豐七年丁巳莫春。"

---

① "九月"，原誤作"九日"，據劉體乾影印《宋拓蜀石經殘本》何紹基跋改。
② "九月"，原誤作"九日"。
③ "周禮公羊傳"五字原脱，據劉體乾影印《宋拓蜀石經殘本》何紹基跋補。

案：此同在咸豐丁巳，較何氏跋尚前數月，已歸楊氏，而何氏跋則云鄭氏，此又言不知其源流所自，俟考。

楊鍾羲《雪橋詩話餘集》："咸豐戊午年，京師廠肆式古堂主人有宋拓本蜀石經殘本，卷首行題'春秋經傳集解襄二第十五'，次行題'杜氏，盡十五年'，末行'經七千九十三字，注五千二十四字'，葉潤臣作歌紀之。此本曾藏鄭世允家，見何子貞《金石跋尾》，後歸家幼雲先生。幼雲先生又有舊藏蜀二經，一《周禮》卷九、卷十，二《穀梁傳》十九行，并式古堂《左傳》爲三經。"

繆荃孫《蜀石經殘本跋》："蜀石經《周禮》卷九、卷十兩卷，一缺首，一缺尾，缺均無多。《左傳》卷十五，襄二全卷，《穀梁》卷九，十九行，光緒丙子在楊幼雲處見之，屬爲校異，因循未果。後歸張叔憲、李亦元。"

羅振玉《〈穀梁〉十九行殘本跋》："孟蜀石經《穀梁》殘石十有九行，楊幼雲太守繼振舊藏蜀三經之一。三經者，一《周禮》，卷九、卷十。二《左傳》，卷十六①。三即《穀梁》也。光緒中，由楊氏後人歸湘中李亦園部郎希聖。"

劉體乾《蜀石經景本跋》："上虞羅氏《蜀石經〈穀梁〉跋》云：'尚有《左傳》卷十五，起襄公十年至十五年。鄭世允所藏，見何子貞《金石跋尾》。'不知楊氏舊藏，先歸湖州張叔憲，因自署'抱蜀堂'，京朝士大夫皆能言之。庚子後，始歸李亦元。李歿後，《左傳》早別歸一人，曾携至甘肅，王晉卿方伯、葉菊裳、

---

① "卷十六"，原誤作"巷十六"，據劉體乾影印《宋拓蜀石經殘本》劉氏引羅振玉《蜀石經〈穀梁〉跋》云云改。

裴伯謙均獲見。在廠肆懸價待售，僅《周禮》《穀梁》耳。至楊氏之《左傳》，即卷十五何子貞所跋之本，今原跋具在，並非卷十六也。"

【注三十五】

何紹基《〈左氏傳〉襄二全卷跋》："秋來見青陽吳氏蜀石經《周禮》《公羊傳》各一册。咸豐丁巳九月。"

又《〈左氏傳〉昭二年殘本跋》："青陽吳氏所藏《公羊傳》《周禮》爲最富。"詳【注三十三】。

又《吳氏蜀石經〈周禮〉題詩》："程南川。梁吉甫。及鄭氏，世允。古味皆可掬。惟有青陽吳，翠墨尤芬馥。《周官》高密注，《公羊》劭公讀。萬一千餘字，八十有餘幅。秋齋短鐙檠，連枝迪隨蕭。精心校同異，古議紛攢簇。丁巳九月。"案：程藏《毛詩》，梁藏《左氏傳》昭二年，鄭藏《左氏傳》①襄二全卷。吳履敬，字子肅。式訓，字子迪。

吳履敬、吳式訓《〈周禮·考工記〉殘本跋》："宋拓蜀石經《周禮》并注殘本，存第十二卷，起玉人，至匠人止，凡二十二葉，二百六十四行。注皆夾行書。第一葉下缺一葉。經一千九百二十九字，注四千六百四十八字。咸豐二年十一月。"

又《〈公羊傳〉卷二殘本跋》："宋拓蜀石經《春秋公羊傳》并注殘本，今存者，起桓公六年，至十五年止，凡十九葉，一百八十三行，末三行殘缺不全。傳一千五百三十二字，半字五，注

---

① "左氏傳"下原衍"左氏傳"三字，據文意删。

三千七百七十三字，半字五。”

馮志沂[①]又跋：“咸豐壬子冬，吳甥敬之兄弟攜此蜀石經殘刻相眎，一爲《春秋公羊傳》，一爲《周禮·冬官考工記》，敬之爲作跋，考訂甚覈。《周禮》僅存六千餘字，異同至二百餘。《公羊》亦五千餘字，異同僅二十餘。則以[②]《周禮》是蜀刻，《公羊》是宋人補刻也。”

陳慶鏞又跋：“今得此《周禮》《公羊》二書殘本，文雖不多，然窺見一斑，其有補於經學者，已不少矣。咸豐壬子臈月。”

楊珏臣《〈左氏傳〉襄二全卷跋》：“壬子冬，於親家陳頌南給諫處見《周禮·考工記》殘本，六千餘字，《公羊》殘本，五千餘字。《周禮》爲蜀刻，與阮刻異同至二百餘條。《公羊》爲宋補刻，異同二十餘條。給諫校録其文，懸不釋手。青陽吳子肅昆仲博學多文，爲之博稽而詳説之。咸豐六年重九日。”

> 案：此二殘本跋均吳在前，馮次之，陳又次之，又均在咸豐二年。據何氏跋，是吳曾藏此本，後署“咸豐丁巳”，則咸豐七年尚在吳氏家。而楊氏跋又似陳氏所藏，吳氏爲之説之也。

【注三十六】

王秉恩[③]《劉氏蜀石經景本跋》：“孟蜀石經北宋拓本傳世者，

---

① “馮志沂”，原脱去“志”字。引文出劉體乾影印《宋拓蜀石經殘本》馮志沂跋。

② “以”，原誤作“亦”，據劉體乾影印《宋拓蜀石經殘本》馮志沂跋改。

③ “王秉恩”，原誤作“王燾恩”。引文出劉體乾影印《宋拓蜀石經殘本》王秉恩跋。

有《毛詩》《周官》《左傳》《公羊》《穀梁》五經，遞藏於黃松石、趙谷林、趙晋齋、陳芳林、楊幼雲、陳頌南、吳子肅、子迪昆季、張叔憲、李亦元諸家。今《周官》《左傳》《公羊》胥歸劉健之觀察，惟《毛詩》黃本及《周官》第八卷趙晋齋本未識存佚。"

劉體乾《蜀石經景本跋》："宣統庚戌十月，徐積餘自京返金陵，告余云：'有蜀石經《左傳》卷十五，一册，五十三葉又半，在陶榘林處。又有《周禮》卷九、卷十，一册，七十五葉又半，首尾略缺，《穀梁》卷九，二葉，在陳詒重處，託翰文齋書賈求售。'蓋即楊幼雲舊藏，後歸張叔憲，庚子歸李亦元者也。陶榘林自九江來省，既屬張東甫購得之。辛亥正月入都，詢翰文齋《周禮》《穀梁》，賈人韓子元支吾其詞。二月再入都，晤羅叔韞，云'《周禮》《穀梁》皆在翰文齋，何云無之'，遂同往海王村。韓子元不能復隱，允如其價出《周禮》交余，云《穀梁》尚在陳詒重所，一二日内當取來交余。旋以事往湖南，月餘返北京，再問《穀梁》，韓子元云伊欲另售與某君，故不即交。五月，余再至長沙，言其事於瞿止盦相國，爲電其次郎希馬，使以己意言於詒重，且云《左傳》本在余處，使三①經劍合，甚盛事也，詒重始以《穀梁》交希馬。九月長沙之變，倉卒來滬，亦携以行。壬子正月，又收得《周禮》卷十二，二十二葉，《公羊》卷二，十九葉，即陳頌南舊藏也。經、注都四萬六千四百餘字，皆道光、咸豐間所出，在諸家著録之外者也。丙辰十月。"

又云："陳芳林所藏《左傳》三十五行，戊午十月，陳弢

---

① "三"下原衍"字石"二字，據劉體乾影印《宋拓蜀石經殘本》劉氏跋删。

庵太保爲之作緣歸余。此求之數年不可得者，一旦得之，喜可
知也。"

【注三十七】

王秉恩[①]《劉氏蜀石經景本跋》："癸亥，内閣庫書叢殘八千袋
逸出，吾友羅叔言參事以巨資獲得，中有《穀梁》卷五首半葉，
長白彦明允憙亦獲《穀梁》殘拓三十五行，孟蜀石經拓本留存於
今者僅此。"

章鈺又跋："羅叔言參事所藏《穀梁》卷六之首五行，從内
閣大庫殘紙中檢出。首行爲'春秋穀梁傳文公第六'九字，次行
爲'范甯集解'四字。經文自'元年'起，'會葬'止，注文自
'繼正'起，'繼弑'止，與紹熙本無異同。"

羅振玉《〈穀梁傳〉卷六殘本跋》："此本得之大庫殘籍中，
先是滿洲[②]某君亦得《穀梁》殘卷數十行于内閣大庫。健之既已
重金購致，擬寫影以傳之，移書乞此五行，因題後以歸之。丙寅
仲夏。"

劉體乾《〈穀梁傳〉卷八卷九殘本跋》："右宋皇祐田況補刻
《春秋穀梁傳》第八、第九卷，存經、注九百四十二字，本内閣
大庫物，後歸滿洲彦憙君，余以重價買得。乙丑三月。"

【注三十八】

蒯壽樞云："劉氏蜀石經拓本，今均歸合肥李經邁。"

---

① "王秉恩"，原誤作"王壽恩"。
② "滿洲"，原誤作"滿州"，據劉體乾影印《宋拓蜀石經殘本》羅氏跋改。

【注三十九】

楊珏臣《〈左傳〉襄公殘本跋》："宋拓蜀石經《春秋左傳》
第十五卷，起襄公十年，盡十五年，五十三葉半。第一頁有'東
宮書府'印，第二十五頁有方印，模糊不可辨。墨紙裝界[①]，朱字
標識，均宋款誌。"

王國維《〈穀梁傳〉卷六殘本跋》："'東宮書府'印，古書畫
中不甚經見。惟傳世《南唐二主詞·阮郎歸》詞下注'呈鄭王十
二弟'，後有隸書'東宮書府'印。考《南唐二主詞》係南宋高、
孝閒人從真迹輯録，則'東宮書府'一印，自是汴宋之物。此拓
此印乃篆書，與後主《阮郎歸》詞後隸書印不同，然當是一時之
物。蜀石經並有此印，當是北宋拓本矣。"

羅振玉又跋："閩江陳氏、漢軍楊氏藏《周禮》《左傳》《穀
梁》殘卷，展轉歸廬江劉氏。曩曾寓目，前均有'東宮書府'朱
印。此文公殘卷，僅存首五行，亦有此印，知三經亦爲内閣佚出
者，人閒殆無二本也。"

劉體乾又跋："舊藏《春秋左氏傳》第十五卷首葉有'東宮
書府'印，此本首葉印正同。上虞羅氏買内閣大庫殘籍，檢出
《穀梁》第六卷首葉五行，亦有此印，可知世閒別無他本。"

章鈺《劉氏蜀石經景本跋》："上虞羅叔言參事所藏《穀梁》
卷六之首五行，上有'東宮書府'四字印。長白某氏藏《穀梁》
成公第八之三十五行，則亦寓目一過[②]，同時出内庫者也。"

---

① "裝"字下、"朱"字上原爲一字空白，據劉體乾影印《宋拓蜀石經殘本》楊珏
臣跋補。
② "寓目一過"四字原脱，據劉體乾影印《宋拓蜀石經殘本》章鈺跋補。

【注四十】

王樹枏《劉氏蜀石經齋記》："往者余宰青神，門人陳蕚卿示余蜀石經《尚書》，凡三十六字。"

蕭方駿《劉氏蜀石經景本題詩並注》："我昔偶見《尚書》本，《堯典》一篇，經、注皆全。乃在魏子鶴山莊。此物不知歸何所，會當函求山之陽。更聞尚有藏經在，庋置劉君雲門房。鄉人劉雲門藏有《詩經》，至今未能寓目。"

【注四十一】

劉氏《蜀石經景本後題》："丙寅四月，廬江劉健之以自藏本付印。"

案：劉氏體乾先後得蜀石經《左傳》卷十五襄二十年至十五年全卷五十三葉、卷二十昭二年三葉三十五行，《公羊傳》卷二桓公六年至十五年二十九葉，《穀梁傳》卷六文公元年首半葉五行、卷八卷九成公元年二年後缺。襄公二十六年前缺。二十七年後缺。三十五行、卷九襄公十八十九二年二葉十九行，《周禮》卷九卷十兩卷七十五葉又半、一缺首，一缺尾。卷十二《考工記》二十二葉，都凡四經。一時名宿，題跋殆遍，彙爲蜀石經，依原拓本景印。

【注四十二】

羅振玉《蜀石經景本跋》："予念孤本之易佚，因取陳雪峯先生刊《毛詩》《左傳》重付影印，並取此殘字十九行者，與正始、嘉祐殘石同印入《吉石庵叢書》。"

又《〈穀梁〉景本跋》："此十九行《穀梁》者，予在京師所影照，並取殘字同印入《吉石庵叢書》。"

案：《毛詩》殘本，王氏溥、黃氏丕烈有摹本，張氏敦仁字古餘。又有摹本。《左傳》昭二年殘本，錢氏大昕有摹本，車氏持謙又有摹本。陳宗彝俱有刊本。據楊氏、車氏摹本。《周禮·夏官》殘本，趙氏魏有景刊本。俱木刻，故未録。

蜀石經考附

晁公武《古文尚書》

晁氏《〈古文尚書〉序》：“予抵少城，作《石經考異》之餘，因得此古文全編於學宮，迺延士張洯做呂氏所鏤本書丹刻諸石，是不徒文字足以貽世，若二《典》‘曰若’‘粵暨’之類，學者可不知歟？嗚呼！信而好古，學于古訓，乃有獲。蓋前牒所令，方將配《孝經》《周易》經文之古者，附於石經之列，以故弗克。第述一二，以示後之好奇字者識，又安知世無楊子雲？時乾道庚寅仲夏望日。”

《石刻鋪叙》：“《古文尚書》三册三卷，蓋唐天寶未廢古書前傳本中，汲郡呂大防得之於宋次道、王仲至家，乃元豐五年壬戌鏤版。乾道六年庚寅，帥晁公武取以入石，教官張大固等監刊。”

案：此《古文尚書》與蜀刻十三經有別，不得與《石經考異》同謂之蜀石經也。詳蜀石經【注三】。

北宋石經考提綱

北宋石經，刊始於宋慶曆元年，畢工於嘉祐六年。注一。曰嘉祐石經，注二。又曰二字二體。石經，注三。又曰開封府石經，注四。又曰國子監石經、汴學石經。注五。

經數爲《易》《詩》《書》《周禮》《禮記》《春秋》《孝經》《論語》《孟子》。注六。

石經殘闕，今可考者，《周禮》殘碑凡六列，每列三十四行，《禮記》殘碑凡六列，每列三十三行，篆一行，真一行，每行十字。注七。

書石者爲楊南仲、謝飶、張次立、趙克繼、章友直、胡恢。注八。

字體爲二字真、篆書。注九。

經石立汴京太學。注十。

經宋中葉之亂，石經殘毀，注十一。有謂金人移至燕京，今不可考。注十二。金元時，重經修復，注十三。殆亡於元末之亂。明景泰中，已磨滅破碎。注十四。今僅存陳留《周禮》殘石、開封圖書館《禮記·中庸》殘石。注十五。

其拓本，宋時有瑞安沈彬老《春秋》摹本。注十六。清時有薄自崑《周易》《尚書》《周禮》殘石拓本，注十七。山陽吳玉搢《周易》《周禮》殘石拓本，注十八。南昌彭元瑞《周禮》殘石拓本，注

十九。嘉興馮登府《周禮》《禮記》殘石拓本。注二十。山陽丁晏
《周易》《尚書》《毛詩》《春秋》《禮記》《周禮》《孟子》殘石拓本，
後歸建德劉世珩，今歸合肥李經邁。注二十一。上虞羅振玉《周
禮》《禮記》《孝經》殘石拓本。注二十二。廬江劉體乾近又得《周
易》《尚書》《毛詩》《春秋》《禮記》殘石拓本。注二十三。羅氏有
《周禮》《禮記》《孝經》殘石景印本。注二十四。

北宋石經考

蒲圻張國淦編

北宋石經，刊始於宋慶曆元年，畢工於嘉祐六年。
注一。曰嘉祐石經，注二。又曰二字二體。石經，注三。又曰
開封府石經，注四。又曰國子監石經、汴學石經。注五。

【注一】

《玉海》："仁宗命國子監取《易》《詩》《書》《周禮》《禮記》
《春秋》《孝經》爲篆、隸二體，刻石兩楹①。至和元年八月十六日
己酉，命皇姪右屯衛大將軍克繼書國子監石經以上，二年九月
十五日工畢。至和二年三月，國子監王洙言：'國子監刊立石經，
至今一十五年，止《孝經》刊畢，《尚書》《論語》見書鐫未就，
乞促近限畢工，餘經權罷。'從之。"

李燾《續資治通鑑長編》："嘉祐六年二月，國子監石經成。"

吳玉搢《金石存》："《癸辛雜識》云：'汴學即昔時太學舊
址，九經石版，堆積如山。'若刊成者止於三經，則石版何由如

---

① "刻石兩楹"，原倒作"兩石刻楹"，據王應麟《玉海》卷四十三《藝文志》"讎
正五經·石經·嘉祐石經"條乙正。

是之多？又《書目》明載：‘石經七十五卷，楊南仲書。《周易》十，《書》十三，《詩》二十，《春秋》十二，《禮記》二十。’則當日諸經皆已畢功，而至和以後，亦未嘗罷刻也。”

《鮚埼亭集外編》：“開封石經，始於至和，成於嘉祐。”《石經答問》。

葉名灃《北宋汴學二體石經跋》：“汴學刊石，奉詔於宋仁宗至和元年，畢工於嘉祐六年。”

> 案：至和二年，王洙言：“國子監刊定石經，至今一十五年。”考仁宗至和二年以前十五年爲仁宗慶曆元年，是宋石經在慶曆元年業已經始，至至和二年《孝經》刊畢，又至嘉祐六年乃工竣也。

【注二】

《碩軒隨録》：“嘉祐石經，乃據工竣之年名之，與唐開成石經同。”

【注三】

《玉海》：“真、篆二體。”詳【注一】【注九】。孫氏《寰宇訪碑録》、吳氏《攈古録》亦云“篆、正二體”。

《中州金石記》：“二體石經。”吳氏《金石存》、丁氏《汴學二體石經記》、羅氏《北宋二體石經〈禮記·檀弓〉殘石跋》亦云“二體石經”。

馮氏《石經考異》：“世知有一字、三字石經，不知有二字石經。”

【注四】

顧氏《石經考》："宋開封府石經。"

【注五】

《經義考》："宋國子監石經。"

丁晏《北宋汴學二體石經記》："北宋汴學石經。"

經數爲《易》《詩》《書》《周禮》《禮記》《春秋》《孝經》《論語》《孟子》。 注六。

【注六】

《玉海》："仁宗命國子監取《易》《書》《詩》《周禮》《禮記》《春秋》《孝經》爲篆、隸二體。至和元年八月，皇姪右屯衛大將軍克繼所書石經《論語》，求書石國子監，帝從其請。《書目》：'石經七十五卷，楊南仲書。《周易》十，《書》十三，《詩》二十，《春秋》十二，《禮記》二十。'"

《金石存》："《石經考》曰：'至和二年三月五日，判國子監王洙言：國子監刊立石經，至今一十五年，止《孝經》刊畢，《尚書》《論語》現書鑱未就，乞促近限畢工，餘經權罷。從之。'如洙言，是石經在宋刻成者但止三經。然以今時所存者言之，則《周易》《周禮》《禮記》《孟子》俱有，不止《孝經》《尚書》《論語》也。"

葉氏《北宋汴學二體石經跋》："《宋史》及《玉海》言書寫

諸經，皆無《孟子》。吳氏玉搢《金石存》云'嘗見四大册於吳門薄氏，乃《尚書》《周禮》《禮記》《孟氏文》'，辨'挾泰山以超北海'書'超'爲'起'之誤，不言某經若干卷。元時有修復汴梁石經之舉，翟氏灝《四書考異》引李師聖《記》云《孟子》七篇在内'。詳【注十三】。據此，汴學初刊諸石即有《孟子》在内，《宋史》《玉海》不之及者，其時亡佚已久，王伯厚及修史諸公不復知有此石，蓋其疏也。李師聖^①所舉，六經之外有《論語》《孝經》，是九經尚屬未備。宋以《孟子》升經，並《論語》《孝經》爲三小經，亦《玉海》所云'六經之外，增置三經'，是以得有'九經'之名。周密《癸辛雜識》'太學九經石版，堆積如山'，乃其明證矣。蓋宋之大中祥符閒命孫奭作《音義》，爲尊信《孟子》之始。厥後仁宗刊石立學，表章之功更大。至晁公武《郡齋讀書志》謂'宣和中，席旦知成都，刊《孟子》以補孟蜀石經之缺'，殆因汴學而踵行之者歟？"

　　石經殘闕，今可考者，《周禮》殘碑凡六列，每列三十四行，《禮記》殘碑凡六列，每列三十三行，篆一行，真一行，每行十字。注七。

【注七】

　　馮氏《石經考異》："《周禮》殘碑凡六列，篆一行，真一行，

---

① "李師聖"，原誤作"李聖師"，據葉名澧《北宋汴學二體石經跋》改。

每行十字。《禮記》殘碑凡六列，每列三十四行，每行十字。"

翁方綱《宋石經〈禮記·檀弓〉跋》："此石凡六層，層幾行不可計，每行篆、楷各十字。"《復初齋文集》。

羅振玉《北宋二體石經〈禮記·檀弓〉殘石跋》："凡六列，每列三十三行。"詳【注二十二】。

書石者爲楊南仲、謝飶、張次立、趙克繼、章友直、胡恢。注八。

【注八】

《宋史·藝文志》："楊南仲石經七十五卷。"《書目》云："楊南仲書。"

又《魏王廷美傳》："克繼善楷書，尤工篆、隸，宗正薦之。仁宗親臨試，及令臨蔡邕古文法寫《論語》《詩》《書》。復詔與朝士分隸石經，帝曰：'李陽冰，唐室之秀。今克繼，朕之陽冰也。'"

《玉海》："至和五年八月，以皇姪克繼書國子監石經以上。所寫石經《論語》，求書石國子監。帝欲旌勸宗室，特從其請。二年九月工畢，上之，賜銀幣。嘉祐三年五月，王洙薦大理丞楊南仲石經有勞，賜出身。六年二月，國子監言草澤章友直篆石經畢，詔補試將作監主簿。友直不願仕，賜以銀絹。五月，以同篆石經殿中丞張次立與堂除。"

《困學紀聞》："石經，本朝嘉祐中楊南仲等。"

《續資治通鑑長編》："嘉祐六年三月，以篆國子監石經成，賜草澤章友直銀百兩、絹百疋。除試將作監主簿，辭不就，故有是賜。友直，建安人，得象之叔。"

《宣和書譜》："章友直，字伯益，閩人。博通經史，不以進取爲意，工玉箸字學。嘉祐中，與楊南仲篆石經於國子監，當時稱之。"

朱翌《猗覺寮雜記》："本朝石經，胡恢所書。"

顧起元云："胡恢，金陵人，博物强記，善篆、隸。臧否人物，坐法失官十餘年。潦倒貧困，赴選集於京師。是時韓魏公當國，恢獻詩自達。魏公憐之，令篆太學石經，因得復官，任華州推官而卒。"《經義考》引。

《金石存》："嘉祐三年五月十五日，王洙薦大理丞楊南仲石經有勞，賜出身。六年二月一日，國子監言草澤章友直篆石經畢，詔補試將作監主簿。友直不願仕，賜以銀絹。五月，以同篆石經殿中丞張次立與堂除。當時書經者應不止此三人，此特見於《宋史》可考者耳。"

《鮚埼亭集外編》："宋仁宗勒石經用篆，有志於復古矣。其時楊南仲之徒，皆名人也。然予得見汴本石經數紙，其篆亦無甚佳處，何也？"《跋宋嘉祐石經》。

杭氏《石經考異》："錢唐王延年嘗考開封石經云：'《宋史》：仁宗命秦王延美曾孫克繼與朝臣分隸石經。丹陽謝飶善隸，會國子監立石經，召爲直講。又《宣和書譜》：閩人章友直工箸篆法，與楊南仲篆石刻於國子監。而《藝文志》有楊南仲石經七十五卷。是皆宋開封立石經之明驗也。'"

《中州金石記》："《玉海》云：'仁宗命國子監取《易》《詩》《書》《周禮》《禮記》《春秋》《孝經》爲篆、隸二體，刻石兩楹。嘉祐三年五月十五日，王洙薦大理丞楊南仲石經有勞，賜出身。六年二月一日，國子監言草澤章友直篆石經畢，詔補試將作監主簿。友直不願仕，賜以銀絹。五月，以同篆石經殿中丞張次立與堂除。'故《書史會要》稱楊南仲、章友直篆石經，又有張次立同篆也。"

字體爲二字真、篆書。注九。

【注九】

《玉海》："仁宗命國子監取《易》《詩》《書》《周禮》《禮記》《春秋》《孝經》爲篆、隸二體。詳【注一】。《書目》：'石經七十五卷，楊南仲書，皆具真、篆二體。'"

周密《癸辛雜識別集》："汴學九經，一行篆字，一行真字。"

經石立汴京太學。注十。

【注十】

《玉海》："王洙言：'國子監立石經。'"詳【注一】。

《癸辛雜識別集》："汴學曰'文學'，即昔時太學舊址。"

經宋中葉之亂，石經殘毀，_{注十一}。有謂金人移至燕京，今不可考。_{注十二}。金元時，重經修復，_{注十三}。殆亡於元末之亂。明景泰中，已磨滅破碎。_{注十四}。今僅存陳留《周禮》殘石、開封圖書館《禮記·中庸》殘石。_{注十五}。

【注十一】

安世鳳云：“經宋中葉之亂，淪於燕，幾不能存。”詳【注十三】。

萬氏《石經考》：“宋石經集當時善篆、隸者分書，必用篆、隸二體。乃後人皆不獲見，而金人亦鮮有語及者，豈此刻遭汴京之覆，毀壞無餘耶？”

【注十二】

《金史·劉彥宗傳》：“天會中，大舉伐宋。劉彥宗謂宗翰、宗望曰：‘蕭何入關①，秋毫無犯，惟收圖籍。遼太宗入汴，載路車、法服、石經以歸，皆令則也。’二帥嘉納之。”

于奕正云：“金石經碑在舊燕城南，金國子學碑刻《春秋》《禮記》，今磨滅不完。”《經義考》：“金時石經，未知何時所刻，殆移自汴京，與石鼓同。”

---

① “入關”，原誤作“入闕”，據《金史》卷七十八《劉彥宗傳》改。

《鮚埼亭集外編》："彦宗之言本妄，德光未嘗至西安，今西安之石經具在，則德光所載者何物？周密《癸辛雜識》曰：'汴學即昔時太學舊址，九經石版山積。'是臨安亡而石經尚存也。"《石經雜問》。

杭氏《石經考異》："唐石經在西安府學者，班班可考，而宋竟無片石傳於人間，意二帝北狩時，盡爲金人所携去耳。金劉彦宗於侵宋日謂宗翰、宗望曰：'遼太宗入汴，載路車、法服、石經以歸，令則也。'二帥納之。是其徵已。"

汪祚云："草牎《癸辛雜識》：'汴學即昔時太學舊址，九經石板，堆積如山。'則臨安亡而開封之石經猶存也，未得據《金史》之言爲證。"杭氏《石經考異》引。案：此本全氏《石經雜問》。

萬氏《石經考》："宋代石經，不大彰於世，或疑其未必成書。然考趙克繼、謝飶、章友直諸傳明載其事，而《藝文志》又言'杨南仲石經七十五卷'，則此書業已告竣，何當時稱述者寥寥耶？觀《金史》劉彦宗説二帥語，意者此石經果爲金人携去耶？"

【注十二】

王惲《修理大都、南京石經事狀》："竊見大都、南京廟學所有九經石刻，刊琢極精。近年以來，舊制既廢，舉皆散亂於荒煙草棘中，日就摧圮，甚可惋惜。且經之遺制，自漢唐至今，歷代聖王無不尊崇修理，蓋重夫經世大法故也。今海宇混一，方息馬論道之時，據上項，石經理合修立，以彰國容。"

安世鳳云："文宗以羣經刻於碑院，至今嘉惠學者。乃經宋中葉之亂，淪於燕，幾不能存。迨正隆四年，方爲耶律隆所修。
則石經之所以長至今日者，皆其功也。其記字仿石經，亦稍形
似。夫以金人之凶猛，宜不知經爲何如物，而能樹立如此，亦可
嘉也。”

李師聖《記》：“汴梁舊有六經、《論語》《孝經》石本，乃近
代辟雍之所樹。陵谷變遷，修而復毀，其殘缺漫剥者，蓋不啻十
之五六。前政巨寮之賢而有文者，亦不遑邮，將七十餘年於兹
矣。今參政公也先帖木兒一見而病之，慨然以完復爲己任。義聲
所激，附合者衆，不數月而復還舊觀，奈何《孟子》七篇猶闕遺
焉。公習讀四書而明於大義者也，亟欲增置，而期會拘迫，有司
請爲後圖，公默然，蓋有待於後舉也。”

　　案：據此，金元時曾修復石經，惟所補何經，是否祇闕
《孟子》，今不可考。

【注十四】

《癸辛雜識別集》：“羅壽可丙申再游汴梁，書所見汴學九經
石板，堆積如山。”全氏云：“是臨安亡而石經尚存。”詳【注十三】。

陳頎云：“開封，宋建都處，予署府庠事，見諸碑刻，多宋
時太學中石經，皆磨滅破碎，罕有完者。周視齋廡，見石礎俱斷
碑，隱然文字在上。”《經義考》引。案：陳頎，字永之，明常州人。景泰
中，以《春秋》領鄉薦。

《丹鉛總録》：“淳化中刻，今猶有存者。”全氏《石經雜問》：“開
封石經，始於至和，成於嘉祐，淳化時則未聞也。惟孟蜀降臣勾中正曾於淳化寫
三體《孝經》，刻石表進，而餘無之。至《淳化帖》中所有，乃太宗之草書，非

石經也。楊慎多漫言，不足信。"

　　《經義考》："宋太學石經在開封，陳永之猶及見之。惜未有好事者摹搨，今則沈黃河淤泥之下矣。"

　　《鮚埼亭集外編》："汴於宋末未嘗有所屠薙，如楊髡臨安之毒，則石經當亡於元末之亂。不然，明有周邸，鬋桐其地，世擅風雅，不應及見遺經而聽其忽焉以亡也。"《石經雜問》。案：杭氏《石經考異》引汪祚云云本此。

　　丁晏《北宋汴學二體石經記》："北宋汴學石經之佚久矣。顧亭林《石經考》列開封石經之目，實未之見。萬季野《石經考》云：'宋石經集當時善篆、隸者分書，出諸名人之手，乃後人皆不獲見，而金人亦鮮有語及者，豈此刻遭汴京之覆，竟毀壞無餘耶？'是萬氏亦未之見也。《經義考》已云佚，竹垞謂沈於黃河淤泥之下。杭大宗《石經考異》云：'石板之亡，當在元末。'吾鄉吳山夫先生《金石存》有宋二體石經搨本，祇《周易》《尚書》《周禮》，共五碑。李芝齡先生案語云：'碑在今陳留縣，僅存《周禮》卷一及卷五中數石，餘經悉亡。'蓋石刻之亡佚有年矣。"

【注十五】

　　《金石存》："宋二體石經《周易》《尚書》殘碑。賈顏[①]印牓爲余言，此石現在開封府學，彼親至碑下，搆以遺余者，惜乎不得見其全也。"

　　《中州金石記》："二體石經《周禮》殘碑，嘉祐六年五月立，

———————

① "賈顏"，原倒作"顏賈"，據吳玉搢《金石存》卷五"宋二體石經殘碑"條乙正。

章友直、楊南仲篆書，在陳留縣，今僅存《周禮》卷一及卷五中
數石。予撫中州，釋奠黌宮①，即詢是刻，不可得。學官云：'修
學時用作瓴甋矣。'僅存陳留數石，豈不惜哉？"錢氏《金石文跋尾
續》亦云"所見唯殘本《周禮》一種"。

《寰宇訪碑録》："《周禮》石經殘碑，篆、正二體，嘉祐六年。河
南陳留。《周易》石經殘碑，篆、正二體。河南祥符。《尚書》石經
殘碑，篆、正二體。河南祥符。"

吳式芬《攈古録》："《周禮》石經殘碑，篆、正二體，河南陳留，
嘉祐六年五月。一石，兩面刻。《周易》石經殘碑，篆、正二體，河南祥符。
《尚書》石經殘碑，篆、正二體，河南祥符。《檀弓》石經殘碑。篆、正
二體，河南祥符，嘉祐□年。"

李宗昉云："碑在今河南陳留縣，僅存《周禮》卷一及卷
五中數石，餘經悉亡，蓋修學宮時用作瓴甋矣，惜哉。"《金石存》
案語。

翁氏《宋石經〈禮記·檀弓〉跋》："嘉慶丁卯，河南城內
佛寺碑陰得宋嘉祐石經《檀弓》一石，移置開封府學宮。石已極
泐，上層'曾子曰小功不稅'起，至下層'曾子弔於負夏從者曰
禮與'止。"

葉氏《北宋汴學二體石經跋》："王氏昶《金石萃編》未著
録，錢氏大昕《金石文跋尾續》、畢氏沅《中州金石記》所見惟
殘本《周禮》一種。畢氏曾詢之開封學官，是刻修學時已作瓴
甋，僅存《周禮》卷一至卷五數石於陳留耳。"

---

① "黌宮"，原誤作"譽宮"，據畢沅《中州金石記》卷四"二體石經《周禮》殘
碑"條改。

羅氏《嘉祐石經〈周禮〉〈禮記〉殘石跋》："汴學石經，《寰宇訪碑錄》載陳留有《周禮》殘石，祥符有《周易》《尚書》殘石，《攈古錄目》同，而增《檀弓》一石，均不計石數及諸經所存行數。"《吉石盦叢書》三集①。

又云："予往歲遊中州，但聞《孝經》一石在開封圖書館，他石不知所在。《易》《書》二石，則存佚不可知矣。"同上。

又云："曩影印之嘉祐石經殘石在《叢書》中者，若《禮記》等石，均今不知所在。惟陳留尚有《周禮》一石，開封圖書館存《禮記·中庸》殘石一小塊而已。己巳十月。"

其拓本，宋時有瑞安沈彬老《春秋》摹本。注十六。**清時有薄自崑《周易》《尚書》《周禮》殘石拓本，**注十七。**山陽吴玉搢《周易》《周禮》殘石拓本，**注十八。**南昌彭元瑞《周禮》殘石拓本，**注十九。**嘉興馮登府《周禮》《禮記》殘石拓本。**注二十。**山陽丁晏《周易》《尚書》《毛詩》《春秋》《禮記》《周禮》《孟子》殘石拓本，後歸建德劉世珩，今歸合肥李經邁。**注二十一。**上虞羅振玉《周禮》《禮記》《孝經》殘石拓本。**注二十二。**廬江劉體乾近又得《周易》《尚書》《毛詩》《春秋》《禮記》殘石拓本。**注二十三。**羅氏有《周禮》《禮記》《孝經》殘石景印本。**注二十四。

---

① "三集"，原誤作"二集"。嘉祐石經《周禮》《禮記》殘石拓本，羅氏影入《吉石盦叢書》三集中。

【注十六】

葉適云：“瑞安沈彬老北游程氏師生閒，得性命微旨、經世大意。時方禁《春秋》學，石經甫刻即廢。彬老竊畧守者，自摹藏之。後世孫體仁閣以庋焉，名曰深明。”

《鮚埼亭集外編》：“嘉祐開封石經，片紙隻字，不存人閒，并不得如成都孟蜀之本尚見於藏書之目，亦異事也。偶讀水心詩集有曰：‘石經《春秋》，一代奇寶，王氏爲熙豐①學，廢不用。瑞安沈彬老蠟而有之，其孫體仁閣以庋焉，予爲名曰深明。’詩曰：‘喟②昔洛門初上石，未久翻遭禁書厄。’是所指者，開封之石經也。然予考嘉祐本，當宋時流傳亦寡，不特《春秋》。水心特因荆公不解《春秋》，而遂以此尤之。其實荆公‘斷爛朝報’之言，出於人所附會，尹和靖嘗辨之矣。且荆公不解《春秋》，使③後世有誤解水心之詩者，將復增荆公一過，可不辨與？蓋自諸經既有板本，而石經遂多不觀，斯亦自然之勢。即西安石經之得存者，亦幸也。”《跋水心先生石經〈春秋〉詩》。

【注十七】

《金石存》：“往嘗見四大册於吳門薄自崑家，乃《尚書》《周禮》《禮記》《孟子》文。”

---

① “熙豐”，原誤作“監豐”，據全祖望《鮚埼亭集外編》卷三十五“跋水心先生石經《春秋》詩”條改。
② “喟”，原誤作“謂”，據全祖望《鮚埼亭集外編》卷三十五“跋水心先生石經《春秋》詩”條改。
③ “使”，原誤作“史”，據全祖望《鮚埼亭集外編》卷三十五“跋水心先生石經《春秋》詩”條改。

【注十八】

《金石存》：“宋二體石經，凡五碑，《周易》《尚書》文也。《周易》二碑，存升、困、革①、鼎、未濟五卦及《繫辭》前七章。《尚書》三碑，存《牧誓》《武成》《洪範》《旅獒》《金縢》《康誥》《酒誥》之文。書具②篆、隸二體，中多殘缺不完。意此碑之存於今者，其數尚不止此，而收藏家往往無之。亭林《石經考》亦不言今時尚有傳木。趙子函《石墨鐫華》于金元人書皆經收録，而獨遺此碑。宋二體石經三紙，皆《周禮·春官·宗伯》文，斷缺不全。余向得《周易》《尚書》五碑，今又得此三碑，合之共有八紙，諸經皆無全文。”

【注十九】

彭元瑞《知聖道齋讀書跋》：“所藏十二版，三百五十四行。《周禮》卷第一訖《序官》宮正，三十行。《序官》凌人訖掌舍③‘府二人史’，三十行。《序官》九嬪訖逢人‘女御八人女’，三十行。太宰‘五曰保庸’訖‘八曰山澤之賦’，三十行。大宰‘之小治’訖小宰‘以叙其事’，三十行④。小宰‘曰廉辨’訖‘而觀治’，廿四行。大宗伯‘禮若王不與祭’訖小宗伯‘辨吉凶’，三十行。肆師‘牲繫於牢’訖‘類造上’，三十行。司尊彝‘享

---

① “革”，原誤作“勒”，據吳玉搢《金石存》卷五“宋二體石經殘碑”條改。
② “具”，原誤作“俱”，據吳玉搢《金石存》卷五“宋二體石經殘碑”條改。
③ “掌舍”，原誤作“掌金”，據彭元瑞《知聖道齋讀書跋尾》卷二“北宋石經跋”條改。
④ “大宰之小治訖小宰以叙其事三十行”十五字原脱，據彭元瑞《知聖道齋讀書跋尾》卷二“北宋石經跋”條補。

裸①用虎彝蜼彝'訖司几筵'加莞席紛純',三十行。典瑞'玉器而奉之'訖典命'凡諸侯之適子',三十行。典祀'司隸而役之'訖世婦'有捧事於婦',三十行。墓大夫'所供職喪'訖大司樂'大合',三十行。"

【注二十】

馮氏《石經考異》:"《周禮》殘碑,每葉三十行,共殘本九葉。惟第二葉三十二行,第九葉二十八行,共真、篆二百六十九行。第一葉起'周禮卷第一',至'胥四人徒四十人'止。第二葉起'凌人下士',至'掌舍下士四人府二人'止。第三葉起'九嬪',至'女御八人女'止。第四葉起'凡不與祭祀則攝位',至'辨廟祧之昭穆辨吉凶'止。第五葉起'牲繫于牢',至'類造上'②止。第六葉起'享裸③用虎彝',至'莞席紛純'止。第七葉起'其玉器',至'凡諸侯之適子'止。第八葉起'司隸而役之',至'凡王后有拜事於婦'止。第九葉起'所共職喪令',至'六舞大合'止。二體有不具經文,有不相屬者,蓋剝泐已久矣。《禮記》殘碑《檀弓》,第一列自'曾子曰小功不稅則是遠兄弟終無服也'起,存二十九行。第二列存二十四行,第三列存五行,第四列存七行,第五列、第六列殘泐不成行,末存'從者曰禮與

---

① "享裸",原誤作"享裸",據彭元瑞《知聖道齋讀書跋》卷二"北宋石經跋"條改。
② "類造上",原誤作"類造士",據《周禮》卷五《春官》"類造上帝封大神"云云及上北宋石經【注十九】彭元瑞《知聖道齋讀書跋》云云改。馮氏《北宋石經考異》誤作"類造士"。
③ "享裸",原誤作"享裸"。

曾’止。《周禮》此卷，余從苕溪孫茂才衍慶得之，共二百六十九行，較彭所得本少八十三行。以兩本互校之，凡《周禮》卷一及卷五、卷六中所存殘字，有出於畢尚書所見外者。又從方履籛得《禮記》殘碑。履籛藏有《易》《書》二殘本，云得之開封府學，惜未及寄示，竢它日索之。”

【注二十一】

丁氏《北宋汴學二體石經記》：“咸豐丁巳夏五月，余偶過書肆，見墨搨石經殘破一束，篆書一行，正書一行，此即《玉海·藝文》所云‘仁宗命國子監取《易》《詩》《書》《周禮》《禮記》《春秋》《孝經》，爲篆、隸二體石經，刻石兩楹’、周密《癸辛雜識》所云‘汴梁太學九經石板，一行篆字，一行真書’是也。亟購以歸，黏綴爲四大册。紙墨極舊，乃元以前人拓本。汴石刻之厪有存者，洵人閒之奇祕，重可寶也。《周易》，升、困、井、革、鼎、巽、未濟諸卦，歸妹存上六爻《繫辭傳》‘致寇至盜之招也’一段，‘大衍’一節不全。《易》共二十八紙。《尚書》，《堯典》冠以小序，以後皆載《書序》。‘堯典曰’至‘欽若昊天’止，‘舜典曰’至‘遏宓八音’止。《泰誓》《牧誓》《周書·武成》《太甲》《洪範》不全。《書序·沃丁》《咸乂》《伊陟》《原命》。《書》共四十二紙。《毛詩》，《斯干》①《無羊》載小序文，備載《笙詩·由儀》等序。《鴻雁之什》十篇，三十二章，三百三十三句，此依《毛詩·鴻雁之什》，《詩集傳》依孔疏説分爲《祈父之

---

① “斯干”，原誤作“斯芊”，據丁晏《北宋汴學二體石經記》改。

什》，不同。《谷風》《蓼莪》《北山》《無將大車》《小明》《有頍者弁》《時邁》《執競》。《詩》共二十紙。《春秋》，昭十三年、十四年、十七年、十九年、二十年、二十二年，二十三年，經文殘闕。《春秋》共二十四紙。凡‘年’字皆作‘秊’，宋‘華定’‘華亥’皆作‘莘’①。其正書皆小字一行，比篆書特小，與他經不同，蓋當時書者不出一人之手。《宋史·藝文志》‘楊南仲石經七十五卷’，亦非南仲一人之書。《趙克繼傳》：‘克繼善篆、隸，仁宗時詔書石經。’《謝飶傳》：‘國子監立石經，飶善隸，召爲直講。’《宣和書譜》：‘章友直，閩人，工玉箸篆。嘉祐中，與楊南仲篆石刻，時人稱之。’朱翌《猗覺寮雜記》：‘本朝石經，胡恢書。’恢，金陵人，善篆、隸。葉適謂‘時方禁《春秋》學，石經甫刻即廢，瑞安沈彬老竊賂守者，自摹臧之’，是《春秋》之學廢於安石，賴石經以傳之也。《禮記》，《曲禮》《檀弓》《王制》《月令》《曾子問》《内則》《玉藻》《樂記》《雜記》《經解》《坊記》《中庸》《表記》《閒傳》《三年問》《鄉飲酒義》②。《禮記》共二百十二紙。《周禮》卷第一《天官冢宰第一》，《序官》内宰、小宰、女祝、女史、夏采。《周禮》卷第二《地官司徒第二》，《序官》。《周禮》卷第三，大宗伯、小宗伯、大司樂、司几筵、守祧、巾車、典路、司右、司隸。《周禮》共二十八紙。《孟子》，《梁惠王章句》已下，又‘於此有人’至‘而輕爲仁義者哉’，又‘有伊尹之志則可’一節，又‘詩曰不素餐兮’至‘孰大於是’，‘王子墊問’一章，‘仲子不義’一章。《孟子》共三十七紙。通共諸經計三百

① “莘”，原誤作“莘”，據丁晏《北宋汴學二體石經記》改。
② “鄉飲酒義”，原誤作“鄉飲酒儀”，據丁晏《北宋汴學二體石經記》改。

九十一張，每張八行，每行十字，約存三萬三百字零。《宋史》及《玉海》載仁宗石經無《孟子》，而此本殘石有之，足補史籍之闕。唐開成石經及《經典釋文》俱無《孟子》，汴學以《孟子》列於經，是表章《孟子》，自北宋石經始也。"

葉氏《北宋汴學二體石經跋》："儉卿先生於淮安書肆得北宋汴學石經殘字一束，裝爲四大册，內有《孟子》三十七紙，紙墨精善，其爲宋拓無疑。李帥聖既未修復完具，終元之世，又不聞增置之議。王伯厚徵引，亦不及此。則宋南渡後，蓋已鮮有流傳者。碎玉零璣，幸而獲存，可寶也夫。咸豐八年立夏前一日。"

羅振玉《嘉祐石經〈周禮〉〈禮記〉殘石跋》："山陽丁氏所藏舊本，三千一百二十有八行，今歸皖中劉聚卿京卿。曩在京師，屢得披玩。丁巳閏月。"《吉石盦叢書》三集。

又云："劉氏所藏丁氏嘉祐石經殘本，聞今歸合肥李經邁。"

【注二十二】

羅氏《嘉祐石經〈周禮〉〈禮記〉殘石跋》："予三十年中求汴學石經，得新舊三本，曰《周禮·檀弓》《中庸》《孝經》。嘗以校彭文勤所記《周禮》行數，文勤記凌人以下三十行，今詳核之，實是二十八行，《序官》九嬪訖逢人，實是二十行，則文勤藏本實三百四十二行。予所藏本太宰'五曰保庸'以下但存二十六行，太宰'小治'以下但存二十八行，小宰'曰廉辨'以下但存二十一行，視文勤公藏本又損泐九行矣。予所藏《檀弓》存六十行，當即是《攈古》所箸録。《中庸》存五十行，《孝經》存四十一行，殆晚近所出、前人未及見者。合計都數，得四百八十餘行。"

又《二體石經〈禮記·檀弓〉殘石跋》："汴學石經《禮記·檀弓》一石，最晚出。予往歲得海豐吳氏石連闇藏本，文字可辨者僅六十行，而磨滅不可辨者，又三之一。欲求初出土時打本，垂十年不可得。比者養疴春申浦，忽得一本於某故家，整紙初拓，凡六列，每列三十三行，都計得九十有八行。去漫漶不可辨者六十餘行，尚得百三十餘行，較吳本存字殆再倍之。"

【注二十三】

劉體乾《嘉祐石經殘本跋》："久居京師，時至海王村肆，見案上有裝冊四本，乃嘉祐二體石經，遂爲具價購之。歸來展讀，《周易》四十八葉爲一冊。升、困、井、革、鼎五卦，文有殘闕，亦有裱時前後錯誤者。豐、旅、巽、兌、渙、節、中孚、小過、既濟九卦文皆全，未濟闕後三爻。山陽丁儉卿所得本，無豐、旅、兌、渙、節、中孚、小過、既濟八卦，有歸妹上六一爻《繫辭傳》'致寇至盜之招也'一段，'大衍'一節不全。吳山夫《金石存》載《周易》有升、困、革、鼎、未濟五卦及《繫辭》前七章。《尚書》五十六葉有半爲一冊。《堯典》全，《舜典》少闕，《泰誓》《牧誓》存不多，《洪範》少闕，《旅獒》全，《金滕》少闕，《大誥》闕後半，《書序·分器》《巢命》。山陽丁儉卿所得本無《旅獒》《金滕》《大誥》，有《武成》《太甲》，不全文，《書序》無《分器》《巢命》，有《沃丁》《咸乂》《伊陟》《原命》。吳山夫《金石存》載《尚書》有《牧誓》《武成》《洪範》《旅獒》《金滕》《康誥》《酒誥》。《金石存》有云：'碑賈顏印牓爲余言，此石現在

開封府學，彼親至碑下，搆以遺余者也。'是《金石存》所載之
本，爲乾隆年間開封府學所存之《易》《書》殘石新拓本也。《毛
詩》五十三葉有半爲一册。《國風・衛》，《木瓜》。缺句。《王》，
《黍離》《君子于役》《君子陽陽》《揚之水》《中谷有蓷》《兔爰》《葛
藟》七章，《采葛》序一句、詩一句。《鄭》，《叔于田》《大叔于
田》二章，均不全，《清人》序。《小雅》，《六月》《我行其野》二
章，均不全，《斯干》略闕，《無羊》全，《四月》不全，《北山》
《無將大車》二章，《小明》闕一半，《有頍者弁》闕前二章，《車
舝》①存不多。《大雅》，《雲漢》，前後皆闕。《頌・周頌》，《清廟》
《維天之命》《維清》《烈文》②《天作》《昊天有成命》《我將》《時邁》
《執競》《思文》《臣工》《噫嘻》十二章。山陽丁儉卿所得本，有
《斯干》《無羊》《谷風》《蓼莪》《北山》《無將大車》《小明》《有頍
者弁》《時邁》《執競》，餘均無。《春秋》十一葉。昭公'十有三
年春叔弓帥師圍費'③起，至二十有二年'十有二月癸酉朔日有食
之'止。山陽丁儉卿所得本，自十有三年至二十有三年，文多殘
闕。少十五、十六、二十一年。丁云：'其正書皆小字一行，比篆書特
小，與他經不同。'今此本亦如是也。《禮記》三十二葉有半爲一
册。《檀弓》'問諸子游曰'起，至'尚行夫子之志哉'止。翁覃
溪跋宋石經《檀弓》一則云'上層曾子曰小功不稅起，至下層曾
子弔於負夏從者曰禮與止'，與此不同，且此拓石未泐。山陽丁
儉卿所得本，有《曲禮》《檀弓》《王制》《月令》《曾子問》《內則》

---

① "車舝"，原誤作"車牽"，據上海圖書館藏宋嘉祐石經拓本劉體乾跋改。
② "烈文"，原誤作"列文"，據上海圖書館藏宋嘉祐石經拓本劉體乾跋改。
③ "費"，原誤作"曹"。"十有三年春叔弓帥師圍費"云云見於《春秋左傳注疏》
卷四十六經文。

《玉藻》《樂記》《雜記》《經解》《坊記》《中庸》《表記》《閒傳》《三年問》《鄉飲酒義》，所存字多少未備在。此四册都二百葉，每葉篆、楷各六行，行十字，共二萬四千字。《毛詩》册面後有'表背匠李之用'六字長方圖記，上更有一花押，當爲元朝裝池無疑。此四册存字雖不如山陽丁儉卿所得四册之多，且較丁氏本少《周禮》《孟子》，然裝池爲元朝之舊，亦非丁氏本所能比。壬戌三月初一日。"

【注二十四】

羅氏《嘉祐石經〈周禮〉〈禮記〉殘石跋》："予既影印魏、蜀石經殘字，因取藏本《周禮》《禮記》。同印行。"案：此景印本在《吉石盦叢書》三集内。

又《二體石經〈禮記·檀弓〉殘石跋》："今年春，景印魏、蜀、北宋三朝石經，取吳氏本付印。比得一本於某故家，整紙初拓，乃復印入《吉石盦叢書》四集中，俾世之治歷代石經者有所稽焉。宣統丁巳中秋。"詳【注二十二】。

北宋石經考附

太宗草書《孝經》

《玉海》："太宗御草《孝經》一卷，刻石祕閣。"

江少虞云："淳化三年十月，遣中使李懷節以御草書《千字文》一卷付祕閣，李至請於御製《祕閣贊碑》陰勒石。帝謂近臣曰：'《千字文》蓋梁武帝得鍾繇書破碑千餘字，俾周興嗣以韻次之，詞理固無可取，非垂世立教之文。《孝經》乃百行之本，朕嘗親書，勒之碑陰可也。'因賜李至。"

楊南仲三體《孝經》

《宋史・藝文志》："楊南仲三體《孝經》一卷。"

案：楊南仲書真、篆二體《周易》《詩》《書》《春秋》《禮記》，此云三體《孝經》，不在嘉祐石經以內。

又案：《宋志》："句中正石刻三體《孝經》一卷。"《宋史新編》："句中正嘗以大、小篆、八分三體書《孝經》摹石，咸平三年表上之。真宗召見便殿，賜坐，問所書幾許時，曰：‘臣寫此書十五年方成。’上嘉歎，賜金紫，命藏於祕閣。”虞淳熙云：“中正受詔，以三體書《孝經》摹石。”

南宋石經考提綱

　　南宋石經，刊始於紹興五年，畢工於淳熙四年。注一。曰紹興御書石經，注二。曰宋高宗御書石經，注三。曰宋太學御書石經。注四。

　　經數爲《易》《詩》《書》《春秋左氏傳》《論語》《孟子》《禮記·中庸》《大學》《學記》《儒行》《經解》五篇。注五。

　　石數殘闕，注六。今可考者，每石四列，《周易》每列五十六行，每行十七字，《尚書》每列四十二行，行二十七字，《詩》每列四十五行，行二十八字，《春秋左氏傳》每列四十五行，行二十八字，《論語》每列二十七行，行二十六字，《孟子》每列二十八行，行二十六字，或十五字、十七字。注七。

　　書石者爲高宗御書，注八。亦有憲聖皇后續書。注九。

　　字體，《易》《詩》《書》《春秋左氏傳》《禮記》五篇，真書，《論語》《孟子》，行書。注十。

　　經石立臨安太學首善閣及大成殿後三禮堂之廊廡。淳熙四年，置光堯石經之閣下。注十一。元至元中，西僧楊璉真加欲取經石爲浮屠基，申屠致遠力拒乃止，經石竟亦散落。注十二。後太學改西湖書院，又改仁和學，歲久零折。注十三。宣德元年，吳訥置大成殿後及兩廡。天順四年，移至城隅貢院之仁和學。正德十三年，宋廷佐移至府學櫺星門兩偏，覆以周廊。崇禎末，廊圮，乃嵌壁中。注十四。

今所存者，《周易》二碑，《尚書》七碑，《毛詩》十碑，《禮記·中庸》篇一碑，《春秋左氏傳》四十八碑，《論語》七碑，《孟子》十一碑，共八十六碑。注十五。

其拓本，紹興刊石國學，頒賜諸路州縣學，今俱不存。注十六。明時有吳縣唐寅《易》《春秋左傳》拓本。注十七。清乾隆時，有青浦王昶《易》《書》《詩》《禮·中庸》篇、《論語》《孟子》《左傳》拓本，碑已殘泐。注十八。嘉慶時，嘉興馮登府拓本，益漫漶。注十九。近拓本字更泐損。注二十。

南宋石經考

蒲圻張國淦編

南宋石經，刊始於紹興五年，畢工於淳熙四年。注
一。曰紹興御書石經，注二。曰宋高宗御書石經，注三。曰
宋太學御書石經。注四。

【注一】

《玉海》："紹興五年九月，賜汪應辰以下御書石刻《中庸》
篇。紹興十三年二月，內出御書《左氏春秋》。六月，內出御書
《周易》，既而《尚書》委知臨安府張澂刊石。十四年正月，出御
書《尚書》。十月，出御書《毛詩》。十六年五月，又出御書《春
秋左傳》。上又書《論語》《孟子》。皆刊石，立于太學。詳【注七】。
淳熙四年五月，趙磻老奏：'閣將就緒，其石經《易》《詩》《書》
《春秋左氏傳》《論語》《孟子》外，尚有御書《禮記·中庸》《大
學》《學記》《儒行》《經解》五篇，不在太學石經之數。今搜訪舊
本，重行摹勒，以補《禮經》之闕。'從之。"

秦檜《記》："主上以天錫勇智，撥亂世，反之正，又於投戈
之隙親御翰墨，盡書六經，以及《論語》《孟子》《左氏傳》，朝夕

從事，爲諸儒倡。□因得請刊石于國子監，頒其本徧賜泮宮。紹興十有三年秋九月，秦檜記。"石經《春秋左傳》《論語》兩碑末。

李心傳《中興繫年録》："紹興十三年十一月，秦檜奏：'前日蒙付出御書《尚書》，來日欲宣示從臣。時上寫六經、《論》《孟》皆畢，因請刊石國學。'"

《石刻鋪叙》："紹興十三年九月甲子，左僕射秦檜請鐫石以頒四方，卷末皆刊檜跋語。"

《截江網》："紹興九年，上所寫六經、《論語》《孟子》皆畢，因刊石于國子監。"《經義考》引。

《金石萃編》："秦檜《記》作于紹興十三年九月。是年正月，詔以錢塘縣西岳飛宅爲太學，其宣示《左傳》在是年三月，其出御書《易》《書》刊石頒諸州學在是年六月，其以《左傳》《語》《孟》立石太學在十六年五月，其建閣奉安諸經在孝宗淳熙四年，是紹興十三年六月但以刊石頒諸州學。然檜《記》則已有'得請刊石國子監，頒其本徧賜泮宮'之語，是得請立石太學始於十三年，至十六年漸次刻成，要知此工非一年所能畢也。"

案：紹興五年，賜汪應辰以下御書石刻《中庸》篇，是紹興五年已有石刻。十三年至十六年間，諸經漸次刻成。淳熙四年，趙磻老奏請重摹《禮記·中庸》《大學》《學記》《儒行》《經解》五篇，是至淳熙四年乃工畢也。

【注二】

《石刻鋪叙》："紹興御書石經。"

《碩軒隨録》："紹興石經，乃自其刊始之年言之，與漢熹平、蜀廣政同。”

【注三】

顧氏《石經考》：“宋高宗御書石經。”

【注四】

《經義考》：“宋太學御書石經。”

經數爲《易》《詩》《書》《春秋左氏傳》《論語》《孟子》《禮記·中庸》《大學》《學記》《儒行》《經解》五篇。注五。

【注五】

《玉海》：“趙磻老奏：‘石經《易》《詩》《書》《春秋左氏傳》《論語》《孟子》《禮記·中庸》《大學》《學記》《儒行》《經解》五篇。”詳【注一】。

秦檜《記》：“御書六經及《論語》《孟子》《左氏傳》。”

《中興繫年録》：“上寫六經、《論》《孟》。”並詳同上。

葉紹翁《四朝聞見録》：“高宗御書六經。”詳【注九】。

《元史·申屠致遠傳》：“高宗所書九經。”《續通鑑綱目》同。詳【注十二】。

《石刻鋪叙》：“御書《周易》《尚書》《毛詩》《春秋左傳》《禮記·中庸》《儒行》《大學》《經解》《學記》五篇、《語》《孟》。”詳

【注十】。

潛説友《臨安志》："御書石經《易》《詩》《書》《左氏春秋》《禮記》五篇、《中庸》《大學》《學記》《儒行》《經解》。《論語》《孟子》。"

《杭州府志》："紹興二年，宋高宗御書《孝經》《詩》《書》《左傳》《論語》《孟子》《禮記》五篇。"

《金石萃編》："高宗書經之數，諸説閒有不同。如秦檜《記》云：'親御翰墨，盡書六經以及《論語》《孟子》《左氏傳》。'是《論》《孟》《左傳》之外，先有六經，而不詳晰其經名。據《玉海》，則紹興十三年、十六年兩次出《左傳》，十三年、十六年兩次出《尚書》，十三年出《周易》，十四年出《毛詩》，十六年出《論語》《孟子》。是在紹興時先後出者，《易》《書》《詩》《左傳》《論》《孟》六經，與檜《記》之《論》《孟》《左傳》在六經外者不合。以臆度之，檜殆泛指六經，非實數也。《玉海》又載：'御書《禮記》五篇，不在太學石經之數。淳熙四年，趙磻老搜訪舊本，重行摹勒，以補《禮經》之闕。'既云'不在太學石經之數'，是太學原未嘗刻《禮記》五篇矣。而又云'搜訪舊本，重摹補闕'，似乎別有石刻補入太學者。則《玉海》所載，語未甚晰也。據《石刻鋪叙》言'先書《易》《書》《詩》《左傳》全帙，又節《禮記》五篇，章草《語》《孟》，悉送成均'，是《易》《書》《詩》《左傳》四經在前，《禮記》《語》《孟》三經在後，微與《玉海》次叙不同。《四朝聞見録》但言御書六經，不晰言經名，與檜《記》《玉海》俱不同。《續資治通鑑》則又言高宗所書九經石刻爲浮屠基，數又不同。又考新修《杭州府志》云云，諸家皆不言御書有《孝經》，此有《孝經》而無《易經》，必是《孝經》即《易經》

之訛，且御書頒於紹興十三年，非二年，皆《志》誤也。"

石數殘闕，_{注六。}**今可考者，每石四列，《周易》每列五十六行，每行十七字，《尚書》每列四十二行，行二十七字，《詩》每列四十五行，行二十八字，《春秋左氏傳》每列四十五行，行二十八字，《論語》每列二十七行，行二十六字，《孟子》每列二十八行，行二十六字，或十五字、十七字。**_{注七。}

【注六】

《金石萃編》："《杭州府志》引《武林石刻記》云：'《春秋》三十二碑，《書》六，《易》二，《詩》十，《論語》七，《孟子》十一，《中庸》一。'所載《春秋》《尚書》之數，與今不同。又引宣德年楊一清《記》云：'《易》二，《書》七，《詩》十，《春秋》四十八，《論》①《孟》《中庸》十九。'今《左傳》亡其十六，《書經》亡其一，然則此碑在宣德年已有亡佚，反不及今存之多也。《經義考》所載不同，殆据傳說，未嘗親見搨本，其云通計八十七碑，仍與今現存者合。《潛研堂》所收祇七十七碑，非全搨也。然自《玉海》以下諸書，皆不言當時刻石共若干碑，今存八十七碑之外，不知亡者實有幾何。"

---

① "論"下原衍"語"字，據王昶《金石萃編》卷一百四十八"高宗御書石經"條刪。

【注七】

馮氏《石經考異》："《周易》每石四列，每列五十六行，每行十七字。《尚書》每石四層，每層四十二行，行二十七字。《詩》每石四列，列四十五行，行二十八字。《春秋左傳》每石四列，列四十五行，行二十八字。《論語》每碑四列，列二十七行，行二十六字。《孟子》每石四列，列二十八行，行二十六字，或十五字、十七字。"

書石者爲高宗御書，_{注八。}亦有憲聖皇后續書。_{注九。}

【注八】

《玉海》："紹興五年九月，賜汪應辰以下御書石刻《中庸》篇，廷試畢賜御書自此始。十二年，賜陳誠之《周官》。十八年六月，御書《儒行》篇賜進士王佐等。二十一年五月，賜趙達等《大學》。二十四年，賜張孝祥等《皋陶謨》。二十七年，賜王十朋等《學記》。三十年四月，賜梁克家等《經解》篇。皆就聞喜宴賜之。十三年二月，內出御書《左氏春秋》，宣示館職，少監秦熺以下作詩以進。六月，內出御書《周易》。九月，上諭輔臣曰：'學寫字不如便寫經書，不惟可以寫字，又得經書不忘。'既而《尚書》委知① 臨安府張澂刊石，頒諸州學。十四年正月，出御書《尚書》。十月，出御書《毛詩》。十六年五月，又出御書

---

① "知"字原脫，據《玉海》卷四十三《藝文志》"紹興御書石經 淳熙石經閣"條補。

《春秋左傳》。皆就本省宣示館職，作詩以進。上又書《論語》《孟子》。皆刊石，立於太學。淳熙四年，參政龔茂良等言：'自昔帝王，未有親書經傳至數千萬言者，不惟宸章奎畫，照耀萬世，崇儒重道至矣。'上曰：'太上字畫天縱，冠絕古今。'"

《困學記聞》："石經，中興高廟御書。"

《宋鑑》："上曰：'太上於字畫蓋出天縱，朕嘗謂鍾繇字最上，猶帶隸體。如太上宸翰，冠絕古今。'參政龔茂良等奏，誠如聖訓。"

陳騤《中興館閣錄》："紹興十三年二月，恭閱御書《左氏春秋》《史記·列傳》，少監秦熺、著作郎王揚英、周執羔、祕書郎張漢彥、校書郎嚴抑、張闡、趙衛、錢周材、范雲、正字洪遵、吳芾，各進詩一首。六月，恭閱御書《周易》，少監姜師仲、祕書丞嚴抑、祕書郎張闡、著作佐郎錢周材[1]、趙衛各一首，校書郎陳誠之二首，正字洪遵、吳芾、洪适、潘良能、沈介各一首。十四年正月，恭閱御書《尚書》，祕書丞嚴抑三首，祕書郎張闡、著作佐郎錢周材、趙衛、校書郎陳誠之、正字吳芾、沈介各一首。十月，恭閱御書《毛詩》，提舉祕書省秦熺一首，少監游操、吏部員外郎兼國史院檢討官嚴抑各二首，著作佐郎錢周材一首，趙衛二首，校書郎陳誠之一首，正字沈介二首。十六年四月，恭閱御書《春秋左氏傳》，提舉祕書省[2]秦熺、著作佐郎王墨卿各二首，魏元若、校書郎沈介、正字湯思退、劉章、張本各一首。"

洪邁《御書閣記略》："若稽古高宗皇帝，實天生德，既以聰

---

① "錢周材"，原誤作"錢周才"，據陳騤《中興館閣錄》卷五"進詩"條改。
② "省"字原脫，據陳騤《中興館閣錄》卷五"進詩"條補。

明聖武，戡濟多難，垂中興億年之基，洎保大定功，投戈息馬，於世紛萬殊，泊乎無一嗜翫。惟翰墨梱域，天縱神輿，不舍食息。《詩》《書》《易》《春秋》《孝經》《論語》、孟軻氏書，凡幾帙，帙凡幾字，一一肆筆而成，翥鳳翔鸞，震蕩輝赫，端正嚴重，肅如神明。當是時，每終一經，輒詔玉冊官摹刻，徧以石本，侈錫方夏，光天之内，羣戴其書。"《經義考》引。

【注九】

《四朝聞見録》："高宗御書六經，嘗以賜國子監及石本於諸州庠。上親御翰墨，稍倦，即命憲聖續書，至今皆莫能辨。"

《杭州府志》："高宗嘗御書六經賜國子監，又以石本賜諸州學校。翰墨稍倦，即命吳后憲續書，人莫能辨。"

《金石萃編》："經是高宗御書，而《四朝聞見録》言'稍倦，即命憲聖續書'。憲聖者，吳皇后也。史傳載后頗知書，博習書史，善翰墨，寵遇日至，由婉儀進貴妃，紹興十三年立爲皇后，而不詳其嘗續書諸經。李心傳《建炎以來朝野雜記》稱其'續書萬卷，翰墨絶人'，潛説友《咸淳臨安志》載西湖石人嶺下時思薦福寺①有后書《金剛經》石刻，則后之書諸經，理固宜然。其書經之時，亦在立后之前後也。"

---

① "時思薦福寺"，原誤作"時思建福寺"，據王昶《金石萃編》卷一百四十八"高宗御書石經"條改。

字體，《易》《詩》《書》《春秋左氏傳》《禮記》五篇，真書，《論語》《孟子》，行書。注十。

【注十】

《石刻鋪敘》："高宗紹興十三年，干戈之日居多，乃能親御翰墨，作小楷以書《周易》《尚書》《毛詩》《春秋左傳》全帙，又節《禮記·中庸》《儒行》《大學》《經解》《學記》五篇，章草《語》《孟》，原注：《論語》波法類章草，實楷與行之間。惟最初書《孝經》[①]乃作真、草二本耳，宏父當日似不盡見也。悉送成均。"《金石萃編》："《語》《孟》是正行書，非章草。"

《潛研堂金石文跋尾》："高宗御書石經，小楷結體整秀，有晉人法。《論》《孟》字體較大，而勢稍縱逸，結體在真、行之間。"

馮氏《石經考異》："高宗紹興十三年，以次頒所書小楷《易》《書》《詩》《左傳》四經刊石。十六年，又書《論語》《孟子》，皆付之石，立於太學。至淳熙四年，建光堯石經閣，置碑其中，重勒高宗御筆行書《中庸》《大學》《學記》《儒行》《經解》五篇，以補《禮經》之闕。"

---

① "孝經"，原誤作"石經"，據曾宏父《石刻鋪敘》卷上"紹興御書石經"條改。

經石立臨安太學首善閣及大成殿後三禮堂之廊廡。淳熙四年，置光堯石經之閣下。_{注十一。}元至元中，西僧楊璉真加欲取經石爲浮屠基，申屠致遠力拒乃止，經石竟亦散落。_{注十二。}後太學改西湖書院，又改仁和學，歲久零折。_{注十三。}宣德元年，吳訥置大成殿後及兩廡。天順四年，移至城隅貢院之仁和學。正德十三年，宋廷佐移至府學欞星門兩偏，覆以周廊。崇禎末，廊圮，乃嵌壁中。_{注十四。}

【注十一】

《玉海》："紹興十四年，御書皆刊石立於太學詳【注九】。首善閣及大成殿後三禮堂之廊廡。淳熙四年二月詔：'知臨安府趙磻老於太學建閣奉安石經，置碑石於閣下，墨本於閣上，以光堯石經之閣爲名，朕當親寫。'六月，御書'光堯御書石經之閣'牌，賜國子監。百官表請觀視，從之。"

《宋鑑》："知臨安府趙磻老具到兩學修造圖本，西北隅建閣，安頓太上皇帝御書石經。"

楊冠卿云："太上皇中興以來，崇尚經術，親灑宸翰，刊之翠珉，蔭以豐宇，聖人之經，固以是正遺闕，昭如日月，傳諸無窮。聖上臨幸兩學，思有以盡寶藏尊崇之意，且又建爲傑閣，揭以璇題，棟宇翬飛，奎壁煥爛，窮今亘古，未之前聞。"《經義考》引。

潛說友《臨安志》："光堯石經之閣，孝宗皇帝御書扁。淳熙四年，詔臨安府守臣趙磻老建閣，奉安石經，以墨本置閣上。"

吳訥云："高宗紹興二年，宣示御書《孝經》，繼出《易》《詩》《書》《春秋左傳》《論》《孟》及《中庸》《大學》《學記》《儒行》《經解》五篇，總數千萬言，刊石太學。淳熙中，孝宗建閣奉安，親書扁曰'光堯石經之閣'，新安朱熹修白鹿書院奏請御書石經本是也。"《經義考》引。

萬曆《杭州府志》："楊一清《記》：'高宗紹興二年，手書《易》《書》《詩》《春秋》《論》《孟》《中庸》《儒行》諸篇，刻石於學，京兆尹趙磻老建尊經閣以儲之。'"

文徵明云："紹興二年，帝宣示御書《孝經》，繼書《易》《詩》《書》《春秋左傳》《論》《孟》及《中庸》《大學》《學記》《儒行》《經解》，總數千萬言，刻石太學。後孝宗建閣奉安，名曰'光堯石經之閣'，即此是也。"《經義考》引。

郎瑛云："宋紹興二年，高宗宣示御書《孝經》《易》《詩》《書》《春秋左傳》《論語》《孟子》《中庸》《大學》《學記》《儒行》《經解》五篇，刻石太學。淳熙中，孝宗建閣藏之，親書扁曰'光堯石經之閣'。朱子修白鹿書院奏請石經本，即此是也。"同上。

《曝書亭集》："宋高宗皇帝御書石經，紹興十三年，知臨安府事張澂摹勒上石。淳熙四年，詔知府趙磻老建閣于太學，題曰'光堯石經之閣'，置石其下。洪邁、曾惇、楊冠卿、葉紹翁、李心傳、陳騤、王應麟、潛說友紀之詳矣。"

《碧溪文集》："高宗南渡，宗社播遷，而汲汲修表章六經之業。嘗謂輔臣曰：‘學寫字不如使寫經書，不惟可以學字，又得經書不忘。’于是親書諸經，宣示從臣，館職爲進詩歌，諸州爲頒墨本，而臨安太學，悉命刊列廊廡。至孝宗淳熙四年，詔京尹趙磻老建閣于太學西北，奉安石經，御書扁曰‘光堯石經之閣’。”

【注十二】

《元史·申屠致遠傳》：“世祖至元中，致遠爲杭州總管府推官。西僧楊璉真加作浮屠於宋故宮，欲取高宗所書九經石刻以築基，致遠力拒之，乃止。”

《續資治通鑑綱目》：“至元二十五年二月，毀宋故宮爲佛寺，從桑哥及楊璉真加言，凡宋宮殿、郊廟，悉毀爲寺。復欲取宋高宗所書九經石刻爲浮屠基，推官申屠致遠力拒止之。”《續資治通鑑》《宋元通鑑》並同。

吳訥云：“元初，西僧楊璉真伽造塔行宮故址，取碑石壘塔，杭州路官申屠致遠力爭而止。”

楊一清《記》：“元西僧楊璉真伽謀運致諸石爲寺塔址，賴廉訪經歷申屠致遠之力而止，然亦僅存其半矣。”

文徵明云：“元初，楊璉真伽發宋諸陵造塔，取故經石爲塔址，爲路官申屠致遠所遏而止，然石經竟亦散落。”

郎瑛云：“元初，西僧楊璉真伽造塔於行宮故址，欲取碑石壘塔，時杭州路官申屠致遠力爭止之，幸而獲免。”

于慎行云：“元人破宋，用楊璉真伽之言，將宋宮殿、郊廟悉毀爲寺。復欲取高宗所書九經石刻爲浮屠臺，爲杭州推官申屠致遠所拒而止，此亦秦火之再見者也。致遠，壽張人，素有文名，蓄書①甚富，號爲墨莊。"《經義考》引。

《經義考》："南宋太學石經碑，爲元僧楊璉真伽取其材建白塔寺。"案：《元史》並諸家引均言爲申屠致遠拒止，此未知何本。

《曝書亭集》："宋亡，學廢爲肅政廉訪司治所。西僧楊璉真伽造白塔于行宮故址，取其石壘塔，杭州路廉訪經歷申屠致遠力持不可，然已損其什一。"

《碧溪文集》："宋祚既亡，太學廢爲西湖書院。幾遭楊璉真伽之厄，欲悉輦碑石以甃塔基，賴廉訪申屠致遠之力阻而止。"

【注十三】

陳基《夷白集》："杭西湖書院，宋季太學故址也。德祐內附②，學廢爲肅政廉訪司治所。至元二十八年，故翰林學士承旨東平徐公持浙西行部使者節，即治所西偏爲書院，後爲尊經閣，閣之北爲書庫。實始收拾宋學舊版，設司書掌之，宋御書石經、孔門七十二子畫像石刻咸在焉。"《西湖書院書目序》。

吳訥云："後因改學爲西湖書院，歲久閣廢，石經斷折零落。洪武中，移仁和學於書院，然石經久廢，人莫知留意也。"

郎瑛云："後更學爲西湖書院，碑閣俱廢，國朝改爲仁和學。洪武末，徙仁和學於城隅之貢院，而石經亦舁致焉。歲深零落，踣臥草莽閒，而龜趺螭首，損其大半。"案：據楊一清《記》、沈儀《兩

---

① "蓄書"，原誤作"舊書"，據朱彝尊《經義考》卷二百九十"宋太學御書石經"條改。
② "內附"，原誤作"內府"，據陳基《夷白齋稿》卷二十一《西湖書院書目序》改。

湖塵談》，徙仁和學於貢院在天順間，則經石移置當在此時。

《碧溪文集》："明初，即書院建仁和學，其後改建府學，徙仁和學於城隅貢院址，而石經亦舁致焉。歲深零落，踣卧草莽間。"

【注十四】

吴訥云："宣德元年夏，予出按於杭，觀之慨歎，迺以屬郡守盧君玉潤率教官、生員收拾，得全碑若干，碎折若干，一一補綴，共得經碑百片，舁置殿後及兩廡焉。"

萬曆《杭州府志》："正德十二年，巡按監察御史宋廷佐檄知府留志淑①遷仁和縣學石經於戟門外兩偏，道統十三贊於尊經閣下。大學士丹徒楊一清爲記曰：監察御史朝邪宋君廷佐奉命按治浙江之暇，嘗求所謂石經者，曰在仁和學，因往視之，多斥棄瓦礫中，曰：'噫嘻！此南宋太學中故物也，胡傾斥至是哉？'乃進杭州府知府晋江留君志淑②問其故。留君稽閱志籍，蓋宋高宗紹興二年手書《易》《書》《詩》《春秋》《論》《孟》《中庸》《儒行》諸篇，刻石於學，京兆尹趙磻老建尊經閣以儲之。宋亡學廢，後改學爲西湖書院，諸殘碑悉在焉。國朝洪武十二年，即書院建仁和學。宣德二年，巡按御史海虞吴公訥慨石經殘缺，屬知府盧玉潤收集之，得全刻及斷毀者若干，分麗其中。天順三年，改建縣學於今所，其諸石悉徙以從，四十年於茲。宋君乃檄府命移置諸石於府學焉，屬留君理其事。又命通判咸寧喬遷董工役，因徙圖像

①"留志淑"，原誤作"留志叔"，據萬曆《杭州府志》卷四十改。
②"志淑"，原誤作"志叔"。

於尊經閣下，甃以瓴甓，石經及表忠觀諸碑則徙於欞星門北之兩偏，周廊覆之，既甃既堅。其屋之數，左二十有二楹，右如之。石之數，圖像十有五，贊八，《易》二，《書》七，《詩》十，《春秋》四十有八，《論》《孟》《中庸》十有九，表忠觀諸碑十有四。正德十二年秋七月。"

沈儀《兩湖麈談》："舊仁和學，宋岳公飛第也。飛被禍後，第爲太學。元爲西湖書院，至我朝爲縣學，在按察西。今之學，天順末移建，則貢院基也。學有理宗御書《道統十三贊》、高宗御書四書五經、李龍眠《先聖暨七十二賢像》《高宗贊》碑刻，皆太學故物也。正德辛未，巡按張公承仁欲遷置府學，賴學諭南寧李公璧懇留而止。至戊寅，巡按宋公廷佐卒遷之。時李已陞任，無有敢能言之者矣。自宋迄今四百年，而此碑始不爲吾庠所有物，豈亦有數哉？"

文徵明云："國朝宣德初，吳文恪公按浙，命有司追訪，所存無幾矣。"

郎瑛云："宣德元年，侍御史吳訥屬郡縣收緝，凡得百片，置之大成殿後兩廡，已爲不全之器矣。近於正德十三年，宋侍御復移至杭州府學之廡。"

《經義考》："元僧楊璉真伽取其材建白塔寺。其僅存者，明宣德二年，常熟吳公訥於杭州府儒學築廊先師廟儀門外貯之。崇禎甲申後，廟圮，乃嵌壁中。"

《曝書亭集》："明常熟吳訥、乾州宋廷佐先後巡按浙江，或覆之廊，或甃以瓴甋。崇禎末，廊圮，乃嵌諸壁中。"

《碧溪文集》："宣德元年，侍御史吳訥收得百片，置之大成殿後兩廡。正德十三年，監察御史宋廷佐移至府學欞星門北之兩偏，覆以周廊，左右屋各二十二楹。國初廊圮，乃嵌壁中。乾隆三十六年，重修學宮，增建廊廡，而碑之嵌壁者，益加完整。”

　　今所存者，《周易》二碑，《尚書》七碑，《毛詩》十碑，《禮記·中庸》篇一碑，《春秋左氏傳》四十八碑，《論語》七碑，《孟子》十一碑，共八十六碑。注十五。

【注十五】

　　楊一清《記》：“《易》二，《書》七，《詩》十，《春秋》四十有八，《論》《孟》《中庸》十有九。”詳【注十四】。

　　《經義考》：“左壁，《易》二碑，《書》六碑，《詩》十二碑，《禮記》惟《中庸》一碑，《論語》七碑，《孟子》十一碑。右壁，《春秋左傳》四十八碑。共八十七碑。東壁南有理宗御製序四碑。當時臣寮如洪邁等記跋，皆遺失不可復問矣。”

　　《曝書亭集》：“左，《易》二，《書》六，《詩》十有二，《禮記》向有《學記》《經解》《中庸》《儒行》《大學》五篇，今惟《中庸》片石存爾。其南則理宗大書御製序四碑在焉。右則《春秋左氏傳》四十八碑，闕其首卷。通計八十七碑。諸經雖非足本，然書法甚工，學古者所當藏弄。若夫秦檜一跋，已爲訥椎碎，其詞見於學士院《中興紀事本末》，君子無取也。”《金石萃編》《石刻鋪叙》言“卷末皆刊檜跋語”，似乎各經之末皆有檜記，今惟見《論語》《左傳》二經然。《尚書》《中庸》皆已見終卷，未見檜記。《毛詩》据潛研跋有檜記，此搨失之。《曝書亭集》言"秦檜一跋，已爲吳訥椎碎"，今兩碑之跋儼然，蓋訥所椎碎者，乃宣聖及弟子贊之跋，非石經也。並詳【注十九】。

《碧溪文集》："計碑現存者，左壁，《易》二，《書》七，《詩》十，《中庸》一，《論語》七，《孟子》十一，《左傳》四十九，理宗序四，其實九十一碑。吳訥所收百片之數，殆舉成數而言。而參考朱彝尊《經義考》所謂'《書》六，《詩》十二，《左傳》四十八'，則又不合，殆誤也。"

《金石萃編》："碑殘闕，僅存八十七石，在杭州府學欞星門內左右壁。右壁三十八碑，《易》二碑，《書》七碑，《經義考》作"六碑"。《詩》十碑，《經義考》作"十二碑"。《中庸》一碑，《論語》七碑，《孟子》十一碑。左壁《左傳》四十九碑。"

馮氏《石經考異》："《周易》二碑，《尚書》七碑，《經義考》作"六碑"，誤。《毛詩》十碑，《經義考》作"十二碑"，誤。《中庸》一碑，《左傳》四十八碑，《金石萃編》作"四十九碑"，所載起訖參差，殆未親橅。《論語》七碑，《孟子》十一碑。今杭州府學所存碑八十六石，諸經皆非足本，《禮記》僅存《中庸》片石。證之明楊一清所記，碑目尚符。朱氏彝尊所謂八十七石者，誤也。"

其拓本，紹興刊石國學，頒賜諸路州縣學，今俱不存。注十六。**明時有吳縣唐寅《易》《春秋左傳》拓本。**注十七。**清乾隆時，有青浦王昶《易》《書》《詩》《禮·中庸》篇、《論語》《孟子》《左傳》拓本，碑已殘泐。**注十八。嘉慶時，嘉興馮登府拓本，益漫漶。注十九。近拓本字更泐損。注二十。

【注十六】

《玉海》："知①臨安府張澂刊石，頒諸州學。"

《中興繫年錄》："紹興十三年，秦檜奏六經、《論》《孟》刊石國學，仍頒墨本賜諸路州學，詔可。"

《截江網》："紹興九年，六經、《論語》《孟子》刊石於國子監，仍頒墨本賜諸路縣學。"

范成大《吳郡志》："御書閣，淳熙十四年，郡守祕閣修撰趙彥操即六經閣舊址爲之，以奉高宗皇帝所賜御書石刻六經，爲郡庠壯觀，洪邁爲記。"

洪邁《記略》："蘇爲吳盛府，故有六經閣，煨於兵。紹興中，守臣寶文閣學士王晚始改建學室，庋置石經於大成殿。淳熙十四年，祕閣修撰趙彥操即舊址爲三楹兩翼，三其檐，爲高六十尺，廣七十有五尺，寫其製，以告當塗守邁，使識本末，刊表樂石，以記不朽。"

案：此似即頒賜諸路州學墨本，吳郡建御書閣以奉之。若石刻六經，則非舊址三楹兩翼所能庋置。《經義考》作"宋吳郡石刻御書六經"，待考。

馮氏《石經考異》："當時所頒諸州學者，散佚已盡，即宋搨流傳，好古家絕不可得。"

①"知"字原脫。

【注十七】

文徵明云："小字石經殘本百葉，約萬有五千言，前後斷缺，無書人名氏。余考之，蓋宋思陵書也。蓋思陵平時極留意字學，尤喜寫經，嘗曰：'寫字當寫經書，不惟學字，又得經書不忘。'此書楷法端重，結搆渾成，正思陵之筆。但所書惟《易》《春秋左傳》，又皆不全，視全本百分之一耳。此本雖殘缺，要不易得，况紙墨佳好，猶是當時搨本[①]，又可多得[②]哉？唐君伯虎寶藏此帖，余借留齋中累月，因疏其本末，定爲思陵書無疑。正德十二年。"

【注十八】

《金石萃編》："此碑爲乾隆壬寅之冬，昶在武林修《西湖志》，暇時躬詣府學，周覽左右廊壁，命工全搨以歸。諦審數過，惜其殘泐太甚。"

【注十九】

馮氏《石經考異》："《周易》，第一碑起'乾元亨利貞'，至'九五休'止。第二碑起'否大人吉'，至'九三日昃之離'止。首題'周易上經'四字，次行空三格畫乾卦，次行即'乾元亨利貞'，以下皆接連，至坤卦，另行起，下並仿此。《尚書》，碑中不標卷次，及《虞》《夏書》之名，篇題亦無'第一''第二'等字。小序與篇目直接經文，《逸書序》另爲連列。第一碑起'頑

---

① "搨本"二字原脱，據文徵明《甫田集》卷二十二《跋宋高宗石經殘本》補。
② "多得"，原倒作"得多"，據文徵明《甫田集》卷二十二《跋宋高宗石經殘本》乙正。

讒若不在時’，至‘攸徂之民’止。第二碑起‘罪疾日曷不暨
朕幼孫有比’，至‘于克受非予’止。第三碑起‘武惟朕文考
無罪’，至‘天降威知我國有’止。第四碑首缺六行，‘若翼日
乙’止。第五碑起‘周公朝至于洛’，至‘我以不敢知’止。第
六碑起‘其終出于不祥’，至‘五服一朝’止。第七碑起‘羣后
之逮在下’，至末。總計所存之石，《虞書》缺《堯典》以下四
篇，《商書》缺《湯誥》以下七篇，《周書》缺《君陳》以下六
篇，《秦誓》後秦檜跋尚存十數字。《毛詩》，碑中不分卷目，小
序皆接經文。每篇另起，每章連接，凡篇尾章句及《風》《雅》
《頌》後皆不總計章句。第一碑起‘周南’，至‘報我不述’止。
第二碑起‘送子涉淇’，至‘青青子佩’止。第三碑起‘悠悠我
思’，至‘羔裘豹’止。第四碑起‘褏自我人究究’，至‘輾轉
伏枕’止。第五碑起‘采蘩祁祁’，至‘我有嘉賓中心’止。第
六碑起‘好之鐘鼓既設’，至‘我獨居憂’止。第七碑起‘毛
取其血膋’，至‘經營四方何草’止。第八碑起‘不玄何人不
矜’，至‘于時言言于’止。第九碑起‘入覲以其介圭’，至‘薄
言駉者有驔有’止。第十碑起‘駱有驒有雒’，至末止。以卷
帙計之，《洞酌》至《蒸民》十章似缺一碑。末有秦檜跋十九
行，無一字磨泐。其稱‘歲癸亥’，蓋紹興十三年也。朱氏彝尊
據《中興紀事本末》謂檜跋爲吳訥椎碎，今《尚書》《毛詩》《左
傳》《論語》後字迹俱存，知其言不實也。《中庸》一碑，殘泐不
全，起‘必自邇’，至卷末。字體較大，後空處有印曰‘御書之
印’。《春秋左傳》，凡三十卷，與今本同。以卷第計之，當是成、
襄、昭、定閒失去數碑。其所存者字多磨滅，文字可考者，不過

十之六七耳。卷首題云‘春秋經傳卷第某’，下皆注‘某公’二字。其同一公而分數卷者，于‘某公’下有‘上’‘中’‘下’及‘一’‘二’‘三’‘四’‘五’等字。經與傳文相連，惟改年則另起也。第一碑起多泐，惟隱元年傳‘修惠公之好也’，作‘脩’可辨。第二碑起‘父之子嘉父逆晋侯于隨’，至‘周内史聞之曰臧孫’止。第三碑起‘達其有後于魯乎’，至‘有寵于莊公莊公’止。第四碑起‘及瓜而代’，至‘冬十有二月葬鄭’止。第五碑起‘厲公傳二十一年’，至‘豈不懷歸畏’止。第六碑起‘簡書簡書同惡相恤之謂也’，至‘其娣生卓子及將’止。第七碑起‘立奚齊’，至‘夷吾無禮’止。第八碑起‘也夏晋太子圉爲質於秦’，至‘晋侯無親外内’止。第九碑起‘惡之吾聞姬姓’，至‘以靖國也靖諸内’止。第十碑起‘而敗諸外’，至‘九月甲午晋’止。第十一碑起‘侯秦伯圍鄭’，至‘以報殽之役二’止。第十二碑起‘二月晋侯禦之’，至‘敗秦師于令狐至于’止。第十三碑起‘刳首己丑先蔑奔秦’，至‘衛侯會公于沓請平’止。第十四碑起‘于晋公’，至‘而使歜僕’止。第十五碑起惟存‘公望’‘非禮也’等字，上下列俱模糊。第十六碑起‘晋師救鄭’，至‘壬申’止。第十七碑起‘退我此乃’，下磨滅不辨。第十八碑起‘臣不任受怨’，下莫辨。第十九碑起‘不通則是康公絶我好也’，至‘必楚王也射而中’止。第二十碑上模糊，下惟‘玫瓌[①]盈其懷從而歌之’數字可辨。第二十一碑起‘瑩士魴逆周子于京師’，至‘晋侯享公’止。第二十二碑起‘請屬鄫’，下

①“玫瓌”，原誤作“玫環”，據馮登府《南宋石經考異》改。

模糊。第二十三碑多漫滅，惟中列存'晋侯'字，下層模糊。此
石下又缺二三石。至'子以姬氏與之而'止。第二十四碑起'與
之邑'，至'豹自後而繫之范氏之'止。第二十五碑起'在臺後
欒氏乘公門'，至'我將死其'止。第二十六碑起'宰曰免是反
子之義也'，至'賦蓼蕭子展相'止。第二十七碑起'鄭伯賦緇
衣'，至'使叔向侍言馬子木'止。第二十八碑起'亦不能對
也'，至'待其立君而爲之備宋公遂'止。第二十九碑起'反楚
屈建卒'，至'其君弱植公'止。第三十碑起'侈大子畁'，至
'我小人也衣服附'止。第三十一碑上三列多泐，至'趙孟曰其
幾何'止。第三十二碑起'之聞也'，至'昧旦不顯後'止。第
三十三碑起'世猶怠況日不悛'，至'黑而上僂深目'止。第三
十四碑起不辨，至'而乞師於諸侯'止。第三十五碑多泐，此
下又缺一碑。第三十六碑多泐，未詳。第三十七碑起^①'載寶以
出'，至'費無極取貨於東國而謂蔡人'止。第三十八碑起不辨，
至'子車曰衆可'止。第三十九碑起'晋殺祁盈'，至'君必逐
之荀'止。第四十碑起'躒以晋侯之命'，至'晋人假羽旄於鄭
鄭'止。第四十一碑起'與之明日或旆以會'，至'子必使往
他'止。第四十二碑起'公謂樂祁曰'，至'誰之劍也吾稱子以'
止。第四十三碑起'告必觀之'，至'伐斟鄩'止。第四十四碑
起不辨，至'二子者禍矣恃得君'止。第四十五碑起'不如死
棄盟'，至'高無丕帥師伐我'止。第四十六碑起'及清季孫謂
其宰冉求'，至'由弗能齊簡公之在'止。第四十七碑起'其亦

---

① "起"字原脱，據馮登府《南宋石經考異》補。

夫有奮心'，至'君愎而'止。第四十八碑起不辨，'虐可待之'
起，至末。末有秦檜記十五行，與《論語》同，略異數字，不足
考也。《論語》分十卷。案：漢、唐石經及皇疏本、高麗本俱作
十卷，惟十行本、閩本、監本、毛本並二十卷，石經分卷與古本
合。首題'論語卷第一'，次行'學而第一'，次行即經文，每章
連接。第一碑起'論語卷第一'，至'有反坫管氏亦'止。第二
碑起'有反坫'，至'赤之適'止。第三碑起'齊也乘肥焉'，至
'如履薄冰'止。第四碑起'而今而後'，至'食饐而餲魚'止。
第五碑起'餒而肉敗'，至'司馬牛問君子子曰君子'止。第六
碑起'不忠信行不篤敬'，至'血氣未定戒'止。第七碑起'者
與之其不可者拒之'，至末。卷一至卷六俱全，卷八、卷十剝蝕
已多，七、九兩卷全缺。末①有秦檜記。《孟子》，凡十四卷，每
章皆提頭分起。第一碑起'不可以敵強'，至'則何爲不行王'
止。第二碑起'夫子當路'，至'晏子'止。第三碑起'今此下
民'，至'故爲兵餽'止。第四碑起'之予何爲不受'，至'夫道
一而已矣'止。第五碑起'成覸'，至'堯之爲君'止。第六碑
起'惟天惟大'，至'遺之牛羊葛'止。第七碑起'堯舜之道'，
至'是天子而友匹夫也'止。第八碑起'用下欽上'，至'猶人
之性與'止。第九碑起'告子曰食色'，至'指不若人則知惡'
止。第十碑起'下而去之仁者固如是乎'，至'是求有益于'止。
第十一碑起'曰舜爲天子'，至'晉人有馮'止。碑中剝泐過半。
紹興至今六百餘年，而碑之漫漶已如此。"

———————————————

① "末"，原誤作"未"，據馮登府《南宋石經考異》改。

【注二十】

　　《碩軒隨録》："南宋石經，自紹興以次刊石，至淳熙又重摹《禮記》五篇，《宋史》高宗、孝宗兩本紀皆未載。碑已殘泐，今杭州舊府學尚存八十六碑。石經之刻，工作浩繁。孟蜀石經，宋皇祐初年鎸畢，嘉祐又刊國子監石經，紹興又刊光堯石經。此三種石經，完成於一朝代，亦空前絶後未有之盛舉。故儒術並推漢、宋，足徵當時崇尚經學之功。而所有石經先後殘没，又無一全者，何也？舊揭不可得，近時揭本字更泐損。"

南宋石經考附

高宗真草《孝經》

《繫年要録》：“紹興十四年七月，詔諸州以御書《孝經》刊石，賜見任官、係籍學生。”

《金石續編》：“宋高宗御書石經，爲紹興十三年刻，有《易》《書》《詩》《左傳》《中庸》《論語》《孟子》，無《孝經》。”

建康府學

張鉉《金陵新志》：“高宗御書《孝經》，賜秦檜，真、草相間，守臣晁謙之刻石郡學，檜及謙之跋於下，今存經火不全。”

湖州學

徐獻忠《吳興掌故》：“高宗御書《孝經》，紹興十四年太守張宇立石，在州學。”

常州學

《毘陵志》：“宋高宗御書《孝經》石刻，淳熙中守臣林祖洽立在州學御書閣。”

廣州府學

吳蘭脩《記》：“高宗真草《孝經》，在廣州府學，分五層，層凡五十二行，行十字。惟《紀孝行》章行九字。《廣要道》章以下經文及書刻年月別爲石，今亡矣。曾君釗審爲宋高宗書。案：經中‘敬讓’並避作‘欽恭’，且真、草相閒，與董史《書録》、張鉉《金陵新志》稱‘高宗御書《孝經》’之説合，其爲高宗書無疑。朱氏《經義考》載諸府御書《孝經》皆云未見，惜其至廣州時未得此石也。舊在大成殿，後廢爲井牀。嘉慶二十五年七月，平陽儀克中搜得之。今與鶴山吳應逵、嘉應黎應期、南海曾釗移置明倫堂東序。時道光元年六月十三日。”

《金石續編》：“廣州府學真草《孝經》石刻，五層，首層、次層左右並上缺，末層下右缺。吳《記》嵌於末層缺處。經文每行十字，《紀孝行》章内有九字者三行，非通章皆九字也。是刻‘敬’皆作‘欽’。‘先之以敬讓’句，改‘敬’作‘恭’，‘讓’

作'謙'。吳《記》云經中'敬讓'避作'欽恭',殊未審也。"

興國州學

《湖北通志》:"高宗御書石刻,在興國州學,紹興十五年刊,真、草相閒,是賜秦檜者,檜有跋。"

清石經考提綱

清石經，刊始於乾隆五十六年，畢工於乾隆五十九年。注一。曰乾隆石經，注二。曰蔣衡書石經。注三。

經數爲《周易》《尚書》《詩》《周禮》《儀禮》《禮記》《春秋左氏傳》《公羊傳》《穀梁傳》《論語》《孝經》《爾雅》《孟子》。注四。

《周易》用朱子《本義》本。《尚書》用孔傳本，《書序》列經後，用馬、鄭本。《詩》用今本，《詩序》列經後。其餘諸經，俱用今本。注五。

石數，《周易》六碑，《尚書》八碑，《詩》十三碑，《周禮》十五碑，《儀禮》十七碑，《禮記》二十八碑，《左傳》六十碑，《公羊》十二碑，《穀梁》十一碑，《論語》五碑，《孝經》一碑，《爾雅》三碑，《孟子》十碑，共一百八十九碑。注七①。

書石者爲蔣衡。注八。

書體爲真書。注九。

經石立國子監太學。注十。嘉慶八年，曾磨改。注十一。今石完好無殘闕。注十二。

其拓本，有乾隆、嘉慶搨本，前後不同，注十三。偶見於京師故家中。近亦無新拓本。注十四。

---

① 原書《提綱》及下正文標序"注五"後即接"注七"，以其下標序連貫，不復改。

清石經考

蒲圻張國淦編

清石經，刊始於乾隆五十六年，畢工於乾隆五十九年。_{注一}。曰乾隆石經，_{注二}。曰蔣衡書石經。_{注三}。

【注一】

《東華續録》："乾隆五十六年十一月諭：'自漢、唐、宋以來，皆有石經之刻，所以考定聖賢經傳，使文字異同歸於一是，嘉惠藝林，昭垂奕禩，其盛典也。但歷年久遠，率多殘缺，即閒有片石流傳①，如開成、紹興年閒所刊，今尚存貯西安、杭州等府學者，亦均非全經完本。我朝文治光昌，崇儒重道。朕臨御五十餘年，稽古表章，孜孜不倦。前曾特命所司創建辟雍，以光文教，並重排石鼓文，壽諸貞珉。而十三經雖有武英殿刊本，未經勒石。因思從前蔣衡所進手書②十三經，曾命内廷翰林詳覈舛譌，藏弆懋勤殿有年。允宜刊之石版，列於大學，用垂永久。著派和珅、王杰爲總裁，董誥、劉墉、金簡、彭元瑞爲副總裁，並派金

---

① "流傳"，原倒作"傳流"，據王先謙《東華續録》乾隆朝卷一百十四乙正。
② "書"下原衍"石"字，據王先謙《東華續録》乾隆朝卷一百十四删。

士松、沈初、阮元、瑚圖禮、那彥成隨同校勘。但卷帙繁多，恐尚不敷辦理，著總裁等再行遴派三人，以足八員之數爲校勘。諸臣等其悉心研辦，務臻完善，以副朕尊經右文至意。’乾隆五十九年九月諭：‘石經館總裁① 等校勘石經，見在將次完竣。和珅等與彭元瑞均係總裁，和珅等所管事務較繁，止能綜其大綱，酌加參閱，至于校訂釐正，皆係彭元瑞專司其事。彭元瑞著加太子少保銜，並賞大段二匹，以示獎勵。若校定之文，或有紕繆不經之處，將來披覽所及，經朕指出，惟彭元瑞是問。’”

許宗彥《石經考文提要跋》：“乾隆五十六年，命刊立石經，以詔示天下萬世。其時校勘諸臣，據欽定、御纂本及內府所藏宋元舊刻，以訂監本之譌。”

【注二】

《碩軒隨録》：“乾隆石經，乃據其刊始及刊成之年言之，先後四年，鉅工告竣。雖高宗急於觀成，亦可見當時全盛氣象也。”

【注三】

《碩軒隨録》：“清石經，人又稱爲蔣衡書石經，蓋因其一手所書，如南宋石經爲高宗御書，即稱爲高宗御書石經也。”

---

① “總裁”，原誤作“總裁”，據王先謙《東華續録》乾隆朝卷一百十九改。

　　經數爲《周易》《尚書》《詩》《周禮》《儀禮》《禮記》
《春秋左氏傳》《公羊傳》《穀梁傳》《論語》《孝經》《爾
雅》《孟子》。_{注四}。

【注四】

　　馮氏《石經考異》："國朝石經，《周易》《尚書》《詩》《周禮》
《儀禮》《禮記》《春秋左氏傳》《公羊傳》《穀梁傳》《論語》《孝經》
《爾雅》《孟子》。高宗於乾隆五十八年詔刊十三經於太學。"

　　《周易》用朱子《本義》本。《尚書》用孔傳本，
《書序》列經後，用馬、鄭本。《詩》用今本，《詩序》
列經後。其餘諸經，俱用今本。_{注五}。

【注五】

　　馮氏《石經考異》："《周易》分上、下經二卷，十翼十卷，
共十二篇。此古本也。王弼從《費氏易》，以《彖》《象》《文言》
分入每卦中，别爲《繫辭》上、下、《說卦》《序卦》《雜卦》五
篇。朱子用呂大防、呂祖謙古本，離上、下經與十翼爲十二，以
復孔子之舊。今石經從之。《尚書》，石經悉依孔傳本，惟《書
序》統爲一卷，在經之後，蓋從馬、鄭之本，與孔傳各列篇首者
不同。《詩》，石經分卷與今本同，惟《詩序》合爲十篇，在經之

末。《石經考文提要》云：'鄭康成謂諸序本自合爲一篇，毛公始分以寘諸篇之首，今從《欽定詩經傳説彙纂》寘經末，以復其舊。'"

石數，《周易》六碑，《尚書》八碑，《詩》十三碑，《周禮》十五碑，《儀禮》十七碑，《禮記》二十八碑，《左傳》六十碑，《公羊》十二碑，《穀梁》十一碑，《論語》五碑，《孝經》一碑，《爾雅》三碑，《孟子》十碑，共一百八十九碑。注七。

【注七】

徐鴻寶云："清代石經，計《周易》六碑，《尚書》八碑，《詩經》十三碑，《周禮》十五碑，《儀禮》十七碑，《禮記》二十八碑，《左傳》六十碑，《公羊》十二碑，《穀梁》十一碑，《論語》五碑，《孝經》一碑，《爾雅》三碑，《孟子》十碑。"

書石者爲蔣衡。注八。

【注八】

《東華續錄》："《御製石刻蔣衡書十三經于辟雍序》：前歲集石鼓文而爲之序，有曰'凡舉大事者，必有其會與其時，而總賴昭明天貺以成其功'，信弗爽也。石鼓不過周宣王之事，列于文廟之門，以寓興文，尚俟其時其會。若夫十三經，則古聖先賢出諸口以傳道授教，其重于石鼓文，奚啻倍蓰哉。則今之石刻十三經是矣。蓋此經爲蔣衡手書獻於乾隆庚申者，其閒不無少舛譌，爰命内翰詳覈，以束之懋勤殿之高閣，至于今五十有餘年，亦既忘之矣。昨歲命續集《石渠寶笈》之書，司事者以此經請，乃憬然而悟曰：‘有是哉，是豈可與尋常墨蹟相提並論，以爲幾暇遺玩之具哉？是宜刊之石版，列于辟雍，以爲千秋萬世崇文重道之規。’夫經者，常也，道也。常故不變，道則恒存。‘天不變，道亦不變’，仲舒之言，實已涉其藩矣。蓋石經之昉自炎劉一字，曹魏三字，訖不可考。李唐、北、南宋雖曾有刻，或乖，或不全。兹則出一人之手，經諸臣之目，視歷代爲加詳矣。予自六齡入學堂，讀《易》《書》《詩》三經。所爲《易》簡而天下之理得，二典三謨，爲王道始，正變風雅，不知無以言。及長而涉獵三禮，覺與三經爲有閒，枕葄麟經，慎正統偏安之必公。孜孜饜飫，耄耋弗衰。雖自愧學之未成，迺今刻諸石，列諸辟雍，應時舉事，以繼往聖，開來世，爲承學士之標準，豈非厚幸也歟？蔣衡一生苦學之勤，亦因是酬矣。若夫歷代注疏，入主出奴，紛如聚訟，既宂且繁，衡止書諸經正文，餘槩從删，是也。或以爲不觀注疏，何以解經？予則以爲以注疏解經，不若以經解經之爲愈也。學者潛心會理，因文見道，以六經參互之，必有以探其源而晰其奧者，是在勤與明而已。且予重刻木版之十三經注疏，分布世間者不少也。舉辟雍以五十年，勒石經又越六載，凡所以待

其時而逢其會。八十老人復得成斯大功者何？莫非賴昊天之鴻
貺乎？昔著《知過論》，以爲‘其不可已者，仍酌行之’，斯之謂
矣。蓋凡物有其成必有其壞，所爲石鼓、石經者是也。然向不云
乎，‘經者，常也，道也’，‘天不變，道亦不變’。依聖人之門
牆，示萬世之楷則，孰謂滄桑幻化，能移我夫子不朽之道也哉？
是爲序。”

《清史列傳》：“蔣衡，字湘帆，又名振生，江蘇金壇人。嘗
入關，遊碑洞，觀諸刻，慨然曰：‘十三經皆當時經生所書，非
歐、虞筆也。中有舛謬，且殘缺，當今崇儒重道，必校正一手重
書，庶足佐翼天子右文之治。’遂矢志鍵關，蠲吉張筵，祝先聖，
先書《左傳》《禮記》，計歷一紀，至乾隆三年，十三經次第畢成。
揚州馬曰琯爲出白金二千鍰，裝潢成三百册，五十函。四年，總
督高斌特疏進呈御覽，藏懋勤殿，奉旨授國子監學正銜。當寫經
時，以恩貢選英山教諭，又舉博學鴻詞，皆力辭不赴。其專精如
此。八年，卒，年七十二。卒後五十年，上命將衡所書十三經
刻石太學，御製序文，以垂萬世。”

《金石萃編》：“高宗崇尚經術，以唐宋以後久虛刻經之典，
且石經中尚無《孟子》，今《孟子》既列學官，宜有定本，昭示
萬世。方集議舉行，而大學士公阿桂適奏世宗時無錫布衣蔣衡曾
寫十三經全文進呈，尚貯內閣。特命總裁、分校等官勘定勒石，
不獨於注疏舊本、唐宋石經多所訂正，兼與御纂四經、欽定三禮
及武英殿板十三經亦有互異。”

---

① “復”，原誤作“後”，據王先謙《東華續錄》乾隆朝卷一百十九改。
② “將”，原誤作“蔣”，據《清史列傳》卷七十一《文苑傳》改。

馮氏《石經考異》：“乾隆五十八年，詔刊十三經於太學，即長洲蔣衡所書，勘定立石，依開成石經，參以各善本，多所訂正。”

《碩軒隨録》：“蔣衡寫本在大内懋勤殿，曩時曾見之，以黃綾裝潢成册，未損壞。蔣書不多見，數年前過長崎，知事荒川以所藏蔣尺牘一册屬題，自署拙老人。”

書體爲真書。注九。

【注九】

《碩軒隨録》：“蔣衡以楷書寫十三經。”

經石立國子監太學。注十。嘉慶八年，曾磨改。注十一。今石完好無殘闕。注十二。

【注十】

馮氏《石經考異》：“詔刊十三經於太學。”

《碩軒隨録》：“清代石經，在國子監太學，曾作京師圖書館，今館移南海。”

【注十一】

《金石萃編》：“時總裁彭司空元瑞等撰《考文提要》一書，

發明校改之由，極爲精審。而當時急於竣事，未及盡從。逮嘉慶八年，司空奏請重修，得旨俞允，於是復命文臣勘詳磨改，以臻美善。”

　　馮氏《石經考異》：“乾隆五十八年，詔刊十三經。彭尚書元瑞曾譔《考文提要》十三卷，以證校正所自。當時因急於告竣，未及盡改。迨嘉慶八年，尚書奏請重修，於是復命廷臣磨改，以期盡善。”

【注十二】

　　《碩軒隨録》：“曩曾至國子監，見清石經一百八十九碑，均完好無殘缺。”

**　　其拓本，有乾隆、嘉慶搨本，前後不同，**注十三。**偶見於京師故家中。近亦無新拓本。**注十四。

【注十三】

　　《金石萃編》：“今太學所立石經，與前次摹搨、頒賜諸王大臣者復有不同。”

　　馮氏《石經考異》：“乾隆刊石經，嘉慶磨改，故前後搨本不同。”

【注十四】

　　《碩軒隨録》：“清石經，廠肆不易得，京師故家中偶見之，言是當年内廷頒賜。其《周易》依朱子《本義》本,《書序》《詩序》均在後,與現存唐石經並板本不同。曩擬集貲氈搨,皆以石刻甚近,與普通本無大異,故不見貴,無應之者。亦可見今之所重者,在彼而不在此也。"

歷代石經一覽表

	漢	魏	唐	蜀	北宋	南宋	清	西紀元
漢靈帝熹平四年	詔諸儒正五經文字,刻石立於太學門外							一七五
光和二年	置鴻都門學							一七九
光和六年	刻石鏤碑載五經,立於太學							一八一
獻帝初平元年	車駕西遷,董卓燒宮廟、官府							一九〇
魏文帝黃初元年	黃初元年後,補舊石碑缺壞							二二〇
廢帝正始元年		正始中,立古、篆、隸三字石經						二四〇
晋懷帝永嘉五年	王彌、劉曜入洛,焚毀二學	同						三一一
北魏明元帝泰常八年	至洛陽,觀石經	同						四二三
孝文帝延興口年	馮熙、常伯夫爲洛州刺史,廢毀分用	同						四七一
太和十七年	幸太學,觀石經	同						四九三
孝明帝神龜元年	崔光表請補治石經	同						五一八
東魏孝靜帝武定四年	移洛陽石經於鄴,值河陽岸崩,多沒於水	同						五四六

	漢	魏	唐	蜀	北宋	南宋	清	西紀元
北齊 文宣帝 天保元 年	詔文襄帝所運石經移置學館，依次修立	同						五五〇
孝昭帝 皇建元 年	詔文襄帝所運石經施列學館	同						五六〇
北周 宣帝大 象元年	詔徙鄴城石經於洛陽	同						五七九
隋 文 帝開皇 六年	運洛陽石經於長安，置於祕書內省，劉焯奉勅與劉炫等考定，後因亂，用爲柱礎	同						五八六
唐 太 宗貞觀 元年	貞觀初，魏徵收集石經，十不存一	同						六二七
貞觀四 年		三字石經十數段，魏徵請置九成宮祕書監內						六三〇
中宗嗣 聖元年		後天后移置著作院						六四八
	東都造防秋館，穿掘多得蔡邕鴻都學所書石經							
文宗大 曆十一 年			張參撰《五經文字》，書於壁					七七六
大和七 年			國子監刊立石經					八三三
開成二 年			國子監石經成，《九經字樣》附《五經文字》末					八三七
僖宗乾 符三年			《五經文字》，張參孫自牧以家本重校勘定					八七六

歷代石經考

	漢	魏	唐	蜀	北宋	南宋	清	西紀元
昭宣帝天祐元年			天祐中，韓建築新城，委棄於野					九〇四
後梁太祖開平二年			朱梁時，劉鄩守長安，尹玉羽白鄩，請輦入城，遷置唐尚書省西隅					九〇八
			朱梁時，《左傳》《儀禮》有補刻					
後蜀孟昶廣政元年				案雍都舊本九經刊諸石				九三八
廣政七年				《孝經》《論語》《爾雅》刊畢				九四四
廣政十四年				《周易》刊畢				九五一
廣政二十七年				《毛詩》《尚書》《儀禮》《禮記》《春秋左氏傳》十七卷止，均蜀時刊畢				九六四
宋仁宗慶曆元年					國子監刊立石經			一〇四〇
皇祐元年				《左氏傳》十八卷起、《穀梁傳》《公羊傳》刊畢				一〇四九
至和二年					《孝經》刊畢			一〇五五
嘉祐六年					國子監石經成			一〇六一

	漢	魏	唐	蜀	北宋	南宋	清	西紀元
嘉祐八年	洛陽御史臺中得《尚書》《儀禮》《論語》數十段,長安得《公羊》一段							一〇六三
元祐五年			呂大忠徙置府學北牖。又修府學碑林					一〇八九
徽宗宣和六年				席旦《孟子》刊畢				一一二四
欽宗靖康元年					金人入寇,汴京陷,石經淪於燕			一一二六
南宋 高宗紹興五年						石刻《中庸》篇		一一三五
紹興九年						六經《論語》《孟子》寫畢,刊石		一一三九
紹興十三年						六經《論語》《孟子》《左氏傳》刊畢		一一四三
紹興二十九年					金正隆四年,耶律隆修			一一五九
乾道六年				晁公武刊《石經考異》《古文尚書》				一一七〇
淳熙四年						建光堯石經之閣,奉安石經,重摹《禮記·中庸》《大學》《學記》《儒行》《經解》五篇		一一七七

	漢	魏	唐	蜀	北宋	南宋	清	西紀元
理宗嘉熙元年 淳祐元年				蜀石亡於嘉熙、淳祐以後，一云明季燬於火				一二三七 一二四一
元 世祖至元十七年						至元中，西僧楊璉真加欲取經石作浮屠基，申屠致遠阻止		一二八〇
成宗大德元年						參政也先帖木兒修，闕《孟子》		一二九六
明 宣宗宣德元年						吳訥置大成殿後兩廡		一四二六
英宗天順四年						移至仁和縣學		一四六〇
武宗正德十三年						宋廷佐移至府學櫺星門兩偏		一五一六
世宗嘉靖三十四年				地震，石經倒損，王堯惠等集缺字刻小石，立於碑旁				一五五五①
清 高宗乾隆四十四年				任思任得數十片於土中，輂歸黔中				一七七九
乾隆五十六年							國子監刊石經	一七九一
乾隆五十九年							國子監石經成	一七九四
仁宗嘉慶八年							磨改石經	一八〇三
德宗光緒二十一年		洛陽得《尚書》三體石經，歸黃縣丁氏						一八九五

① “一五五五”，原誤作“一七七九”，據方詩銘《中國歷史紀年表》改。

	漢	魏	唐	蜀	北宋	南宋	清	西紀元
民國 十一年	洛陽得熹平石經小塊殘字，歸徐鴻寶、馬衡諸氏	洛陽得《尚書》《春秋》三體石經，置開封圖書館，又小塊殘字，歸徐鴻寶、馬衡諸氏						一九二二
十八年	今洛陽尚有出土小塊殘石	同	今經石存西安碑林，無殘闕	今經石無存	今陳留存《周禮》一石，開封圖書館存《中庸》一小塊	今仁和舊府學存八十六碑	今經石存北平舊國子監，無殘闕	一九二九

附注：自漢熹平四年至民國十八年，計一千七百五十五年。

魏黃初補舊石經，正始立三字石經，唐魏徵收集石經，天后移置著作院，韓建築新城，朱梁時劉鄩守長安，蜀石亡於嘉熙、淳祐以後，元也先帖木兒修石經，均不確知何年，故祇著初年，以備檢查。又唐東都穿掘石經，朱梁補刻，亦略依年代附入。

七朝以外石經附考

晋石經

《晋書·裴頠傳》:"惠帝時,頠爲侍中,時天下暫寧,奏修國學刻石寫經。"

《通典》:"裴頠[1]爲祭酒,奏立太學,起講堂,築門闕[2],刻石以寫五經。"

傅暢《晋諸公讚》:"惠帝時,裴頠爲國子祭酒,奏立國子太學,起講堂,筑門闕,刻石經。"《玉海》引《唐六典》注。

《西溪叢語》:"晋石經,隸書,至東魏時遷鄴。世所傳一字石經,即晋隸書。今漢碑不存,晋、魏石經,亦繆謂之蔡邕字矣。"《漢石經考異補正》:"後魏孝静遷鄴之碑,本紀明言漢、魏,而非晋、魏,姚氏此以一字石經爲晋隸書,其謬與'魏世用日碑等題名'之語同。"

《困學紀聞》:"石經,晋裴頠[3]。"

---

① "裴頠",原誤作"斐頠",據杜佑《通典》卷二十七"國子監"條改。
② "闕"字原脱,據杜佑《通典》卷二十七"國子監"條補。
③ "裴頠",原誤作"斐頠"。

顧氏《石經考》："晋石經。《晋書·裴頠^①傳》《通典》。"

《金石文字記》："《晋書·裴頠傳》云云，而《水經注》諸書無言晋石經者，豈頠嘗爲之而未成耶？"

萬氏《石經考》："按《晋書·裴頠^②傳》，是晋亦有石經矣。然後人從無言及者，豈有其議而未竣厥事耶？觀漢石經刜始於漢熹平四年乙卯，告成於光和六年癸亥，實歷九年之久。則當裴公時，昏主尸位，海内大亂，其事之未成可知矣。"

《漢石經考異補正》："顧亭林《石經考》以《晋書·裴頠傳》有'轉國子祭酒，奏於國學刻石寫經'之語，即列爲晋石經。愚謂裴頠之刻石寫經，恐是因奏修國學，并寫刻舊石經缺失者以補完之耳。即使實有別刻之意，□□□之而未行，故於《晋史》本紀及他人傳□□□及，與《後魏·崔光傳》言表奏次第補綴□□□，豈可即据以爲晋有石經之證？"

萬希槐《困學紀聞集證》："傅暢《晋諸公讚》，是已竣厥事矣。疑當劉石憑陵，洛陽覆滅，石經遂從而亡。"

魏太武石經

《南齊書·魏虜傳》："魏始都平城，無城郭，佛狸即世祖太武帝拓跋燾。截平城西爲宮城，西南去白登山七里。于城西三里刻石寫五經及其國記，於鄴取石虎文石屋基六十枚，皆長丈餘，以

---

① "裴頠"，原誤作"斐頠"。
② "裴頠"，原誤作"斐頠"。

充用。"

杭氏《石經考異》："《南齊書·魏虜傳》云云。案：魏收作《後魏書》，皆據托跋一朝國史，如鄧淵、李彪等所撰，即泰常、太和兩次幸洛陽，觀石經，且大書特書，何有五經刻石，不夸張其事者？蕭子顯生在江左，不過得之傳聞，其不足據也審矣。矧神武秉政，若平城既有太武石經，何得又從洛陽轉徙三字石經。即徙三字石經，亦當云與太武所刊並列。略而不言，豈果收之疏漏哉？"

萬氏《石經考》："佛狸在位歲久，無歲不用兵，乃能留意經籍，刊勒于石，此帝王盛事，而《後魏書》不載，獨見於《南齊書》，不可不補入。然以佛狸之驍雄嗜殺，豈能愛好經術？此必崔浩所爲。浩自祖父以來，世擅書名于北土，宜其有是美舉爾。"

金太學石經

《明一統志》："金國子學碑二，在舊燕城南。"

于奕正云："金石經碑，在舊燕城南金國子學，碑刻《春秋》《禮記》，今磨滅不完。"

《經義考》："金時石經，未審何年所刻，殆移自汴京，與石鼓同。"并詳北宋石經【注十二】。

圖書在版編目（CIP）數據

歷代石經考 / 張國淦編撰 ; 姚文昌點校 . -- 北京 ：
北京聯合出版公司 , 2021.6
ISBN 978-7-5596-5350-5

Ⅰ . ①歷… Ⅱ . ①張… ②姚… Ⅲ . ①石經－文獻－
研究－中國 Ⅳ . ① K877.434

中國版本圖書館 CIP 數據核字（2021）第 110343 號

歷代石經考

出　品　人　趙紅仕
責任編輯　張永奇
特約編輯　劉朝霞
裝幀設計　漆苗苗
出版發行　北京聯合出版有限責任公司
　　　　　北京聯合天暢文化傳播有限公司
社　　　址　北京市西城區德外大街 83 號樓 9 層
郵　　　編　100088
電話傳真　（010）64243832
印　　　刷　北京富誠彩色印刷有限公司
開　　　本　787mm×1092mm　1/32
字　　　數　280 千字
印　　　張　13.5
版　　　別　2021 年 6 月第 1 版
印　　　次　2021 年 6 月第 1 次印刷
ISBN 978-7-5596-5350-5
定　　　價　88.00 圓